utb 4874

Eine Arbeitsgemeinschaft der Verlage

Böhlau Verlag · Wien · Köln · Weimar
Verlag Barbara Budrich · Opladen · Toronto
facultas · Wien
Wilhelm Fink · Paderborn
A. Francke Verlag · Tübingen
Haupt Verlag · Bern
Verlag Julius Klinkhardt · Bad Heilbrunn
Mohr Siebeck · Tübingen
Ernst Reinhardt Verlag · München · Basel
Ferdinand Schöningh · Paderborn
Eugen Ulmer Verlag · Stuttgart
UVK Verlagsgesellschaft · Konstanz, mit UVK/Lucius · München
Vandenhoeck & Ruprecht · Göttingen · Bristol
Waxmann · Münster · New York

Grundstudium Erziehungswissenschaft

herausgegeben von
Sabine Seichter

Jörg Zirfas

Einführung in die Erziehungswissenschaft

Ferdinand Schöningh

Der Autor:
Jörg Zirfas, Dr. phil., Professor für Erziehungswissenschaft mit dem Schwerpunkt Pädagogische Anthropologie an der Universität zu Köln. Vorsitzender der Sektion Allgemeine Erziehungswissenschaft (DGfE), der Kommision Pädagogische Anthropologie (DGfE) und der Gesellschaft für Historische Anthropologie (FU Berlin); Mitglied des Interdisziplinären Zentrums Ästhetische Bildung (FAU Erlangen-Nürnberg) und des Arbeitskreises Psychoanalyse und Lebenskunst (Berlin). Arbeitsschwerpunkte: Pädagogische und Historische Anthropologie, Bildungsphilosophie und Psychoanalyse, Pädagogische Ethnographie und Kulturpädagogik.

Die Herausgeberin:
Sabine Seichter ist Professorin für Allgemeine Erziehungswissenschaft an der Universität Salzburg. Ihre Arbeitsschwerpunkte sind Geschichte und Theorie von Erziehung und Bildung, Anthropologie und Pädagogik der Person.

Umschlagabbildung:© Lynne Carpenter/123RF.com

Online-Angebote oder elektronische Ausgaben sind erhältlich unter **www.utb-shop.de**

Bibliografische Information der Deutschen Nationalbibliothek

Die Deutsche Nationalbibliothek verzeichnet diese Publikation in der Deutschen Nationalbibliografie; detaillierte bibliografische Daten sind im Internet über http://dnb.d-nb.de abrufbar.

Internet: www.schoeningh.de

Herstellung: Brill Deutschland GmbH, Paderborn
Einbandgestaltung: Atelier Reichert, Stuttgart

UTB-Band-Nr: 4874
ISBN 978-3-8252-4874-1

Vorwort der Herausgeberin

Thematisch und konzeptionell angelehnt an das für das universitäre Studienfach Erziehungswissenschaft definierte Kerncurriculum der Deutschen Gesellschaft für Erziehungswissenschaft wird mit dieser neuen Reihe von Lehr- und Lernbüchern eine umfassende und fundierte Orientierung für das gesamte Bachelor-Studium Erziehungswissenschaft vorgelegt.

Die für das Studium der Erziehungswissenschaft erforderlichen Basisthemen werden in den einzelnen Bänden systematisch und adressatenorientiert aufbereitet und geben jeweils den aktuellen Forschungsstand der Disziplin wieder. Alle Themen werden methodisch aus drei Perspektiven problembezogen aufgearbeitet: *historisch, systematisch* und *empirisch*. Jeder Band erhebt den Anspruch, sowohl die Heterogenität und Pluralität der Disziplin Erziehungswissenschaft als auch die sich daraus ergebende Vielfalt pädagogischen Handelns in erkenntnis- und wissenschaftstheoretischer sowie in problem- und professionsorientierter Perspektive anschaulich aufzuzeigen. Alle Bände eint – und das ist eine der Besonderheiten dieser Lehrbuchreihe – ein durchgängig geistes- bzw. kulturwissenschaftlicher Themenzugang.

Die Studienbücher zeichnen sich neben der fachlichen Expertise der AutorInnen vor allem dadurch aus, dass mit den Büchern auch selbstständig gearbeitet und gelernt werden kann. Das garantieren – über die gut verständliche Vermittlung von theoretischen, historischen, systematischen und empirischen Grundlagen hinaus – ein Glossar-Teil, ein Frage-Antwort-Teil und weiterführende Literaturhinweise.

Ziel der gesamten Buchreihe ist es, die Studierenden in die durch das Ineinander von Theorie und Praxis gegenstandsbedingte Komplexität ihrer Disziplin unterstützend einzuführen, sie orientierend zu begleiten sowie für den unabdingbaren Zusammenhang theoretisch-systematischen Denkens und konkret-praktischen Handelns im Kontext einer praxeologischen Wissenschaft zu sensibilisieren.

Sabine Seichter,
Salzburg

Inhalt

Einleitung

Einführungen gibt es in vielen Varianten: Man kann in eine Gruppe oder einen Arbeitsplatz, in ein Musikstück oder eine Sprache, einen Studiengang oder ins Leben einführen – oder wie hier in eine wissenschaftliche Disziplin. Doch wer immer jemanden in etwas einführt, handelt schon pädagogisch. Auch wenn er nicht bewusst-intentional eine Einführung plant, sondern diese sozusagen *en passant* vornimmt, hat er eine Vorstellung oder zumindest eine Ahnung davon, wen er einführen wird; er weiß in etwa oder sehr genau, in welche Zusammenhänge er jemanden einführen will, er hat einen mehr oder weniger deutlichen Begriff davon, was diese Einführung bewirken soll und wohl auch wie er einführen will. Und nicht zuletzt: Er hat Erfahrungen mit Einführungen gemacht – als jemand, der selbst eingeführt wurde oder als jemand, der für Einführungen zuständig war. Kurz: Wer einführt, macht sich – in irgendeiner Form – Gedanken über das Wen, Was, Wozu, Wie und Wer der Einführung. Gehen wir diese Gesichtspunkte miteinander durch:

Wen: Diese Einführung richtet sich an Studierende, die sich mit dem Fach Erziehungswissenschaft auseinandersetzen möchten. Diese Gruppe ist nicht nur groß, sondern auch sehr heterogen: Sie umfasst Lehramtsstudierende für alle Schularten mit zum Teil sehr unterschiedlichen Fächerkombinationen und Fachstudierende für alle pädagogischen Felder, die von der Kindertagesstätte bis zur Altenbildung und von der Kultur- und Medienpädagogik bis hin zur Organisationspädagogik reichen. Nach derzeitigem Stand sind allein mehr als 50.000 Studierende in einem Hauptfachstudiengang der Erziehungswissenschaft im Bachelor und Master und 230.000 Lehramtsstudierende in Deutschland eingeschrieben. Diese Studierenden kommen mit den unterschiedlichsten pädagogischen Erfahrungen und Erwartungen in ihr Studium. Und eine ihrer Aufgaben wird sein, ihre pädagogischen Erfahrungen – die mit unterschiedlichen geschlechtlichen, sozialen, kulturellen und nicht zuletzt: mit unterschiedlichen institutionellen pädagogischen Hintergründen etwa in Familien und Schulen verbunden sind – in ihrem Studium zu reflektieren und ggf. neu zu bewerten. Denn darum geht es letztendlich: Studierende der Erziehungswissenschaft sollen wissenschaftlich pädagogisch denken lernen.

Und um direkt ein häufig anzutreffendes Missverständnis anzusprechen. Man kann nicht unbedingt voraussetzen, dass man das schon kann – „nur“ weil man in einer Familie erzogen und in der Schule unterrichtet wurde und zudem motiviert ist, mit Kindern oder Erwachsenen pädagogisch zu arbeiten. Man muss sich das pädagogische Denken (und Handeln) erst aneignen, in der Auseinandersetzung mit den Theorien und Modellen der Erziehungswissenschaft und durch die Reflexion der pädagogischen Praxis. Das dabei bestimmte Voraussetzungen hilfreich sind, liegt auf der Hand: Motivation und Forschungsinteresse, Ausdauer und Belastbarkeit, ein gutes mündliches wie schriftliches Ausdrucksvermögen, eine gute Allgemeinbildung und Arbeitsqualität, Teamfähigkeit und Neugier und schließlich Kritikfähigkeit gegenüber Positionen und Sachverhalten – aber auch gegenüber sich selbst – sind hierbei besonders zu erwähnen.

Was: Diese Einführung in die Erziehungswissenschaft soll die Aneignung des Faches durch die Studierenden unterstützen. Aneignen meint, sich etwas zu eigen machen. Etwas soll in Fleisch und Blut übergehen. Und das kann nur gelingen, wenn man sich intensiv und umfassend mit einem Gegenstand auseinandersetzt. Insofern stellt diese Einführung einen Anfang der Aneignung dar, nicht des pädagogischen Denkens überhaupt, aber des wissenschaftlichen pädagogischen Denkens.

Zu diesem Denken gehört auch, dass man einen Sachverhalt – hier die Disziplin Erziehungswissenschaft – in ihren Grundzügen, Grundbegriffen und Grundentwicklungen – verstanden hat. Diese Einführung bedeutet daher auch eine erste Orientierung bzw. einen Überblick über zentrale Fragestellungen, Theorien und Entwicklungen der Erziehungswissenschaft. Man kann sie als einen Grund- oder Basiskurs verstehen, der fundamentales erziehungswissenschaftliches Wissen in exemplarischer Weise bietet.

Im Folgenden werden dabei – wie auch häufig im alltäglichen Sprachgebrauch Pädagogik und Erziehungswissenschaft – synonym verwendet. Historisch betrachtet sind die Begriffe doch gelegentlich different gebraucht worden. Der Begriff „Pädagogik“ leitet sich vom griechischen „pais agein“, der „Führung des Knaben“ ab und hat somit traditionell einen starken Bezug auf die Erziehung des Kindes. In diesem Sinne wird Pädagogik oftmals mit der erzieherischen Praxis und ihrer normativen Ausgestaltung in Verbindung gebracht. Der Begriff der „Erziehungswissenschaft“ wird dagegen häufig mit einem breiteren Fokus assoziiert, da sie den gesamten Lebenslauf mit all seinen relevanten Entwicklungs- und Lernunterstützungsprozessen umfassen soll. Sie wird oftmals mit einer theoretischen oder empirischen Rekonstruktion

Pädagogik

Erziehungswissenschaft

der erzieherischen, sozialisatorischen, didaktischen etc. Praxis identifiziert. In der Gegenwart sind mit diesen unterschiedlichen Begrifflichkeiten i.d.R. aber keine strukturellen, programmatischen oder methodischen Unterscheidungen verbunden.

Womit wir bei der Frage der Auswahl angekommen sind: *Was*? Die Auswahl der hier dargestellten Inhalte ist notwendig subjektiv. Das erziehungswissenschaftliche Wissen ist zu vielfältig und zu komplex, als dass man es noch auf ein paar Gemeinsamkeiten reduzieren und auf ca. 200 Seiten präsentieren könnte. Diese Komplexität macht zu einem großen Teil die Schwierigkeiten des Studierens dieser Disziplin, aber zugleich auch ihre Faszination aus. Diese These kann man zunächst mit einem Blick auf bislang vorliegende Einführungen (s. Angaben am Ende der Einleitung) nachvollziehen. Zwar kann man auf der einen Seite davon sprechen, dass man bestimmte Inhalte häufig wiederfindet, etwa die pädagogischen Grundvorgänge des Erziehens, der Bildung und des Unterrichts oder wissenschaftstheoretische Konzeptionen der Pädagogik, doch auf der anderen Seite sind auch die Differenzen unübersehbar: Mal kommen die pädagogischen Klassiker ausführlich zur Sprache, dann werden Arbeitsfelder und Methoden stärker in den Mittelpunkt gerückt; mal werden kulturelle und soziale Rahmenbedingungen stärker thematisiert, dann wiederum ausführlicher auf anthropologische Vorstellungen eingegangen. Wie kann man hier eine begründete Auswahl treffen?

Diese Frage verschärft sich im Hinblick auf die Struktur, in der wir die „Deutsche Gesellschaft für Erziehungswissenschaft" (DGfE) in ihrer aktuellen Verfassung sehen (www.dgfe.de). Diese 1964 gegründete Gesellschaft umfasst die in Forschung und Lehre tätigen Erziehungswissenschaftlerinnen und Erziehungswissenschaftler (zur Zeit ca. 3.300 Mitglieder). Die Arbeit dieser Gesellschaft wird weitgehend in den sogenannten 13 Sektionen durchgeführt, die dann noch einmal in 19 Kommissionen aufgefächert ist. Hier sind nur die Sektionen aufgelistet:

Sektionen der DGfE (Stand: 2017)
Sektion 1 – Historische Bildungsforschung
Sektion 2 – Allgemeine Erziehungswissenschaft
Sektion 3 – Interkulturelle und International Vergleichende Erziehungswissenschaft
Sektion 4 – Empirische Bildungsforschung
Sektion 5 – Schulpädagogik
Sektion 6 – Sonderpädagogik
Sektion 7 – Berufs- und Wirtschaftspädagogik

Sektion 8 – Sozialpädagogik und Pädagogik der frühen Kindheit
Sektion 9 – Erwachsenenbildung
Sektion 10 – Pädagogische Freizeitforschung und Sportpädagogik
Sektion 11 – Frauen und Geschlechterforschung
Sektion 12 – Medienpädagogik
Sektion 13 – Differentielle Erziehungs- und Bildungsforschung

Kerncurriculum Erziehungswissenschaft

Auch mit dieser Struktur ist eine Fülle von unterschiedlichen Wissensformen angesprochen, die sich praktisch kaum auf einen einzigen strukturierten Nenner bringen lässt. Dennoch hat die DGfE mit ihrem „Kerncurriculum Erziehungswissenschaft“, das sie am 31.1.2004 veröffentlich hat, und das als verbindlicher Mindeststandard für ein universitäres Hauptfachstudium der Erziehungswissenschaft an deutschen Hochschulen verstanden wird, versucht, eine solche Grundlage zu definieren. Sie hat dabei vier Studieneinheiten und acht zu erwerbende Kompetenzen unterschieden:

Die Studieneinheit 1 enthält die „Grundlagen der Erziehungswissenschaft“, worunter die Aufgabe verstanden wird, zwischen lebensweltlichen pädagogischen Vorstellungen und erziehungswissenschaftlichen Denkweisen zu unterscheiden und pädagogische Probleme begrifflich zu bestimmen.

Die Studieneinheit 2 enthält „Gesellschaftliche, politische und rechtliche Bedingungen von Bildung, Ausbildung und Erziehung in schulischen und nichtschulischen Einrichtungen unter Einschluss internationaler Aspekte“. Dazu werden auch kritische Perspektiven im Hinblick auf pädagogische Aufgabenstellungen, erziehungswissenschaftliche Forschungen und institutionelle Handlungskonzepte verstanden.

Die Studieneinheit 3 bezieht sich auf „Bildungsforschung und forschungsmethodische Grundlagen“ wobei die Einführung in den Gebrauch mindestens eines Forschungsverfahrens hervorgehoben wird.

Und schließlich enthält die Studieneinheit 4 eine „Einführung in erziehungswissenschaftliche Studienrichtungen“, d.h. einen Überblick über die Gliederung der Gesamtdisziplin sowie eine Einführung in Theorie und Geschichte von Teildisziplinen und Berufsfeldern.

Studierende sollen in der Auseinandersetzung mit diesen Studieninhalten dann folgende Kompetenzen erwerben:

- Problematisierung von Voraussetzungen erziehungswissenschaftlichen Wissens
- Unterscheidung von methodischen Ansätzen

- Wissen um Strukturen pädagogischer Berufsfelder und ihren Wandel
- Fähigkeit zur Reflexion über Sachthemen
- Fähigkeit zur Kommunikation über Inhalte, Strukturen und Probleme pädagogischer Tätigkeiten
- Planerische und organisatorische Fähigkeiten
- Pädagogisch-diagnostische Fähigkeiten
- Fähigkeit zur Beurteilung pädagogischer Handlungs- und Entscheidungssituationen

Das ist sozusagen der „Kernbestand der Dinge" hinsichtlich der inhaltlichen und der formalen (kompetenzorientieren) Bildung des Hauptfaches Pädagogik. Vor diesem Hintergrund sowie mit Blick auf die Leitlinien für die Reihe „Grundstudium Erziehungswissenschaft", die die Heterogenität und Pluralität der Disziplin Erziehungswissenschaft als auch die Vielfalt pädagogischen Handelns anschaulich aufzeigen und damit den Studierenden des Faches eine inhaltlich fundierte und didaktisch aufbereitete Orientierungshilfe für die Dauer ihres BA-Studiums bieten soll, soll die Einführung thematisch in vier Bereiche gegliedert werden: 1. Theorien und Modelle der Pädagogik, 2. Geschichte der Pädagogik, 3. Pädagogische Institutionen und 4. Pädagogische Anthropologie. Einführung

Diese vier Bereiche spiegeln vier erziehungswissenschaftliche Zugänge wider; sie sind daher wissenschaftstheoretisch (und nicht etwa praktisch oder inhaltlich) motiviert; und sie spiegeln natürlich auch und unvermeidlich Präferenzen und Kompetenzen des Einführenden wider (s. unten). Blicken wir auf die Frage, wie erziehungswissenschaftliches Wissen generiert wird, so wird man folgende Generierungsprinzipien finden:

1. theoretisch-systematische
2. historisch-hermeneutische
3. empirisch-ethnographische
4. pragmatisch-didaktische
5. interkulturell-vergleichende

Dass diese Zugänge nicht immer ganz trennscharf zu halten sind – weil etwa historische Rekonstruktionen zur Schule einen theoretischen Begriff der Didaktik voraussetzen oder weil pragmatisch-didaktische Zugänge auch auf empirische Untersuchungen zurückgreifen – sollte hier ebenso Erwähnung finden wie der Umstand, dass die Zugänge in sich schon vielfältig und komplex sind. Wer etwa empirisch forschen will, kann sich für quantitative oder qualitative Zugänge entscheiden; und wer sich für qualitative Methoden entscheidet, kann zwischen Beobachtung und Interview, Gruppendiskussion und Videoanalyse und einigen anderen Methoden wählen, während die quantitativ Forschenden ebenfalls auf Beobachtungen, aber auch auf verschiedene Formen der Fragebögen und verschiedene Varianten der statistischen Auswertung zurückgreifen können.

Wozu: Diese Einführung bietet also theoretisches, historisches, institutionelles und anthropologisches Wissen. Sie beansprucht damit, einen Grundkurs an pädagogischen Wissens- und Problemständen darzustellen, die man nicht ignorieren sollte, wenn man Erziehungswissenschaft studiert – egal, an welcher Stelle des Erziehungs- und Bildungssystems man später einmal tätig sein wird. Sie hofft darauf, dass man den hier dargebotenen Grundriss der Erziehungswissenschaft plausibel finden kann.

Insofern geht es, wie schon erwähnt, in dieser Einleitung darum, Studierenden einen Einstieg in die Disziplin der Erziehungswissenschaft zu ermöglichen, es geht um einen grundlegenden Überblick und auch um die Möglichkeit, das hier dargebotene Wissen als Reflexion für die eigenen pädagogischen Erfahrungen zu verwenden. Natürlich ist mit dem Lesen und Studieren dieses Buches die Disziplin Erziehungswissenschaft auch nicht annähernd erschlossen. Dafür ist die Disziplin mit ihren Themenfeldern von der Geschichte bis hin zur Ethnographie, von der Kindheit bis hinein in das hohe Alter, von ihren unterschiedlichen Institutionen wie der Schule bis hin zur Volkshochschule oder in den einzelnen pädagogischen Feldern etwa der Interkulturellen oder der Inklusiven Pädagogik viel zu umfangreich und zum Teil eben auch sehr speziell.

Zudem wird man im Laufe seines Studiums feststellen, dass das pädagogische Wissen mit einer Fülle anderen Wissens „vernetzt" ist, mit psychologischen und soziologischen, mit philosophischen und theologischen, mit historischen und ethnologischen, ja sogar mit biologischen und medizinischen Wissensbeständen. Als Humanwissenschaft, als Wissenschaft vom Menschen, steht die Erziehungswissenschaft mit einer ganzen Reihe von anderen Disziplinen in Verbindung, deren theoretische, methodische oder praktische Erkenntnisse sie aufgreift, um sie für eigene Fragestellungen und Problemlösungen zu verwenden. Insofern bietet dieses Buch einen systematischen „Faden" der Erziehungswissenschaft, der es wiederum ermöglichen soll, andere wissenschaftliche „Fäden" aufzugreifen und mit den hier dargebotenen Darstellungen zu verknüpfen.

Kritik

Wissenschaft lebt von Kritik nicht zuletzt von Selbstkritik, von Frage- und Problemstellungen; und sie lebt auch von dem Versuch, auf diese Kritik Antworten zu formulieren. Kritik aber braucht Leitlinien und Maßstäbe, an denen entlang sie ihre Fragen formuliert. Insofern hat diese Einführung einen zweifachen kritischen Anspruch. Sie soll dazu dienen, das (eigene) alltägliche, selbstverständliche pädagogische Wissen zu erschüttern und durch objektiveres und leistungsfähigeres wissenschaftliches Wissen zu hinterfragen und ggf. zu ersetzen; daher bietet sie theoretische, historische, institutionelle und anthropologische Maßstäbe der Kritik. Und sie soll auch dazu dienen, eine Haltung der Reflexivität zu erzeugen, die dazu führt, Legitimationen und Ableitungen zu hinterfragen, Voraussetzungen und Implikationen zu klären, und Wirkungen und Nebenwirkungen pädagogischer Handlungen einschätzen zu können.

Und die Antworten, die die Erziehungswissenschaft formuliert, sind nicht nur Antworten auf theoretische Probleme (Wie kann man den Begriff der partizipativen Erziehung verstehen?), sondern auch Antworten auf praktische Fragestellungen (Wie können wir Erziehung partizipativ gestalten?). Und diese Antworten sind – und das soll auch im Folgenden in aller Deutlichkeit festgehalten werden – keine technischen, sondern praktische Antworten. Erziehungswissenschaft liefert keine einfachen Wenn-Dann-Konzepte im Sinne von: *Wenn* eine Erzieherin ihr Kind partizipativ erzieht, indem sie viel mit ihm redet, ihm ihre Gründe für ihr Handeln erklärt, wenn sie es nach seinem Entwicklungsstand an Entscheidungen und ihrer Umsetzung beteiligt etc., *dann* wird es selbstständig, verantwortungsbewusst und vernünftig werden. Sondern: Die Erziehungswissenschaft zielt auf ein praktisches Handlungswissen, das sich aus theoretisch-normativen, aus institutionell-pragmatischen und analytisch-empirischen Kontexten speist und das darum weiß, dass Erziehungs-, Unterrichts- und Bildungsprozesse nicht erzwungen, sondern nur angebahnt werden können. In diesem Sinne: Wenn die Erzieherin viel mit ihrem Kind redet, ihm ihre Gründe für ihr Handeln erklärt, wenn sie es nach seinem Entwicklungsstand an Entscheidungen und ihrer Umsetzung beteiligt etc., dann ist die *Wahrscheinlichkeit,* dass es selbstständig und vernünftig wird, relativ groß.

praktisches Handlungswissen

Und schließlich soll dieses Buch – wie jede Wissenschaft – der Erinnerung dienen: der Erinnerung an wichtige und insofern auch zu tradierende Wissensbestände der Erziehungswissenschaft; und der wissenschaftlichen Erinnerung im Studium selbst. Indem hier relevante Fragestellungen, theoretische Ansätze und Modelle sowie praktische Handlungsformen dargestellt und diskutiert werden, lässt sich das Buch während des Studiums immer wieder zur

Hand nehmen, um sich der eigenen Wissensbestände rückzuversichern. U.a. dazu dienen die in ihm gestellten Aufgaben.

Wie: Die Konzeption dieser Reihe sieht vor, dass die Bücher so verfasst sein sollen, dass sie Studierenden ein sehr eigenständiges Arbeiten erlauben; sie sollen verlässliche Studier- und Lernmedien bilden. Verlässlichkeit lässt sich einerseits dadurch erreichen, dass man nur Wissen präsentiert, dass in der wissenschaftlichen *community* als gemeinhin anerkannt gelten kann; und dass man es andererseits in einer Weise darstellt, die dieses Wissen angemessen präsentiert. Beide Aspekte beansprucht dieses Buch: Es bietet intersubjektiv überprüftes, objektives erziehungswissenschaftliches Wissen in einer dem Gegenstand angemessenen Art und Weise.

Wie: Nach dem oben Gesagten kann die Eigenständigkeit des Studierens nicht technisch hergestellt werden. Aber sie kann erleichtert werden – etwa durch die Auswahl und die Vorstrukturierung des Gegenstandsbereiches, dann durch die graphische Gestaltung, wie sie in dieser Reihe vorgesehen ist und nicht zuletzt durch die sprachliche Darstellung. Im Folgenden findet sich eine mittlere oder auch anschauliche Abstraktionsebene der Darstellung, die dem Motto folgt: So abstrakt und komplex wie notwendig, so anschaulich und einfach wie möglich. Diese Darstellung ist den Ideen verpflichtet, dass Sie als Studierende dann einen besseren Zugang zu den jeweiligen Thematiken bekommen können und dass die hier verhandelten Gegenstände dennoch in einer ihnen angemessenen Form präsentiert werden sollen. Damit wird dann hoffentlich auch das Versprechen eingelöst, Wissenschaft in verständlicher Form anzubieten.

Wenn Sie mir bis hierhin gefolgt sind, haben Sie im Grunde schon eine pädagogische Lektion gelernt. Sie wissen nun, dass bei Einführungen, das Wen, Was, Wozu und Wie der Einführung eine wichtige Rolle spielt. Im Grunde ist aber schon mehr passiert. Denn man sollte sich auch vergegenwärtigen, dass es in der Pädagogik immer um eine Einführung geht – ob man diese nun *Erziehung, Unterricht, Lehre* oder auch „schlichter“: *Zeigen, Beibringen, Geben, Vermitteln* nennt; dass diese Einführung immer auf eine „Ausführung“ zielt – die man dann *Erzogensein, Lernen, Bildung* oder auch wiederum „schlichter“ *Wissen* und *Können* nennt; und dass schließlich Ein- und Ausführung mit einem Gegenstand verbunden sind, den man wissen und können kann oder soll (das kann eine Vokabel, eine Verhaltensregel oder der Grundriss einer Disziplin sein), dann hat man eine wesentliche Grundstruktur der Pädagogik verstanden: nämlich das *didaktische Dreieck*. Anders

didaktisches Dreieck

formuliert: In der Pädagogik finden wir häufig die Situation wieder, dass ein Lehrender einen Lernenden so in einen Sachverhalt einführt, dass dieser nicht nur etwas über einen Sachverhalt, sondern auch über das Lernen lernt. Wir werden später darauf zurückkommen. – Jetzt fehlt „lediglich" noch derjenige, der diese Einführung (mit-)zu verantworten hat.

Wer: Ich habe in Bonn und an der Freien Universtität Berlin Pädagogik, Philosophie und Germanistik studiert und arbeite seit 1993 – zunächst in der Funktion des Lehrbeauftragten, dann als Mitarbeiter und akademischer Rat und schließlich als Professor – an einer Hochschule. An der FU Berlin, der FAU Erlangen-Nürnberg und an der Universität zu Köln habe ich Seminare und Vorlesungen auch und gerade in den hier behandelten thematischen Feldern der Begriffe, der Geschichte, der Institutionen und der Anthropologie gehalten. Auch meine Forschungsfelder fallen in diesen Rahmen: Zu nennen sind hier etwa eine pädagogische Theorie des Lernens, die ich mit Michael Göhlich erarbeitet habe, eine *Geschichte der Ästhetischen Bildung* in vier Bänden, die in der Zusammenarbeit von KollegInnen aus Erlangen und Köln entstanden ist, ethnographische und didaktische Forschungen zur Familie, zur Schule und zum Schultheater in Berlin und Erlangen und schließlich auch das mit Christoph Wulf herausgegebene *Handbuch Pädagogische Anthropologie*, das einen Grundriss der modernen Pädagogischen Anthropologie enthält. Meine Arbeitsschwerpunkte liegen dementsprechend in den Bereichen Pädagogische und Historische Anthropologie, Bildungsphilosophie und Psychoanalyse, Kulturpädagogik und Ästhetische Bildung sowie Qualitative Bildungs- und Sozialforschung. Ich selbst rechne mich der geisteswissenschaftlichen Tradition der Erziehungswissenschaft zu, das heißt, einer historischen und theoretischen Perspektive, der es vor allem auf das Verstehen pädagogischer Sachverhalte ankommt (dazu später). Dennoch forsche ich auch gerne empirisch, nicht nur um zu sehen, was die theoretischen Modelle der Erziehungswissenschaft in der Empirie „taugen", sondern um von der Empirie aus neue Modelle für die Pädagogik zu entwickeln. Und diese Forschungen haben mich in den letzten Jahren auch nach Japan geführt, wo ich die Gelegenheit hatte, über familiäre und schulische Rituale und den pädagogischen Takt zu forschen.

Eine Einführung zu schreiben stellt aber, selbst wenn man sich in den in Frage stehenden erziehungswissenschaftlichen Wissensbeständen einigermaßen gut auskennt, doch eine Herausforderung ganz besonderer Art dar. Denn man muss die Fragen nach dem Was, Wozu und Wie einer solchen Einführung entscheiden und man muss dann die Ergebnisse dieser Entscheidungen auch zu Papier bringen.

Für die Möglichkeit, sich dieser Herausforderung stellen zu können, möchte ich mich bei Sabine Seichter ganz herzlich bedanken. Bedanken möchte ich mich auch bei Timur Rader für seine zuverlässige und sorgfältige Redaktion des Manuskripts.

Weiterführende Literatur

Böhm, Winfried/Fuchs, Brigitta/Seichter, Sabine (Hrsg.) (2009): Hauptwerke der Pädagogik. Paderborn u.a.: Schöningh. – Das Buch beinhaltet 180 Werke der Geschichte der Pädagogik von der Antike bis zur Gegenwart. Vorgestellt werden große Monographien, aber auch Essays, Reden, Briefe und Romane aus der allgemeinen Pädagogik und aus den Teildisziplinen (Schul-, Sozialpädagogik etc.).

Burkhard, Franz-Peter/Weiß, Axel (2008): dtv-Atlas Pädagogik. München: dtv. – Diese Einführung behandelt in Graphiken und Texten die Geschichte der Pädagogik, ihre systematischen Grundlagen, wichtige Theoriekonzepte und methodische Ansätze sowie Teildisziplinen (Schul-, Sonder-, Sozial-, Medienpädagogik und Erwachsenenbildung).

Faulstich-Wieland, Hannelore/Faulstich, Peter (2006): BA-Studium Erziehungswissenschaft. Ein Lehrbuch. Reinbek bei Hamburg: Rowohlt. – Grundinformationen zu Studienmodulen, die die Grundbegriffe und Theorien der Erziehungswissenschaft, ihre sozialen, politischen und rechtlichen Bedingungen, ihre Arbeitsfelder, ihre Forschungskonzepte, ihre wissenschaftlichen Techniken und die einschlägige Literatur betreffen.

Flitner, Andreas/Scheuerl, Hans (2000): Einführung in pädagogisches Sehen und Denken. Weinheim/Basel: Beltz. – In 22 Beiträgen werden anhand von Beobachtungen und Phänomenen theoretische und praktische Perspektiven der Familien-, Schul- und Sozialpädagogik diskutiert. Die Beiträge stammen von Klassikern der Pädagogik (Montessori, Korczak, Piaget etc.) und von modernen Autoren.

Giesecke, Hermann (1987): Pädagogik als Beruf. Grundformen pädagogischen Handelns. Weinheim/München: Juventa. – Dargestellt wird der soziale Raum pädagogischen Handelns und die ihn bestimmenden Faktoren. Vor dem Hintergrund einer Theorie der professionellen pädagogischen Beziehung werden fünf Formen des Handelns ausdifferenziert – Unterrichten, Informieren, Beraten, Arrangieren, Animieren – die zur Reflexion der pädagogischen Praxis anleiten.

Handbuch der Erziehungswissenschaft (2008/2009). Hrsg. im Auftrag der Görres-Gesellschaft von Gerhard Mertens, Ursula Frost, Winfried Böhm, Volker Ladenthin. 3 bzw. 6 Bände. Paderborn: Schöningh. – Auf über 3500 Seiten umfasst das Handbuch ursprünglich drei, jetzt sechs Bände mit folgenden Themen: (Grundlagen) Allgemeine Erziehungswissenschaft (I, II); Schule; Erziehungswissenschaft und Gesellschaft; Familie (Kindheit – Jugend – Gender – Umwelten); Erwachsenenbildung – Weiterbildung.

Horn, Klaus-Peter/Kemnitz, Heidemarie/Marotzki, Winfried/Sandfuchs, Uwe (Hrsg.) (2011): Klinkhardt Lexikon Erziehungswissenschaft. 3 Bände. Bad Heilbrunn/Obb.: Klinkhardt. – Begrifflicher Überblick über alle Teildisziplinen der Erziehungswissenschaft mit über 2100 Stichworten. Darunter finden sich nicht nur gegenstands-, sondern auch personen-, länder- und regionenbezogene Informationen in historischer und systematisierender Perspektive.

Kade, Jochen/Helsper, Werner/Lüders, Christian/Egloff, Birte/Radtke, Frank-Olaf/Thole, Werner (Hrsg.) (2001): Pädagogisches Wissen. Erziehungswissenschaft in Grundbegriffen. Stuttgart: Kohlhammer. – In 30 Beiträgen werden pädagogische Aufgaben (Bildung etc.), Bezüge (Generation etc.), Orte (Unterricht etc.), Praktiken (Lehren etc.) und Reflexion (Ethos etc.) in historischen und theoretischen Bezügen, empirischen Forschungen und aktuellen Problemlagen dargestellt und erörtert.

Mollenhauer, Klaus (1983): Vergessene Zusammenhänge. Über Kultur und Erziehung. Weinheim/München: Juventa. – Einführung in die Pädagogik anhand historischer wie aktueller Texte und Bilder aus Wissenschaft, Kunst und Kultur. Aufgegriffen werden folgende pädagogische Praktiken und Theoreme: die Präsentation, die Repräsentation, die Bildsamkeit, die Selbstständigkeit und die Identität.

Raithel, Jürgen/Dollinger, Bernd/Hörmann, Bernd (2005): Einführung Pädagogik. Begriffe, Strömungen, Klassiker, Fachrichtungen. Wiesbaden: VS Verlag. – Zur Sprache kommen sieben Grundbegriffe (Erziehung, Bildung etc.), zehn Klassiker der Pädagogik vom 17. bis zum 20. Jahrhundert, fünf erziehungswissenschaftliche Entwicklungen und neun pädagogische Teildisziplinen (Erlebnis-, Gesundheitspädagogik etc.).

Kapitel 1: Theorien und Modelle der Erziehungswissenschaft

Dieses Kapitel zu den Theorien und Modellen der Pädagogik soll Studierenden ein grundlegendes Verständnis für das Fach Pädagogik vermitteln, einen ersten Einblick in pädagogische Grundlagen, Grundprobleme und Grundfragen geben, pädagogische Grundbegriffe klären und zueinander in Bezug setzen und einen Überblick über zentrale wissenschaftliche Ansätze in der Pädagogik verschaffen. In diesem Sinne ist es in drei Teile gegliedert: Der erste Teil bezieht sich auf Grundfragen und Grundprobleme pädagogischen Denkens und Handelns, etwa auf das Theorie-Praxis-Problem in der Pädagogik und den pädagogischen Takt sowie auf die Widersprüchlichkeiten im pädagogischen Alltag, d.h. „Macht und Ohnmacht“, „Erhaltung und Verbesserung“; „Sozialisierung und Individualisierung“; „Gleichheit und Ungleichheit der Ausgangslagen“; „Gegenwart und Zukunft“, „Gegenwirkung und Unterstützung“ und „Antinomien im Lehrerhandeln“. Der zweite Teil bezieht sich auf vier zentrale pädagogische Begriffe, d.h. auf: *Erziehung* als Frage nach der Notwendigkeit der Tradierung von Kultur und der Möglichkeit der Mündigkeit des Menschen; *Bildung* als Qualifikation oder Selbstvervollkommnung des Menschen; *Lernen* als Grundlage pädagogischen Handelns sowie *Sozialisation* als Rahmen und Hintergrund von Erziehungs- und Bildungsprozessen. Der abschließende Teil zu den wissenschaftlichen Konzepten der Erziehungswissenschaft beinhaltet die Darstellung der Geisteswissenschaftlichen Pädagogik sowie der Empirischen und Kritischen Erziehungswissenschaft.

1. Grundfragen und Grundprobleme

Theorie und Praxis

In diesem Abschnitt sollen Grundfragen und Grundprobleme der Pädagogik angesprochen werden, die sich jenseits bestimmter pädagogischer Institutionen bzw. bestimmter Handlungsfelder immer wieder stellen. Mit diesen Fragen werden PädagogInnen unausweichlich konfrontiert; von ihrem Wesen her sind diese Fragen allgemein, doch von der Sache her ganz spezifisch.

Einer dieser grundlegenden Fragen in der Pädagogik ist die nach dem Zusammenhang von Wissenschaft bzw. Theorie und Praxis. Man kann diese Frage auch so formulieren: Wozu brauche ich eigentlich das theoretische (begriffliche, historische, empirische oder methodische) Wissen, das ich mir in meinem Bachelorstudium aneigne, für meine spätere Tätigkeit als Pädagogin oder Pädagoge in einem wie auch immer gearteten Feld – sei es nun in der frühkindlichen Bildung, der Schule oder der Altenbildung? Was nutzt die ganze Theorie, inwieweit hilft sie bei Problemen oder leitet sie im pädagogischen Alltag?

Im Jahre 1929 hat Erich Weniger (1894-1961) in einem Aufsatz über „Theorie und Praxis in der Erziehung" ein Drei-Stufen-Modell des Theorie-Praxis-Verhältnisses, das in seiner luziden Darstellung auch für den hier in Frage stehenden Zusammenhang von pädagogischer Theorie und pädagogischer Praxis sehr bedeutsam erscheint (Weniger 1952). Erich Weniger unterscheidet eine Theorie ersten Grades der anschauungsgesättigten, unbewussten, verinnerlichten Erziehungsvorstellungen von einer Theorie zweiten Grades, die das in vorbewussten und expliziten Regeln gefasste Handlungswissen des Praktikers enthält. Hiervon wiederum wird eine Theorie dritten Grades als Theorie des wissenschaftlichen Wissens unterschieden, die zwei Funktionen hat: zum einen die analytische Funktion der „Aufklärung des Sachverhaltes" Erziehung, zum anderen eine praktische Funktion, die sich ganz in den Dienst des Praktikers stellt: „Sie dient der Praxis und gilt nur so weit, als sie der Praxis helfen, als der Praktiker etwas mit ihren Ergebnissen anfangen kann" (ebd., S. 19f.).

Was meint das konkret (vgl. Vogel 1999)? Wir können uns auf der ersten Ebene des Theorie-Praxis-Verhältnisses – sozusagen

Mutter

als Modellfigur – eine Mutter vorstellen. Das pädagogische Wissen der Mutter dient zur Bewältigung alltäglicher pädagogischer Probleme. Es ist mehr oder weniger unsystematisch und oft zusammenhangslos, manchmal allerdings versetzt mit Begriffen oder Theoremen aus dem Bereich der Wissenschaft, insofern sie (meist über die Medien) Teil des Alltagswissens geworden sind (Beispiel: Begriffe wie „Verdrängung", „Projektion" oder „Kompensation" stammen ursprünglich aus einer komplexen wissenschaftlichen Theorie, sind inzwischen aber in die Alltagswelt „diffundiert"; die Mutter kann sie „verstehen", ohne den ursprünglichen wissenschaftlichen Kontext kennen zu müssen). Die Theorien der Mutter haben ihre Wahrheitskriterien in ihrer Bewährung in der Praxis. Ihr geht es nicht um eine „objektive" Wahrheit. Es stört sie auch nicht, bei der Erziehung ihrer Kinder abwechselnd auf

Handlungsregeln zurückzugreifen, die sich ggf. widersprechen, solange sie den Eindruck hat, dass sie damit erfolgreich ist. Ihre Theorien bestehen aus einer Mischung von empirischen und normativen Anteilen, also Erfahrungswissen und Überzeugungen hinsichtlich Zielen, Normen und Entscheidungskriterien. Sie gewinnt hiermit ausreichend Sicherheit für pädagogische Alltagshandlungen, d.h. sie muss bei einem auftretenden Problem nicht lange überlegen, sondern kann sich direkt auf dieses Wissen beziehen. Und schließlich: Diese mütterlichen Theorien werden nicht durch systematische Lehrgänge, Kurse etc. erworben, sondern durch Sozialisation, alltägliche Interaktion und allgemein zugängliche Medien. Sie kommen an ihre Grenzen, wenn sie nicht mehr ausreichen, um Probleme zu lösen; in diesem Fall wird das Wissen von pädagogischen Professionellen in Anspruch genommen, z.B. in einer Erziehungsberatungsstelle.

Lehrer

Die zweite Modellfigur ist der professionelle Lehrer. Er besitzt ein Wissen, das notwendig und hinreichend ist, um in seinem Beruf kompetent zu arbeiten und das ihm auch ermöglicht, in schwierigen beruflichen Problemlagen sicher handeln zu können. Dieses Wissen enthält Bestände von Einzelwissen (wissenschaftlich abgesicherte Informationen über das Handlungsfeld; Wissen über Zusammenhänge im Handlungsfeld); Regelwissen (Wissen über die angemessenen und übliche Strategien zur Bewältigung von Problemen im beruflichen Handlungsfeld); Urteilswissen (die Fähigkeit, Probleme richtig einzuschätzen aufgrund von professionellen Relevanzkriterien); und es enthält sowohl kognitive wie auch normative Anteile, die durch ihre Lösungskapazität für berufliche Problemsituationen miteinander verbunden und entsprechend „sortiert“ sind.

Theorien zweiten Grades werden einerseits erworben durch eine wissenschaftliche Ausbildung und andererseits durch das Erlernen der berufsüblichen Routinen, Deutungsmuster, Handlungsschemata, durch die Arbeit im Beruf, etwa schon durch eine Einführungsphase wie das Referendariat. Sie dienen zur Orientierung und Legitimation des Handelns, weil sie sich auf wissenschaftlich begründete und erfahrungsgesättigte professionelle Standards beziehen können. Aber auch dieses Wissen hat seine Grenzen: dort, wo die Zuständigkeit anderer Professionen und deren Wissensbestände gefordert ist – etwa mit Blick auf psychologische, medizinische oder juristische Fragen. Der professionelle Pädagoge muss wissen, wann die Grenzen seiner beruflichen Kompetenz erreicht sind und der Therapeut oder Jurist zuständig ist.

Erziehungswissenschaftlerin

Und schließlich kann man auf der dritten Ebene das wissenschaftliche Wissen der Erziehungswissenschaftlerin in den Blick nehmen, das ja nach Weniger einerseits der Aufklärung andererseits der Hilfestellung für die Praxis dienen soll. Dieses Wissen wiederum beruht auf der Beschäftigung mit wissenschaftlichen Theorien, nicht auf praktischen Erfahrungen. Es wird erworben durch ein wissenschaftliches Studium und durch Teilnahme an Forschung (etwa auch durch Qualifikationsarbeiten). Es ist auf interne Konsistenz, Systematik und Widerspruchsfreiheit im Bereich einer Wissenschaftsdisziplin angewiesen und es ist geordnet gemäß den Theoriekontexten, die es erzeugt. Dieses Wissen trennt penibel empirische und normative Anteile, die mit unterschiedlichen wissenschaftlichen Verfahren bearbeitet werden; so bilden etwa normative Probleme Gegenstände von Theoriebildung, ohne dass am Ende eine gleichsam „wissenschaftlich bewiesene" praktische Empfehlung stehen könnte. Wissenschaftliche Theorien folgen primär den wissenschaftsinternen Kriterien von „Wahrheit", zunächst ungeachtet praktischer Verwertungsmöglichkeiten; sie bieten mithin keine unmittelbaren und eindeutig ableitbaren Regeln für den (professionellen) pädagogischen Alltag. Wissenschaftliches Wissen hat als typisches Begründungsmuster die Berufung auf methodisch abgesicherte wissenschaftliche Strategien der Wissensproduktion. Das wissenschaftliche Wissen der Erziehungswissenschaftlerin hat einerseits einen höheren Gewissheitsgrad als die anderen Wissensformen, weil es in höherem Maße intersubjektiven Prüfverfahren ausgesetzt worden ist; andererseits ist es insofern unsicherer, als es grundsätzlich vorläufiges Wissen ist, das durch den Erkenntnisfortschritt mit Hilfe von wissenschaftlichen Verfahren jederzeit revidiert werden kann.

Mit Erich Weniger lässt sich also zeigen, dass der Zusammenhang von Theorie und Praxis differenziert gesehen werden muss, insofern die skizzierten Wissensbestände ihre jeweils eigenen Logiken, Verfahren, Gesetzlichkeiten und Ziele haben. Man sieht aber auch, dass es sozusagen keine „theoriefreie" Praxis gibt; und umgekehrt, dass auch die – wissenschaftliche pädagogische Theorie in unterschiedlichem Ausmaß – auf Praxis bezogen ist. Man kann darüber hinaus festhalten, dass quer zu der bisherigen Differenzierung – alltägliches, professionelles, wissenschaftliches Wissen – folgende Wissensformen unterschieden werden können, nämlich implizites und explizites Wissen auf der einen und theoretisch-abstraktes Wissen und praktisches Handlungswissen auf der anderen Seite.

implizites und explizites Wissen

theoretisch-abstraktes Wissen und praktisches Handlungswissen

Grundsätzlich sollte festgehalten werden, dass professionelle Pädagogik nicht einfach „Anwendung" von Theorien ist, und dass ihr Erfolg viel weniger von der angewandten Technik als vom professionellen „Können" abhängt. Um besser zu verstehen, was in der Praxis professioneller Pädagogen wirklich passiert, kann man an die Unterscheidung zwischen theoretisch-wissenschaftlichem Wissen und praktischem Handlungswissen anknüpfen (vgl. Neuweg 1999; Kraus u.a. 2017). *Theoretisches Wissen* strebt – wie oben gesehen – nach Objektivität, bestmöglicher Begründung und möglichst hoher Systematisierung und wird nach bestimmten Regeln, Techniken und Ritualen erworben, diskutiert und explizit weitergegeben. *Praktisches Wissen* arbeitet hingegen mit vielen Ad-hoc-Annahmen und moderierenden Bedingungen, die den pädagogischen Situationen gerecht werden müssen und auf Erfahrungswerten mit ähnlichen Situationen basieren. Es ist perspektivisch und kontextuell organisiert, praxisnah und vor allem sehr flexibel. Das praktische Wissen lässt sich als ein intuitiv-improvisierendes Handeln verstehen, das über weite Strecken mehr ist als die Anwendung von Wissen. Eher als durch explizite Wissensvermittlung erweitert es sich durch Versuch und Irrtum, durch mimetisches Lernen oder durch Lernen am Modell.

theoretisches Wissen

praktisches Wissen

Was aber „bringt" das wissenschaftliche Wissen für die Praxis? Zunächst bringt es nach Weniger „Aufklärung" und das heißt wohl vor allem Komplexität. Durch wissenschaftliche Zugänge werden pädagogische Realitäten als soziale Realitäten vielschichtig, dynamisch, flüchtig und kontingent (strukturell offen). Sie lassen sich aus verschiedenen Blickwinkeln (historisch, empirisch, institutionell etc.) und zudem auch mit dem pädagogisch geschulten Blickwinkel auch anderer Disziplinen (etwa der Psychologie oder der Soziologie) betrachten. Insofern „sieht" und „denkt" man durch wissenschaftliches Wissen mehr und anderes. Es hilft zur Aufklärung, es bringt mehr „Licht" in das pädagogische Geschehen.

Man sollte sich aber auch darüber im Klaren sein, dass jeder wissenschaftliche Zugang die pädagogische Realität immer nur punktuell bzw. ausschnittsweise betrachten und analysieren kann. Insofern ist jeder professionell Handelnde immer auch mit den blinden Flecken pädagogischer Theorie konfrontiert. Wissenschaft muss in einer gewissen Distanz zur Praxis stehen (Beobachterposition) und ermöglicht genau deswegen, einen reflexiven Zugang zu ihr, indem sie diese so ausdeuten und interpretieren kann. Die Erziehungswissenschaft muss hierfür

Betrachtungsformen und -verfahren entwickeln, die der Realität angemessen sind, die nachvollziehbar sind und die gewisse qualitative Standards erfüllen. Sie muss aber auch notwendigerweise abstrakt bleiben, weil nur in der wissenschaftlichen Distanz selbst generalisierbare Begriffe, Theorien und Modelle gewonnen werden können.

Dass die wissenschaftlichen Theorien mithin abstrakt sind, ist einerseits dem Versuch geschuldet, allgemeingültige Aussagen machen zu wollen, andererseits aber auch ein praktischer Vorteil. Denn eine Hilfe und eine Anleitung für die pädagogische Praxis können Theorien nur dann sein, wenn sie abstrakt sind. Vergegenwärtigen wir uns noch einmal, dass Theorien allgemeine, modellhafte Vorstellungen von Realität sind, die weder direkt operationalisierbar noch per se richtig, sondern vielmehr abstrakt und vorläufig sind. Sie bieten keine unmittelbar-konkreten Praxishilfen, Musterlösungen oder Best-Practice-Methoden. Wissenschaftliche Erkenntnis kann nicht 1:1 in die pädagogische Praxis umgesetzt werden. Und zudem sollte man sich bewusst machen: Es ist faktisch unmöglich Theorien und Modelle für alle möglichen pädagogischen Situationen und ihre richtigen pädagogischen Lösungsmöglichkeiten bereitzustellen. Anleitung und Hilfe für die pädagogische Praxis kann wissenschaftliches Wissen nur dann sein, wenn es vom Einzelfall abstrahiert und generelle Gesichtspunkte ins „Spiel bringt". Diese Gesichtspunkte eröffnen dem Professionellen nicht nur die Komplexität der Situation („Aufklärung"), sondern auch andere Handlungsmöglichkeiten („Hilfe"). Diese wissenschaftlichen Perspektiven determinieren das pädagogische Handeln nicht, sondern eröffnen ihm Optionen. Und zwar in mehrfacher Hinsicht: Der Professionelle hat die Möglichkeit, mit Hilfe der Theorien sein Handeln besser zu verstehen, zu analysieren und mit anderen Perspektiven oder Situationen zu vergleichen; sie helfen ihm auch, sein Handeln stärker zu strukturieren und es gegenüber der pädagogischen Klientel oder seinen KollegInnen besser zu legitimieren. Und nicht zuletzt hilft es ihm, pädagogische Situationen zu problematisieren und zu diskutieren, und damit dient es auch dem Entwerfen und Weiterentwickeln pädagogischer Handlungsmuster. Man kann diese letzten Überlegungen auch schlicht in den Worten zusammenfassen, dass die pädagogische Theorie eine Theorie *von* der Praxis *für* die Praxis ist (Klafki). Woraus sich dann die Schlussfolgerung ergibt: Nichts ist besser für die Praxis als eine gute Theorie.

Theorien

Optionen

Der pädagogische Takt

Von Johan Friedrich Herbart (1776-1841) stammt die Idee, die Ausbildung zum Pädagogen, bzw. zum Erzieher oder zur Lehrperson, an einem Vermittlungsmodell zu orientieren, das er „pädagogischen Takt" nennt. Der pädagogische Takt ist eine Vermittlungsfigur, die zwischen Theorie und Praxis eine wechselseitige Beziehung vorsieht, in der die wissenschaftliche Theorie stetig erfahrungs- und die erfahrungsbasierte Praxis stetig theoriegesättigter werden soll. Man kann dieses Konzept nicht nur für die Ausbildung von PädagogInnen, sondern auch für ihre Weiterbildung als zentrale Gelenkstelle verstehen.

Der *locus classicus* der Pädagogik zum Thema Takt findet sich in Herbarts ersten *Vorlesungen über Pädagogik* von 1802:

> „Nun schiebt sich aber bei jedem noch so guten Theoretiker, wenn er die Theorie ausübt und nur mit den vorkommenden Fällen [...] verfährt, zwischen die Theorie und die Praxis ganz unwillkürlich ein Mittelglied ein, ein gewisser Takt nämlich, eine schnelle Beurteilung und Entscheidung, die nicht wie der Schlendrian ewig gleichförmig verfährt, aber auch nicht, wie eine vollkommen durchgeführte Theorie wenigstens sollte, sich rühmen darf, bei strenger Konsequenz und in völliger Besonnenheit an die Regel zugleich die wahren Forderungen des individuellen Falles ganz und gerade zu treffen" (Herbart 1982, S. 126).

Herbart möchte mit diesem Modell das theoretische und das praktische Wissen in ein Austausch- und Spannungsverhältnis bringen. Die Theorie ist auf die Praxis angewiesen, weil nur so ihre generellen Aussagen durch individuelle Fälle bestätigt oder irritiert werden können; und die Praxis ist auf die Theorie angewiesen, um nicht in einen „Schlendrian" des ewig Gleichen zu verfallen.

Vermittlung von Theorie und Praxis

Doch kann der pädagogische Takt nicht nur auf die Vermittlung von Theorie und Praxis, sondern auch auf die Vermittlung einer ganzen Reihe anderer pädagogischer Dimensionen bezogen werden. Wir greifen hierbei auf die systematisch-dialektischen Überlegungen von Friedrich Schleiermacher (1768-1834) zurück, der in seinen *Vorlesungen* von 1826 zentrale pädagogische Problematiken benennt (vgl. Schleiermacher 1983).

1. *Allmacht und Ohnmacht:* Schleiermacher fragt sich, inwieweit wir in der Erziehung von einer Allmacht oder einer Ohnmacht ausgehen können. Die Frage, ob man aus den Menschen alles machen kann, was man will – die sich in Zeiten des technologischen und biologischen *Enhancements* noch einmal anders zu

stellen scheint – wird zunächst von Schleiermacher durch die Moral gerahmt, die mit ihren Bezugspunkten des Guten und des Bösen einen Machbarkeitsraum vorgibt. Zum anderen stellen auch die „natürlichen Anlagen" des Menschen Ausgangsbedingungen dar, die geklärt werden müssten, um die Frage nach der Begrenzung oder dem Möglichen der Erziehung konkret beantworten zu können. Gelegentlich träumt man in der Pädagogik von der Allmacht der Erziehung – gerade in totalitären Regimen, wo „ganze Massen von Menschen einer gleichmäßigen Einwirkung unterworfen, und gleiche Resultate erzielt werden" (ebd., S. 48) sollen.

Dagegen betonen naturalistische Modelle, die von der Unwandelbarkeit der menschlichen Natur überzeugt sind, die begrenzten Möglichkeiten der Erziehung, da diese nie mehr als nur das wird entwickeln können, was die Natur von sich aus schon „anbietet". Hierbei müsste allerdings auf anthropologischem Wege geklärt werden, welche natürlichen Anlagen Menschen mitbringen und inwieweit diese zu Beginn des Lebens alle „in Beziehung auf ihre Entwicklung völlig gleich seien" (ebd.). Sodann müsste auch geklärt werden, ob man jede Anlage des Menschen entfalten kann – ggf. aber auf Kosten von anderen Anlagen. Oder ob man alle Anlagen gleichmäßig fördern kann. Und schließlich müsste man auch noch wissen, welche Potentiale sich gleichsam naturwüchsig entwickeln können und welche wiederum pädagogischer Unterstützung bedürfen. Da sich all diese Fragen nicht wissenschaftlich klären lassen, muss man pädagogisch betrachtet, von einer unsicheren Ausgangsbasis ausgehen. „Wir haben somit eine nähere Bestimmung unserer Aufgabe gefunden, indem wir den Prozeß der Erziehung an eine Tätigkeit anknüpften, die im Anfange erregend, im Fortgange leitend, sich an die Idee des Guten anzuschließen habe, mit Rücksicht auf die Unentschiedenheit der anthropologischen Voraussetzungen" (ebd., S. 51).

Diese Schlussfolgerung klärt weder die anthropologischen Ausgangsbedingungen, noch die pädagogischen Didaktiken und Methodiken. Es scheint nur deutlich, dass man sich pädagogisch am „Guten", d.h. an bestimmten, für jede Gesellschaft unterschiedlichen, Werten orientieren soll. Deutlich wird zudem, dass die Selbsttätigkeit im Mittelpunkt der pädagogischen Bemühungen zu stehen habe, die „erregt" und „geleitet" werden soll. Bei Schleiermacher findet man Anhaltspunkte für eine Erziehung zur Selbstständigkeit, die im Viereck von unentschiedenen anthropologischen Voraussetzungen, selbstbestimmten Praktiken, zeitlichen Vorstellungen und moralischen Perspektiven, angesiedelt

Selbsttätigkeit

ist. Versucht man an dieser Stelle diese Theorie zu operationalisieren, dann müsste man als Pädagoge auf die Gestaltung der Bedingungen des Entscheidens und Mitwirkens abheben; kurzum, Pädagogik zielt auf eine Maximierung von Partizipation und Reflexivität in Entscheidungsprozessen – und berücksichtigt dabei Entwicklungsniveaus und -perspektiven der Beteiligten (d.h. Möglichkeiten und Grenzen von Förderung, Unter- wie Überforderung) sowie ethische Perspektiven.

Maximierung von Partizipation und Reflexivität

2. *Erhaltung und Verbesserung:* Die Erziehung hat nach Schleiermacher zwei große kulturelle Aufgaben: Sie soll die kulturellen (sozialen, politischen, technischen etc.) Errungenschaften einer Gesellschaft erhalten und tradieren und sie soll zugleich Unvollkommenheiten erkennen und zu ihrer Verbesserung beitragen. Man könnte sagen, dass die Erziehung damit sowohl der Vergangenheit als auch der Zukunft verpflichtet ist. Zu den Unvollkommenheiten rechnet Schleiermacher etwa die Widersprüche, die sich zwischen den verschiedenen Lebenssphären (oder sozialen Teilsystemen) wie Staat, Kirche, geselliges Leben und Wissenschaft auftun (ebd., S. 62f.): „Die Erziehung soll so eingerichtet werden, daß beides in möglichster Zusammenstimmung sei, daß die Jugend tüchtig werde, einzutreten in das, was sie vorfindet, aber auch tüchtig, in die sich darbietenden Verbesserungen mit Kraft einzugehen. – Je vollkommener beides geschieht, desto mehr verschwindet der Widerspruch" (ebd., S. 64).

Hierbei scheint eine Pädagogik erforderlich, die weiß, wann die Erhaltung und wann die Verbesserung an der Tagesordnung sind, und die die Mittel und Wege kennt, die Zöglinge sowohl für die Traditionen der Vergangenheit als auch für die Neuheiten der Zukunft zu begeistern.

Traditionen

Neuheiten

3. *Individualisierung und Sozialisierung:* Die unterschiedlichen Erziehungsperspektiven der Erziehung zum Allgemeinen und der Erziehung zum Individuellen werden vor Schleiermacher kurz und knapp behandelt (ebd., S. 67f.). Die Erziehung hat ihr Ziel in einem doppelten Sinne dann erreicht, wenn die Eigentümlichkeit des Einzelnen soweit als möglich entwickelt worden ist (das könnte man das „romantische Ziel" der Erziehung nennen); und sie hat ihr Ziel erreicht, wenn das Subjekt sich mit den Lebenssphären (Staat, Kirche, Geselligkeit und Wissenschaft) „ähnlich" gemacht hat (das ist das „aufklärerische Ziel der Erziehung"). Erziehung ist also Individualisierung und Sozialisierung gleichermaßen.

Auch hierbei stellt sich wiederum die Frage, wie das Verhältnis zwischen diesen Zielen zu bestimmen ist, ob es Über- und Unterordnungen oder ob es Schwerpunktsetzungen geben muss,

„dazu haben wir nicht alle Data der Entscheidung“ (ebd., S. 68). Was bleibt, ist eine skeptische Betrachtungsweise, die den Pädagogen auffordert, die „Übermacht“ des Allgemeinen mit ihren massiven Einwirkungen, die oftmals zu einer „Masse ohne Eigentümlichkeit“ führt, durch eine individuelle Erziehung zu kompensieren, die ein Gegengewicht zur Sozialisierung und Enkulturation darstellt. Auf der anderen Seite ist ebenso skeptisch zu beachten, dass die Individualität kaum erzieherisch hervorgebracht werden kann und auch nur spät erkennbar ist, während die Erziehung Aufgaben für das Allgemeinwesen erbringen muss, das sich nur aufgrund bestimmter Fähigkeiten und Fertigkeiten überhaupt erst tradieren und weiterentwickeln kann.

skeptische Betrachtungsweise

4. Gleichheit und Ungleichheit der Ausgangslagen: Schleiermacher beschäftigt sich sehr häufig mit Fragen der Differenz in der Bildung – vor allem in Bezug auf die verschiedenen gesellschaftlichen Schichten und in Bezug auf die Geschlechter. So fragt er sich etwa, inwieweit die Menschen gleich oder ungleich seien. Und: Können wir von einer ursprünglichen, demokratischen Gleichheit aller Menschen ausgehen? Oder hat der Aristokratismus Recht, der von unterschiedlichen Begabungen der Menschen spricht? Die Beantwortung der Fragen ist – bis heute – brisant, denn je nach Antwort müsste man ein differenziertes oder aber ein inklusives Bildungssystem etablieren. Denn geht man davon aus, dass es vier Klassen von Menschen gibt – diejenigen, die sich sehr individuell entwickeln oder aber die diejenigen, die bloße Masse bleiben; und diejenigen, die sich als politisch-kulturelle Menschen verstehen können, und diejenigen, denen diese Begabung fehlt – so liegt es nahe, ein Bildungssystem zu entwickeln, dass diesen unterschiedlichen Voraussetzungen gerecht wird.

Doch die Frage nach Gleichheit und Ungleichheit lässt sich durch die Reaktionen auf diese noch einmal durchdeklinieren: Geht man nun erst einmal von der Gleichheit der Menschen aus, so entstehen Differenzen aus den äußeren Verhältnissen, und die Erziehung muss entscheiden, ob sie diese Verhältnisse unterstützen möchte (wobei sie dem Prinzip des Aristokratismus folgen würde), oder ob sie diese kompensieren will (wobei sie sich am demokratischen Denken orientieren würde). Geht man umgekehrt davon aus, dass die Menschen ungleich sind, so erscheint es nicht von Belang, ob die Differenzen angeboren oder durch Sozialisation entstanden sind: Die Erziehung würde diese nur aufgreifen, weiterentwickeln und steigern.

Schleiermacher konzediert nun ganz pragmatisch, dass die Macht der Erziehung die Macht der äußeren Verhältnisse gewähren lassen muss. Sie hat allerdings darauf zu achten, dass die Individualität einzelner durch Sozialisation und Enkulturation nicht (vollkommen) unterdrückt wird (ebd., S. 72). In der Summe soll die wissenschaftlich informierte Erziehung nun beide Voraussetzungen im Blick haben: „Die Erziehung soll in Beziehung auf die zu Erziehenden der inneren Kraft, die in ihnen sich entwickelt, zu Hilfe kommen; aber in Beziehung auf das, was infolge dieser Entwicklung bewirkt wird, die äußeren Verhältnisse gewähren lassen, so jedoch, daß diese, insofern sie charakterisiert sind als Zeichen der angestammten Ungleichheit, behandelt werden als das, was allmählich verschwinden soll“ (ebd. S. 76).

individuelle Selbstentwicklung

Leitend ist auch hier der Gedanke, dass die individuelle Selbstentwicklung auf keinen Fall gehemmt werden darf, etwa dadurch, dass man die Ungleichheit in einem bestimmten Verhältnis (pädagogisch) fixiert. Denn die individuelle Selbstentwicklung ist für Schleiermacher auch ein Indiz für einen allgemeinen Fortschritt zu einer immer größeren Harmonie verschiedener Lebenssphären. Insofern impliziert ein Bildungssystem, das mit einer „allgemeinen Elementarbildung“ beginnt und mit einer sich daran anschließenden „Spezialbildung“ fortgesetzt wird, eben auch beide Seiten der Erziehung: eine allgemeine zu Beginn und eine individuellere ab dem 12. oder 14. Jahr (ebd., S. 76ff.).

5. *Gegenwart und Zukunft:* Ein weiteres, für die Theorie und Praxis der Pädagogik konstitutives Dual ist dasjenige von Gegenwart und Zukunft. Schleiermacher verbindet die Gegenwart mit der Vergangenheit, aber vor allem mit der Zukunft, denn diese gehört als unabdingbare Voraussetzung zur Erziehung und Bildung. Dabei erscheint Bildung bei Schleiermacher immer als unabhängig von einer chronologischen Zeit und situiert in einer Sphäre freier wechselseitiger Einwirkungen. Anders formuliert: Erziehung und Bildung sind auch, vielleicht sogar wesentlich, Prozesse der wechselseitigen Entwicklung und Verschränkung von Temporalitäten, d. h. Verschränkungen des Temporalbewusstseins des Erziehers mit dem des Kindes, um die angestrebte generative Mitgesamttätigkeit an der Gesellschaft auch über temporale Horizonte zu erzielen.

Prozesse der wechselseitigen Entwicklung und Verschränkung von Temporalitäten

Leitend für diese Bildungstheorie ist nach Schleiermacher die pädagogische Theorie einer Förderung jedes Lebensmoments, denn die Gegenwart – als einzelner Moment, aber auch als eine zeitliche Reihe betrachtet – darf nicht der Zukunft oder der Vergangenheit geopfert werden. Dennoch muss der Erzieher immer auch die Zukunft des Zöglings im Blick behalten. Die Verbindung der Zeiten gelingt Schleiermacher dann auf verblüffend einfache

Weise: „Die Lebenstätigkeit, die ihre Beziehung auf die Zukunft hat, muß zugleich auch ihre Befriedigung in der Gegenwart haben; so muß auch jeder pädagogische Moment, der als solcher seine Beziehung auf die Zukunft hat, zugleich auch Befriedigung sein für den Menschen, wie er gerade ist“ (ebd., S. 84).

Spiel

Diese Lebenstätigkeit ist für Schleiermacher das Spiel, dessen ästhetische Erfahrungen die Momente des Zeitlichen und Werdenden impliziert, der Veränderung und des Übergangs, den fragilen Charakter von Entwicklungsprozessen, das Angewiesensein des Vorscheins auf die Vergangenheit und das Selbstbewusstsein, das sich auf die eigenen Dispositionen und Disponibilitäten bezieht. Kennzeichen eines gelungenen Spiels ist für Schleiermacher das Bewusstsein der Entwicklung, das dem Menschen zugleich eine Befriedigung der Gegenwart und der Zukunft – und man darf hinzufügen, auch der Vergangenheit – gewährt (ebd., S. 86).

Spielen bedeutet nach Schleiermacher, seinen Tätigkeiten freien Lauf zu lassen und eröffnet somit nicht nur die Möglichkeiten der Selbsterfahrung und des Selbstbewusstseins, sondern auch die Möglichkeit der Erfahrung des Andersseins und der Entgrenzung. Spielerische Erfahrungen vermitteln mir, dass ich es bin, der dieses Leben zu führen hat, dass ich es bin, der es zeitlich strukturiert, dass ich es bin, der dieser Strukturierung Bedeutung verleiht und dass ich es bin, der hierbei eine Veränderung erfährt. Schleiermacher aber unterschlägt, dass natürlich auch das Spiel pädagogisch gerahmt ist, und etwa Art und Dauer des Spielens durch die Erzieher festgelegt werden müssen. Hierbei greift wieder die Erziehung, die zwischen dem Spielen, das auf die Gegenwart bezogen ist, und der Übung, die der Zukunft dient, einen Ausgleich schaffen muss.

6. Gegenwirkung und Unterstützung: Erziehung ist zentral auf die Selbstentwicklung und die Selbstständigkeit des Zöglings bezogen. Geht man hierbei davon aus, dass die unterschiedlichen Einwirkungen, mit denen die Zöglinge seit ihrer Geburt konfrontiert sind, sich nicht zwingend immer auf diese vorgegebenen Ziele richten, so macht eine intentionale Einwirkung – mithin Erziehung – Sinn. Diese kann nun entweder stärker an der „inneren Tätigkeit des Zöglings“ oder aber an der „äußeren Einwirkung“, die seine Entwicklung betrifft, ansetzen (vgl. ebd., S. 92).

direkte oder indirekte Form der Erziehung

Man kann hier von einer direkten oder indirekten Form der Erziehung sprechen. Und diese Formen können entweder hemmend sein, indem sie bestimmte Äußerungen und Fehlentwicklungen, aber auch schädliche Einflüsse zu verhindern suchen, oder aber unterstützend sein, indem sie Entwicklungen hervorlocken, stabilisieren oder reflektieren bzw. positive Einflüsse fördern und ausbauen. Die Erziehung selbst ist hier situativ-adaptiv definiert, muss man doch dem „Leben selbst" die Entscheidung überlassen, „was in jedem Augenblick getan werden sollte. [...] Unterstützen oder Gegenwirken, das hängt ab von der Aufforderung, die der Moment mit sich bringt" (ebd., S. 92f.).

Schleiermacher macht nun deutlich, dass die beiden Formen der pädagogischen Tätigkeit unterschiedliche Fokussierungen in Bezug auf die individuelle und die universelle Richtung der Erziehung haben. Geht man von der optimistischen anthropologischen Annahme aus, dass im Individuellen sich keine Anzeichen eines „Bösen" finden lassen, so kann die Erziehung zur Individualität nur unterstützend sein. Gegenwirkend wäre sie gegen jene Einflüsse, die die Entwicklung zur Individualität verhindern oder verkürzen. Das sieht anders aus, wenn man die Erziehung zum Staat, zur Kirche, zur Geselligkeit und zur Wissenschaft in den Blick nimmt. Nimmt man die Aspekte Lob und Tadel, Billigung und Missbilligung ernst, dann sieht man nicht nur Unterstützung, sondern auch Gegenwirkung gegen die Tendenzen, die ein Eintreten in diese Lebenssphären problematisch machen. Hier gilt es dann, besonders fein abzuwägen, damit die Gegenwirkung nicht in die Entwicklung zur Selbstständigkeit eingreift.

Antinomien des Lehrerhandelns

In der zeitgenössischen Debatte wird die Problematik der Widersprüchlichkeiten und Antinomien des pädagogischen Handelns vor allem von Werner Helsper aufgegriffen, der an verschiedenen Stellen die antinomische Handlungsstruktur im professionellen Lehrerhandeln analysiert und diskutiert hat (vgl. Helsper 1996, 2000, 2002). Den Strukturkern des professionellen Lehrerhandelns macht er in fünf Punkten fest (Helsper 2002, S. 70ff.). Da sind:

1. Die stellvertretende (deutende) Bearbeitung von Krisen als Krisenlösungen und das damit zusammenhängende Technologie-, Struktur- und Verstehensdefizit im pädagogischen Handeln.
2. Die Unsicherheit und Kontingenz von Bildungs- und Erziehungsprozessen, die von individuellen, interaktiven und temporären Aspekten abhängig sind.

3. Der Eingriff in die Integrität der Adressanten, der durch die wechselseitige Zustimmung in die Professionellen-Adressaten-Beziehung aufgefangen werden soll.
4. Dazu wird ein Arbeitsbündnis vorausgesetzt, das interaktiv performativ hervorgebracht wird und immer wieder erneuert werden muss.
5. Indem das Lehrerhandeln immer stärker in die Lebenswelten und Lebenspraxen eingreift, ergeben sich Fragen der Macht- und Kontrollpraktiken, die kritisch zu hinterfragen sind.

konstitutive, nur reflexiv zu handhabende Widersprüche

Vor diesem Hintergrund werden dann antinomische Spannungen des Lehrerhandelns von ihm in verschiedenen Ebenen ausformuliert, wobei hier bloß auf die konstitutiven, nur reflexiv zu handhabenden Widersprüche hingewiesen werden soll. Diese sind erstens um lebenspraktische und zweitens um die Problematik von Nähe und Distanz aufgespannt; darüber hinaus führt er auch noch die aufhebbaren Widersprüche, die aus den Formen der gesellschaftlichen Organisation des Bildungswesens stammen, die Handlungsdilemmata und -ambivalenzen sowie schließlich die Modernisierungsantinomien auf (ebd., S. 75f.).

In der sich anschließenden Darstellung der ersten Ebene sollen die von Helsper identifizierten Antinomien nur schlagwortartig skizziert werden (vgl. S. 77-85):

Lebenspraktische Problematik

- Begründungsdilemma: Die Antinomie von erhöhtem Entscheidungsdruck und gesteigerter Begründungspflichtigkeit
- Praxisantinomie: Vermittlung von Theorie und Praxis
- Subsumtionsantinomie: die allgemein kategorisierende Zuordnung und das Eingehen auf den Einzelfall
- Ungewissheitsantinomie: Vermittlungsversprechen und Risiko professioneller Interventionen
- Symmetrie- bzw. Machtantinomie: strukturell gegebene Asymmetrie und strukturell erforderliche Symmetrie
- Vertrauensantinomie: Umgang mit Fehlern, Unwissenheit und Scheitern bei Lösungen

Nähe-Distanz-Problematik

- Näheantinomie: emotionale, partikulare und distanzierte, universalistische Haltungen
- Sachantinomie: fachspezifische und individualitätsbezogene Perspektive

- Organisationsantinomie: formale Verfahren, Ablaufmuster und Offenheit, Kreativität des Lehrerhandelns
- Differenzierungsantinomie: Gleichbehandlung und Differenzierung
- Autonomieantinomie: kontrafaktische Zuschreibung von Autonomie und entlastende Heteronomie

Um es noch einmal zu betonen: Wir haben es hier mit konstitutiven, nur reflexiv zu handhabenden Widersprüchen zu tun, die sich nicht in „Wohlgefallen" auflösen lassen. Selbst der professionellste, durch theoretische Orientierung und praktische Erfahrung erworbene pädagogische Takt (s.o.) macht es nicht möglich, diese Antinomien aufzuheben. Im Unterschied allerdings zu anderen Varianten des Theorie-Praxis-Verhältnisses stellt der pädagogische Takt eine Erinnerung dar, diese Antinomien bewusst zu halten und immer wieder neu bearbeiten zu müssen. Andere Zugänge leisten dieses antinomische Bewusstwerden nicht (vgl. Benner 1997).

Der berühmte „Schlendrian" Herbarts etwa ist ja nur ein Ausdruck dafür, dass der Lehrer das macht, was er immer macht und dass seine Handlungsmuster nicht reflektiert, geschweige denn geändert werden müssen – weil sie sich anscheinend immer bewährt haben. Auch ein strikt hermeneutisches Verständnis der Lehrerpraxis, dass darum weiß, wie man handelt und warum man nur spezifische Erfahrungen im Lehreralltag zu machen imstande ist, stellt noch keinen Durchbruch zu einer komplexeren und angemesseneren Reflexion des Theorie-Praxis-Verhältnisses dar. Zwar kann dieser Zugang die Frage nach Gewissheit und Sicherheit im pädagogischen Handeln erzeugen, jedoch ohne sie letztlich klären zu können. Diese Sicherheit wird nun von einem dritten Theorie-Praxis-Modell versprochen, das mittels kausaler Ableitungen zu eindeutigen Ergebnissen kommen möchte. In der Anwendung von allgemeinem Gesetzeswissen auf individuelle Einzelfälle, lassen sich dann prognostizierbare Ergebnisse voraussagen. Dieses technologische Verständnis ist aber aufgrund der Performativität des Erzieherhandelns und ihrer unbeabsichtigten Nebenfolgen, der Intersubjektivität des Erziehungsgeschehens und der selbstständigen Informationsbearbeitung durch den Zögling für Erziehungssituationen gänzlich unangemessen.

Was in einer pädagogischen Situation zu tun ist, lässt sich nicht mehr nur erfahrungsbezogen, nur hermeneutisch und nur technologisch entscheiden, weil die Situativität des Lehrerhandels durch eine Antinomik geprägt ist, die man sich zwar durch hermeneutische Verfahren vor Augen führen kann, doch der man durch den Schlendrian nicht gerecht werden und die durch Technologien nicht normiert werden kann. Pädagogischer Takt ist auch ein Titel für das Aushalten von Widersprüchen im Lehreralltag. Und nur dieses Aushalten führt dazu, dass die Antinomien nicht vorschnell auf eine Seite hin aufgelöst werden – was zu einer Verkürzung des pädagogischen Geschehens führen würde.

Pädagogischer Takt

2. Grundbegriffe

Erziehung

Ursprünglich werden mit dem Begriff der *Erziehung* so unterschiedliche Tätigkeiten bezeichnet wie das Herausziehen eines Schwertes, das Abziehen der Haut, das Ausraufen der Haare, das Ziehen von Lasten oder auch das Aufziehen von Vieh. Die Pädagogik, die ihre Karriere als Wissenschaft im 18. Jahrhundert beginnt, hat allerdings Erziehung immer wieder von bloßem Herausziehen, von Aufzucht bzw. vom Ziehen überhaupt unterschieden, so dass eine Begriffsgeschichte hier im Grunde keine Auskunft über den Sachverhalt von Erziehung selbst gibt. Zudem: Im praktischen Handeln „gibt" es ja kein Erziehen in einem exakt wahrnehmbaren Sinn, sondern der Erzieher spricht, zeigt, straft, hilft etc. und nennt diese Handlungen dann „Erziehung". Zudem muss man hervorheben, dass viele erzieherische Tätigkeiten einen protopädischen Charakter (Sünkel) haben, das bedeutet, dass diese nicht als gesonderte erzieherische Tätigkeiten in Erscheinung treten, sondern sich im Zusammenhang mit anderen Tätigkeiten mitvollziehen.

Diese Perspektive macht deutlich, dass der Erziehungsbegriff selbst ein Konstrukt ist, das nicht nur genuine Handlungen des Erziehers erfasst, sondern auch die beabsichtigte oder auch die nicht erwünschte Wirkung, ein bestimmtes Menschenbild sowie normative Projektionen und Legitimationsstrategien. Im Erziehungsbegriff kann man somit mehrere Momente unterscheiden, die sich nicht aus den beobachtbaren Sachverhalten, sondern aus dem Standpunkt des Betrachters ergeben. Paradox formuliert: Ich brauche immer schon einen Begriff von Erziehung, um Erziehung überhaupt wahrnehmen zu können. Die Wirklichkeit der Erziehung ergibt sich aus der Zuschreibung von Begriffen auf bestimmte soziale und kulturelle Konstellationen. So kann man in der Geschichte der Erziehung mehrere solcher Zuschreibungen feststellen, vier davon sind prominent geworden: Erziehung als Einwirkung, als Entwicklung, als Kommunikation oder als Arrangement; diese inhaltlichen Konzepte sind situiert zwischen der Erziehung als Absicht und der als Wirkung.

Es ist in der Geschichte der Pädagogik dabei bis heute wiederholt und zu Recht hervorgehoben worden, dass der Mensch ein erziehungsbedürftiges und erziehungsfähiges Wesen ist. Und es ist auch kein Zufall, dass der Zögling historisch betrachtet zunächst und zumeist aus der Perspektive des Erziehenden in den Blick gerät: als *homo educandus*. Hiermit drückt sich ein über Jahrhunderte hinweg dominantes (Macht-)Verhältnis aus, das den Zu-Erziehenden und die Erziehung vom Erzieher her verstanden hat. Doch dieses Machtverhältnis ist nur eine Seite der Medaille; die andere ist die Angewiesenheit des Menschen auf Erziehung. Man braucht hier nicht auf das historisch kaum gesicherte „Sprachexperiment" Friedrichs II. von Hohenstaufen (1194-1250) zu verweisen, der auf der Suche nach der „Ursprache" Waisenkinder im Säuglingsalter isoliert haben soll, um deren Sprachentwicklung zu erforschen. Denn einschlägig wissenschaftlich gesichert sind dagegen die Hospitalismusforschungen etwa von René Spitz (1887-1974), die belegen, wie bedeutsam die pädagogische Unterstützung der sprachlichen Entwicklung und wie bedeutsam eine fürsorgliche Beziehung zwischen den primären Bezugspersonen und dem Kind in den ersten Lebensjahren ist.

Machtverhältnis

Angewiesenheit des Menschen auf Erziehung

Man kann anhand dieser Forschungen einige pädagogische Reflexionen anschließen. Zunächst lässt sich sagen, dass Erziehung mehr sein muss als Füttern, Pflegen und Schützen. Menschen brauchen Ansprache und Beziehungen, kommunikative Anerkennung als Menschen; erst dann können sie in dieser Welt überleben. Menschen sind fragile, unvollkommene Wesen, sekundäre Nestflüchter (Portmann), die einer langen Pflege bedürfen. Erziehung lässt sich in diesem Sinne nicht nur als Aufgabe verstehen, die das Überleben der Nachkommen sichert, sondern vor allem als eine, die auf das Zum-Leben-Kommen zielt. Erziehung hat die Aufgabe, Kinder in die (sprachliche) Kultur einzuführen. Kant hat mit Blick auf diese kulturelle Einführung Erziehung als Disziplinierung, Kultivierung, Sozialisierung und Moralisierung ausbuchstabiert (vgl. Kant 1982). Erziehung ist also nötig, weil Menschen geboren werden. Und sie ist notwendig, weil Kultur weitergegeben, tradiert werden muss. Erziehung wird hier zum kulturellen Gedächtnis, das den Menschen diejenigen Lerninhalte und Lerndispositionen bzw. die nichtgenetischen Tätigkeitsdispositionen (Sünkel) mit auf dem Weg gibt, die sie nicht qua Natur mitbringen und die sie

Zum-Leben-Kommen

für ein (gutes) Leben in der Gesellschaft benötigen. Erziehung ist daher häufig als Generationenerziehung verstanden worden, als Einführung der jüngeren Generation in die Kultur durch die ältere Generation.

So soll die jüngere Generation nach Friedrich Schleiermacher sich das von der älteren Generation vermittelte Wissen und Können so aneignen, dass sie in der Lage ist, nicht nur die wertvollen Traditionen aufzugreifen und aktuell kooperativ mit anderen Generationen zusammenzuarbeiten, sondern sie soll auch dahingehend kompetent sein, die zukünftige Entwicklung voranzutreiben (siehe oben).

Klaus Mollenhauer (1928-1988) hat dann wiederum herausgearbeitet, dass diese Generationenerziehung in der Moderne auf mehreren pädagogischen Grundvorgängen und -prinzipien aufbaut (Mollenhauer 1994): Hierzu gehören die *Legitimation* der pädagogischen Maßnahmen gegenüber der nachkommenden Generation, das *Präsentieren* und Überliefern derjenigen Inhalte, die für die ältere Generation mit Blick auf die jüngere wichtig erscheinen, wozu vor allem das Vorleben eines als gut empfundenen Lebens gehört, das *Repräsentieren,* d.h. das Auswählen von Bestandteilen der Kultur, die man für die nachwachsende Generation nicht nur in der Gegenwart, sondern in der Zukunft als sinnvoll erachtet, sowie die Annahmen von *Bildsamkeit* und *Selbsttätigkeit,* d.h. die pädagogisch-anthropologische Unterstellungen, dass Menschen entwicklungsfähig und -willig sind und dass man sie zur Selbsttätigkeit auffordern müsse. Erziehung hat hier vor allem Fortschritts- und Legitimationsfunktionen: Sie zeigt, wie es weitergehen kann bzw. soll und sie zeigt, warum es so und nicht anders weitergehen kann bzw. soll.

Erziehung wird i.d.R. als dreistellige Relation gedacht, die aus dem Vermittler (Erzieher), dem Vermittelten (Gegenstand) und dem Adressaten (Zögling) besteht; in ihrer Praxis geht es um Vermittlung und Aneignung. Dass Menschen erziehungsfähig sind, bedeutet daher, dass sie in der Lage sind, sich bewusst oder unbewusst Erziehungsinhalte anzueignen, dass sie fähig sind, moralische Grundsätze oder soziale Rollenanforderungen zu übernehmen. Dass dabei mimetische Prozesse eine zentrale Rolle spielen, wird seit der Antike in pädagogischen Reflexionen immer wieder hervorgehoben. Zöglinge eignen sich bestimmte Verhaltensweisen, Intentionalitäten und Einstellungen in der Regel auch nicht bewusst, sondern unbewusst mimetisch an, indem sie die Bewegungen und Intentionalitäten der ErzieherInnen kreativ nachvollziehen.

Dabei lässt sich ein intentionaler von einem funktionalen und einem effektiven Erziehungsbegriff unterscheiden: Erzieher versuchen ihren Zöglingen ganz bewusst (intentional) ein bestimmtes Wissen und Können zu vermitteln; oder sie vermitteln ihren Zöglingen bestimmte Einstellungen, Haltungen oder Werte, auch wenn sie diese nicht bewusst verfolgen, sozusagen funktional – direkt durch ihr eigenes Verhalten, aber auch indirekt durch beispielsweise die zeitliche und räumliche Gestaltung des Umfelds. Und schließlich lässt sich Erziehung auch vom Resultat her verstehen, d.h. als gelungene Aneignung von spezifischen Erziehungsinhalten. Pädagogisch sinnvoll erscheint ein Erziehungsbegriff, der diese drei Aspekte integriert: Die Intentionalität des Erziehenden konvergiert mit den funktionalen Gegebenheiten des Erziehungsraumes und zeitigt die gewünschten Effekte beim Zögling. Gerade die funktionale Perspektive der Erziehung verweist auf einen wichtigen Sachverhalt: Menschen können *nicht nicht* erziehen. Indem Menschen in das Umfeld der Zöglinge treten, nehmen sie automatisch am Erziehungsgeschehen teil. Wenn ich einem Jugendlichen nicht (intentional) mitteile, dass er die Füße von den Sitzen der Bahn zu nehmen habe, vermittle ich ihm (funktional), dass sein Verhalten richtig ist. Ich erziehe ihn zu einem Fußableger (Effekt).

intentionaler, funktionaler und effektiver Erziehungsbegriff

Der Erzieher will durch das Aufzeigen von Möglichkeiten, das Problematisieren von Inhalten bzw. Sachverhalten und Fragestellungen sowie das Hinweisen auf Notwendigkeiten und Ansprüche beim Zögling Wahrnehmungs-, Denk-, Handlungs- und Verhaltenspotentiale freisetzen und entwickeln. Bezieht man die Frage auf Inhalte der Erziehung, so zielt diese auf die Veränderung bzw. Erweiterung von kognitiv-theoretischem Wissen, von sozio-moralischen Sollensanforderungen und praktischen Könnensformen, d.h. auf Fähigkeiten, Fertigkeiten und Einstellungen des Zöglings.

Dabei unterliegt Erziehung den Forderungen:

1. einer schrittweisen Einsicht des Zöglings bzw. einer sich entwickelnden Praxis des Könnens
2. der Sachgerechtheit ihrer Mittelanwendung (Gewalt ist kein probates Mittel der Erziehung)
3. der Angemessenheit ihrer Zielsetzungen
4. der Sinnhaltigkeit ihrer Inhalte

Erziehung lässt sich mithin als vermittelte Aneignung von Inhalten und vor allem von nichtgenetischen Tätigkeitsdispositionen verstehen. Das meint, dass Erziehung auch auf das Lernen des

Lernens zielt, also darauf, spezifische Lernkompetenzen auszubilden, die das Aneignen und Lernen selbst effektiver und effizienter machen. Dazu kann man etwa Fleiß und Disziplin ebenso rechnen wie Konzentration und Beharrlichkeit oder auch Empathiefähigkeit oder den kritischen Umgang mit Medien. Der Erzieher richtet sein Handeln also auf das Denken, Verhalten und das Handeln des Zöglings selbst. Er weiß, dass Erziehung intersubjektiv funktioniert, dass sie sich hinsichtlich der Voraussetzungen und des Inhalts in einem asymmetrischen Verhältnis bewegt. Pädagogisches Handeln ist aufgrund der Subjektivität des Zöglings a-kausal und der Nichtvorhersehbarkeit der Zöglingszukunft wirkungsoffen; man spricht hier von einem „Technologiedefizit" (Luhmann/Schorr) der Erziehung, da die Ergebnisse der Erziehung nie exakt vorausberechnet werden können.

Technologiedefizit

Die zu vermittelnden Inhalte und Dispositionen sind zwar zeit- und kulturabhängig werden aber immer als wertvoll verstanden. Erziehung wird historisch betrachtet häufig mit einer moralischen oder tugendhaften Erziehung gleichgesetzt; in der Gegenwart wird Erziehung eher mit allgemeinen Dispositionen und Kompetenzen in Verbindung gebraucht, die für das Leben in modernen Gesellschaften unabdingbar erscheinen. Für dieses Leben erscheint vor allem Selbstständigkeit als das alles entscheidende Erziehungsziel. Man kann Selbstständigkeit stärker ökonomisch verstehen und insofern als finanzielle Unabhängigkeit begreifen oder man kann Selbstständigkeit stärker intellektuell definieren und damit die geistige oder moralische Autonomie meinen. Und man findet eine ganze Reihe von Ersatzbegriffen für Selbstständigkeit, etwa Mündigkeit, Autonomie, Emanzipation, Handlungsfähigkeit etc. Grundsätzlich gilt, dass sich Erziehung realisiert in einem sozialen Miteinander von Erzieher und Zögling und dass dieses Miteinander vom Erzieher absichtsvoll ausgestaltet und letztlich am Ziel der Selbstständigkeit ausgerichtet ist. D.h. Die pädagogische Ausgestaltung zielt auf die schrittweise „Freisetzung" des Zöglings ab. Erziehung zielt so immer auf ihr Ende.

Selbstständigkeit

Bildung

Das Wort Bildung, ahd. *bildunga*, mhd. *bildunge*, hat zunächst den Bedeutungsumfang von Bildung, Ebenbild, Nachbild, Nachahmung; später kommen dann Gestalt, Gestaltung, Schöpfung und Verfertigung hinzu. Zunächst bezieht sich der Begriff auf die äußere Gestalt von Menschen, Tieren und Pflanzen; seit dem 18.

Jahrhundert wird er in immer größer werdendem Umfang für deren innere Gestalt und die innere Formung verwendet. Bildung gilt als typisch deutsches Deutungsmuster, das in andere Sprachen nur unzureichend übersetzt werden kann (Bollenbeck 1996).

Und obwohl Bildung als einer der zentralen Grundbegriffe der Pädagogik gilt, fällt seine genauere pädagogische Bestimmung schwer, da es keine allgemeingültige Definition von Bildung gibt. Denn Bildung ist einerseits ein alltagssprachlicher Begriff mit einer Fülle von Konnotationen, zum zweiten eine in vielen (geisteswie natur-)wissenschaftlichen Disziplinen gebräuchliche Kategorie mit je unterschiedlichen Traditionen und schließlich auch in der Pädagogik selbst ein Konzept, das je nach pädagogischer Richtung bzw. Schule verschiedene Bedeutungen aufweist. Das heißt, dass sich die Bedeutung von Bildung nur vor dem Hintergrund von spezifischen Theoriegebäuden bestimmen lässt (Hansmann/Marotzki 1988/1989). So versteht etwa die Geisteswissenschaftliche Pädagogik unter Bildung die wechselseitige Erschließung von Ich und Welt, die Kritische Erziehungswissenschaft identifiziert Bildung mit Emanzipation, die Empirische Erziehungswissenschaft übersetzt Bildung in messbare Kompetenzmodelle und eine Phänomenologische Pädagogik setzt auf Bildung als Entfaltung von Wahrnehmungsmöglichkeiten.

keine allgemeingültige Definition

Als pädagogischer Begriff ist Bildung seit der Aufklärung und dem Neuhumanismus ein Indikator für zentrale Fragestellungen und Problemhorizonte der Erziehungswissenschaft, wie die Debatten um selbstzweckhafte oder utilitaristische, klassische oder moderne, humanistische oder realistische, grundlegende oder weiterführende, allgemeine oder berufliche, individuelle oder kollektive, schulische oder außerschulische etc. Bildung bis heute beweisen.

Im Fokus des Bildungsbegriffs steht eine spezifische Problemlage, die als – abstrakt formuliert – Subjektivierung objektiver Sachverhalte und als Objektivierung subjektiver Gegebenheiten verstanden werden kann. In diesem Sinne kann man formulieren, dass der Bildungsbegriff ein Wechselverhältnis zwischen einem Einzelnem und einem Allgemeinen enthält, das – im Unterschied zum Erziehungsbegriff – die Seite des Einzelnen betont. Bildung beschreibt die Auseinandersetzung des Einzelnen mit als allgemein oder universell geltenden Bestimmungen von Welt, Vernunft, Sittlichkeit oder Humanität. In der Regel wird mit Bildung daher die Verschränkung von Individualität und Kultur, von Eigenheit und Humanität, von Selbst und Welt verstanden, wobei

Kultur, Humanität und Welt als objektive Seite, Individualität, Eigenheit und Selbst als subjektive Seite der Bildung gelten. Bildung meint einen differenzierten, intensiven und reflektierten Umgang mit sich und der Welt, der zur Ausformung eines selbstbestimmten kultivierten Lebensstils führt. Sie ereignet sich als Antwort des Subjekts auf Fremdheits- und Krisenerfahrungen.

Deskription
Normativität

Generell wird der Bildungsbegriff dabei geprägt durch eine Dichotomie von Deskription, etwa in Bezug auf die Entwicklung von Reflexivität oder Sozialität, und von Normativität, der kontrafaktischen Unterstellung eben jener Entwicklungen. So wird der Begriff der Bildung sowohl deskriptiv als (Selbst-)Formungsprozess des Menschen als auch normativ als dessen Bestimmung, als Sinn und Zweck menschlichen Daseins verstanden.

Unter Bildung lassen sich sowohl die Prozesse selbst, darüber hinaus die Resultate dieser Prozesse, aber auch spezifische Bildungsstoffe (Bildungsinhalte, Bildungsgehalte) sowie bestimmte notwendige Voraussetzungen von Fähigkeiten und Vermögen verstehen. *Bildungsprozesse* kennzeichnen eine strukturelle transformatorische Differenz, die sowohl in zeitlicher, identifikatorischer, institutioneller oder sozialer Hinsicht bestehen kann. *Bildungsresultate* sind spezifische soziale bzw. individuelle habituelle Prägungen, die über Erfahrungen und mimetische Prozesse erworben worden sind. Die Frage nach den *Bildungsstoffen* (Bildungsinhalte und Bildungsgehalte) ist durch die Curricula- und Kanondebatte geläufig. Als *Bildungsvoraussetzungen* werden kulturelle, ökonomische oder soziale Voraussetzungen bezeichnet, die wiederum die Bedingungen für gelingende Bildungsprozesse und Bildungsresultate darstellen.

theoretische, praktische und ästhetische Bildung

Oftmals differenziert man zwischen theoretischer, praktischer und ästhetischer Bildung: Während die *theoretische* Bildung auf die wissenschaftliche Betrachtung, definitorische Gliederung bzw. Klassifizierung und gesetzmäßige Erfassung der Dinge und ihrer Zusammenhänge abzielt, richtet sich die *praktische* Bildung auf die Zwecke und Mittel menschlichen Handelns, auf die moralische Betrachtung und Umsetzung von Regeln, Institutionen und Rituale. Die ästhetische Bildung schließlich hebt auf Fragen der Wahrnehmung, des reflektierten Geschmacksurteils, der performativen Darstellung oder den Umgang mit kunstförmigen Gegenständen ab.

Dimensionen

Eine andere Gliederung des Bildungsbegriffs schlägt Langewand (1994) vor, wenn er sachliche, temporale, soziale, wissenschaftliche und autobiographische Dimensionen ausdifferenziert. Das heißt: Bildung braucht erstens Stoffe, d.h. Inhalte, mit denen sich der Mensch auseinandersetzt; diese Inhalte haben unterschiedliche Bildungsgehalte. Sie braucht zweitens Geschichte und zwar in individueller wie in sozialer oder politischer Perspektive, die je nach Interpretation als Fortschritts- oder Verfallsgeschichte gelesen werden kann. Bildung braucht drittens soziale Zustimmung, d.h. die Anerkennung von pädagogischen, sozialen, moralischen oder wissenschaftlichen Standards, die in jeder Generation neu ausgehandelt werden müssen. Sie braucht viertens wissenschaftliche Erforschung, was meint, dass differenziert werden muss zwischen der praktischen Bildungsreflexion und der theoretischen Analyse von Bildung, zwischen Bildung und Bildsamkeit. Und schließlich braucht Bildung fünftens individuelle Selbstbeschreibung, da die Differenz zwischen den kulturellen Mustern und den individuellen, autobiographischen Bearbeitungen für sie konstitutiv ist.

strukturelle Gesichtspunkte

Unter strukturellen Gesichtspunkten werden mehrere Dimensionen zur Bildung gerechnet: erstens spezifische Fähigkeiten, Verfahren, Fertigkeiten, Kompetenzen, Schlüsselqualifikationen (formale Bildung), zweitens spezifische, oftmals kanonisierte oder als klassisch bezeichnete (Wissens-)Kenntnisse (materiale Bildung), drittens die Dialektik von Können und Wissen, Ich und Welt, Aneignung und Kritik (kategoriale Bildung), viertens ein lebenslanger, unabschließbarer, biographischer oder institutioneller Lernprozess (biographische oder institutionelle Bildung) und schließlich fünftens die Idee einer humanen, für alle lebenswerten Gesellschaft (utopische Bildung).

Gebildete

Sodann muss darauf hingewiesen werden, dass mit „Bildung" im Kontext der sich etablierenden und saturierenden bürgerlichen Gesellschaft spätestens seit der Mitte des 19. Jahrhunderts auch Statussignale und Distinktionssysteme verbunden sind. Die „Gebildeten" verstehen sich als eigene, von anderen abgehobene und anderen überlegene Gruppe, die ihre eigenen Privilegien quasi von Natur aus mit dem Besitz von Bildung legitimiert. Bildung fungiert hier als soziale Abgrenzung. Und schließlich wird in den jüngeren Entwicklungen der Kommerzialisierung und Privatisierung der Bildungssysteme durch diverse Bildungsanbieter (Stichwort: Public Private Partnership) auch der Aspekt der Bildung als „Marke" oder „Ware" bedeutsam.

Qualifikationen und Kompetenzen

Seit PISA sind es vor allem die mathematischen, naturwissenschaftlichen und schriftbezogenen *Qualifikationen* und *Kompetenzen*, die im Mittelpunkt des öffentlichen bildungspolitischen Interesses stehen. Sieht man sich den für PISA in Anschlag gebrachten (psychologischen) Kompetenzbegriff genauer an

(Weinert 1999), so zielt dieser erst einmal sehr formal auf den Sachverhalt, eine spezifische Handlungsanforderung in einer speziellen Situation bewältigen zu können. Kompetenzen lassen sich insofern daran ablesen, dass Menschen kontextuell situierte Aufgaben und Herausforderungen aufgrund von implizitem Wissen, Sachangemessenheit, Motivation, entsprechenden Fertigkeiten und Selbstwirksamkeitsüberzeugungen zu meistern in der Lage sind.

Dabei scheint es offensichtlich zu sein, dass die oben genannten Kompetenzen für ein Leben in modernen Gesellschaften zwar bedeutsam, aber nicht hinreichend sind; auch körperliche, geistige, moralische und ästhetische Kompetenzen müssen hinzukommen. Zudem lässt sich hier eine Konzentration auf Bildung als einen Qualifizierungsbegriff feststellen, dessen Erhebung sich vor allem im Rahmen quantitativer Lernforschung in standardisierten Leistungsmessungen vollzieht. Mit der hierin deutlich werdenden theoretischen Auffassung eines funktionalen Bildungsbegriffs korrespondiert eine Hinwendung der Forschung zu an Output orientierten Bildungsauffassungen. Die Frage ist nur, ob man damit Bildung erfassen kann. Im Folgenden sollen drei Modelle von Bildung vorgestellt werden, die für das moderne Bildungsdenken in der Pädagogik eine große Relevanz besitzen und die diese Frage eher kritisch betrachten würden.

Ursprung des Menschen

Der zentrale Gedanke von Wilhelm von Humboldt (1767-1835) zielt auf die Grundsätzlichkeit von Bildung: Bildung ist, so könnte man überspitzt formulieren, der Ursprung des Menschen (vgl. Humboldt 1985). Nicht die spätere Berufstätigkeit, nicht das Sozialwerden, nicht die Enkulturation oder die Qualifizierung, nicht Erziehung oder Moralisierung, sondern Bildung ist konstitutiv wie regulativ für den Menschen. Diese grundlegende Menschenbildung ist die Basis seiner Schulpläne für Königsberg und Litauen. Bildung bedeutet (formal) die eigenen Kräfte möglichst weitreichend und harmonisch zu entfalten, damit der in der Menschheit angelegte innere Reichtum bei einer möglichst großen Zahl von Individuen so weit wie möglich realisiert wird. Die mit dieser Realisierung verbundene humanistische Würde lässt sich dadurch erlangen, dass man sich (materiell) am Vorbild des klassischen Griechentums orientiert, das sich nach Humboldt für alle Lebens- und Kulturbereiche geöffnet hatte. Für Bildung braucht es Freiheit und Mannigfaltigkeit der Eindrücke, die für Humboldt vor allem sprachlicher, kultureller und geselliger Natur sind. Bildung ist ein lebenslanger, nicht abschließbarer Prozess, der im Kontakt mit dem Anderen (Kultur, Sprache etc.) und in der

Rückkehr zu sich selbst gewonnen wird: Der Mensch wird im Bildungsprozess gebildeter, weil er sich für die Welt aufgeschlossen hat und auch die Welt wird gebildeter, weil sie für den Menschen aufgeschlossen wurde.

Wolfgang Klafki (1927-2016) hat in seiner Rekonstruktion der Pädagogik der Aufklärung und des Neuhumanismus den Bildungsbegriff als Antwort auf die und als Chance für die mit der Moderne verbundenen Probleme konzipiert (Klafki 1996). In seiner Zusammenfassung des klassischen Bildungsgedankens, der humanistische, aufklärerische und kritische Potentiale enthält, werden folgende Grundelemente von Bildung identifiziert: Erstens die Befähigung des Individuums zu vernünftiger Selbstbestimmung in Lebensbeziehungen und Sinndimensionen, zweitens die Befähigung des Individuums zur vernünftigen Mitbestimmung, Partizipation und Verantwortung und drittens die Befähigung zur Solidarität, zum Eintreten für andere Menschen. Unter dem Blickwinkel der Allgemeinbildung erscheinen bei Klafki wiederum drei Aspekte: Erstens Bildung für alle als demokratisches Bürgerrecht der Selbstbestimmung, zweitens Bildung in allen Grunddimensionen menschlicher Fähigkeiten (kognitive, technische, emotionale etc.) im Sinne der freien Interessen- und Persönlichkeitsentfaltung und schließlich drittens Bildung im Medium des Allgemeinen als Aneignung von Frage- und Problemhorizonten, die als epochaltypische Schlüsselprobleme Gegenwart und Zukunft der Menschen zentral beeinflussen (Krieg, Frieden, Ökologie, Ökonomie etc.).

Grundelemente von Bildung

In der aktuellen pädagogischen Debatte wird häufig auf den Bildungsbegriff von Hans-Christoph Koller (geb. 1956) zurückgegriffen (Koller 2012). Koller versteht Bildung – durchaus mit Blick vor allem auf Humboldt – als Transformation von grundlegenden habituellen Strukturen des Wahrnehmens, Denkens und Handelns zu einer differenzierten Wahrnehmung, zu einem reflexiveren Denken und zu größeren Handlungsspielräumen. Dabei geht er in zweifacher Hinsicht über Humboldt hinaus. Einerseits macht er deutlich, dass Bildung durch Krisenerfahrungen in Gang kommt, d.h. durch die Konfrontation mit Problemlagen, für die Individuen noch keine Bewältigungsmechanismen entwickelt haben. Und andererseits umfasst sein Bildungsbegriff eine empirische Perspektive und ist daher in der Lage, die Theorie der Bildung mit einer empirischen Untersuchung von Bildungsprozessen zusammenzudenken. Bildung als Transformation kommt dann in Gang, wenn Individuen sich mit etwas auseinandersetzen, das ihnen fremd ist, das sich ihnen widersetzt und entzieht, das neu

Transformation von grundlegenden habituellen Strukturen

und anders oder das widersprüchlich und paradox ist. Erst in der Auseinandersetzung mit dem „anderen" in den unterschiedlichen Facetten vollzieht sich Bildung. Und dieser Vollzug lässt sich etwa mit Hilfe einer qualitativen (Biographie-)Forschung rekonstruieren, die nachzeichnet, wie dieses „andere" zu anderen Selbst- und Weltverhältnissen führt.

kritische Funktion

Insgesamt wird in dieser knappen Darstellung deutlich, dass der Bildungsbegriff immer auch eine kritische Funktion hat, die vielen seiner Ersatzbegriffe fehlt. Gleichwohl wird es in der Moderne aufgrund der Pluralität von Bildungsmodellen und ihren Begründungen zunehmend schwieriger, (formale und inhaltliche) Kriterien eines allgemeingültigen Bildungsbegriffs angeben zu können.

Lernen

Etymologisch steht der Begriff des Lernens in enger Beziehung zu dem des *Lehrens*, dem „wissen machen". Als germanische Bildung bedeutet das gotische *lais* „ich weiß" bzw. „ich habe erwandert", „ich habe erfahren". Die etymologische Grundbedeutung von Lernen ist mithin „wissend werden", oder, mit anderen Worten: der Erwerb von Wissen.

Lernen ist ein lebensnotwendiger Vorgang und zugleich eine wundervolle Möglichkeit für den Menschen. Notwendig ist es nicht nur, weil der Mensch mit einer vergleichsweise schwachen Instinktausstattung geboren wird, sondern weil sich seine (Um-) Welt aus unterschiedlichen Gründen immer wieder ändert und er sich mit ihr ändern oder sich befähigen muss, seine Welt zu ändern. Eine Möglichkeit ist es nicht nur, weil der Mensch aufgrund seiner Lernfähigkeit eben nicht in gleicher Weise auf Instinkte angewiesen ist wie die Tiere, sondern weil er mittels Lernen zum Menschen werden kann, weil er über die erst durch Lernen mögliche Erweiterung und Verfeinerung seines Wissens und Könnens und über die erst durch Prozesse des Leben-Lernens mögliche Integration der Erfahrungen und Hoffnungen sich als Mensch gestalten und (er-)finden kann.

Menschliches Lernen ist dementsprechend nicht mit jenem Lernen gleichzusetzen, das anderen Lebewesen, Tieren und neuerdings auch Pflanzen zugeschrieben bzw. an diesen untersucht wird. Menschliches Lernen ist mit Blick auf seine für den Menschen besonderen Notwendigkeiten und mit Blick auf die in ihm für den Menschen liegenden Möglichkeiten zu untersuchen.

Hier kommt die Pädagogik ins Spiel. Wie gut bzw. schlecht sie als Praxis die ihr zugeschriebene Aufgabe, die Menschwerdung des Menschen zu fördern, auch erfüllen mag, so hat sie als Wissenschaft jedenfalls die Aufgabe, die Prozesse des Lernens und der Lernunterstützung in dieser Hinsicht zu untersuchen und zu begreifen. Deshalb und in diesem Sinne ist Lernen ein *Grundbegriff* der Pädagogik (Göhlich/Zirfas 2007).

Im Folgenden gehe ich, vor dem Hintergrund eines mit Michael Göhlich entwickelten pädagogischen Modells des Lernens, von Lernen als einem pädagogischen Grundbegriff aus. Lernen ist aus pädagogischer Sicht der erfahrungsreflexive, auf den Lernenden – auf seine Lebensfähigkeit und Lebensweise sowie auf seine Lernfähigkeit und Lernweise – sich auswirkende Prozess der Gewinnung von spezifischem Wissen und Können.

Orientiert man sich an den inhaltlichen Dimensionen des Lernens, so können in der Reihenfolge ihrer Problematisierung in der pädagogischen Ideengeschichte vier Formen unterschieden werden, nämlich Wissen-Lernen, Können-Lernen, Lernen-Lernen und Leben-Lernen.

Wissen-Lernen

Beim *Wissen-Lernen* geht es um die Sache. Schon in Antike und Mittelalter, sich breiter durchsetzend ab der Neuzeit ist es insbesondere die heute universale Organisationsform der Schule, der die Ermöglichung und Unterstützung des Wissen-Lernens zugeschrieben wird. Bis heute wird Wissen-Lernen insbesondere mit der Institution Schule verbunden und im didaktischen Diskurs vorrangig behandelt. Diese enge ideengeschichtliche Verbindung hat im wesentlichen zwei Gründe: zum einen, weil Wissen im Unterschied zu Können und anderen Aspekten des Lernens als von der Person ablösbar und damit auch als Gegenstand vermittelbar erscheint; zum anderen, weil Wissen unter Absehung vom Kontext nach standardisierbaren Kriterien überprüfbar erscheint. Äußerlichkeit und Entäußerbarkeit des Wissens sind menschheitsgeschichtlich von entscheidender Bedeutung, wird durch sie doch dessen Weitergabe möglich. Mediale Anstrengungen des Menschen von der Keilschrift bis zum Internet zielen auf die Weitergabe von Wissen und setzen dabei das Wissen-Lernen der jeweiligen Anderen ebenso voraus wie sie es ermöglichen. Folgerichtig ist es gerade dieser Aspekt menschlichen Lernens, der schon früh außerhalb allgemeiner lebensweltlicher, insbesondere außerhalb arbeitsweltlicher Praxis eigens organisiert und pädagogisch gestaltet und reflektiert wird. Dazu dient der Lehrplan: Dieser ist eine systematisierte und didaktisierte Version des kulturellen Gedächtnisses einer Gesellschaft. In ihm wird benannt, was die ältere Generation der jüngeren an Wissen überliefern will und was diese erhalten und ggf. weiterentwickeln soll.

Können-Lernen

Beim *Können-Lernen* geht es um verkörperlichte Handlungsfähigkeit, um eine bis zum Automatismus entwickelbare Prozessgewissheit. Körperliches, Sprachliches, Emotionales, Soziales wird als Können nicht zur objektivierten Sache, weil dieses nicht vom könnenden Akteur gelöst werden kann, sondern nur mittels Mimesis, tastendem Versuchen, wiederholendem Üben, Training u.ä. erlernt werden kann. Können-Lernen wird, abgesehen von den Grundfertigkeiten (Lesen, Schreiben, Grundrechnen), hierzulande traditionell weniger der Schule zugeschrieben als vielmehr Werkstätten, Ateliers und Laboren. Im Hinblick auf die Vielfalt menschlichen Könnens wird die Unabgeschlossenheit des Lernens etwa im lebenslangen Ringen handwerklicher Meister um die Weiterentwicklung ihres Könnens, im Training professioneller Sportler, im täglichen Üben der Berufsmusiker oder im Microteaching von Lehrern deutlich. Die Geringschätzung des Können-Lernens in der Schule ist nicht zuletzt in der Trennung von Allgemein- und Berufsbildung in der Nachfolge Humboldts, im didaktisch nicht überwundenen Dualismus von Körper und Geist bei Bevorzugung des Geistes sowie in der jahrhundertealten gesellschaftsstrukturierenden Funktion dieses Dualismus begründet.

Leben-Lernen

Der nachhaltig erst – ohne mit dieser historischen Einordnung die Bedeutung älterer Spuren in Abrede stellen zu wollen – im 20. Jahrhundert pädagogisch explizierte und professionalisierte Aspekt ist der des *Leben-Lernens*. Mit der Flexibilisierung und Pluralisierung von Lebenspraxis muss der Umgang mit dieser als biographische Integration des lebenspraktisch Auseinanderdriftenden erlernt werden (vgl. Göhlich/Wulf/Zirfas 2014). Der Bedeutungsumfang des Leben-Lernens lässt sich systematisch in mindestens sechs Facetten, die als nicht immer trennscharfe Dimensionen zu denken sind, unterscheiden: Überleben-, Lebensbewältigung-, Lebensbefähigung-, Biographisches-, Lebenskunst und Sterben-Lernen (vgl. Zirfas 2008). Beim Überleben-Lernen geht es darum, zu lernen, wie das Leben gesichert werden kann. Es geht um das Erlernen basaler Fertigkeiten, Techniken und Ressourcenbildungen vor dem Hintergrund existentiell bedrohlicher Lebensumstände. *Bewältigung* zielt dabei auf die Selbstbehauptungsmöglichkeiten und die psychosozialen Handlungsfähigkeiten angesichts sozialen Drucks, sozialer Belastungen und Restriktionen. *Lebensbefähigung* zu erwerben, d.h. kritisch Leben zu lernen, erlangt mit der Wohlstandsgesellschaft enorme Bedeutung. Der Begriff des *lebensge-*

schichtlichen oder biographischen Lernens zielt auf die Bedeutung eines Lernens *in* und *mit* der Biographie, aber auch auf das Lernen *aufgrund* einer Biographie. Damit rückt das biographische Lernen die Lebensgeschichte als individuelle Lerngeschichte in den Fokus. Das *Lernen der Lebenskunst* betont seit der Antike einen wahrnehmungsintensiven, philosophisch-reflexiven und performativ-ästhetischen Entwurf der eigenen Endlichkeit mit dem Ziel, ein glückliches und schönes Leben zu leben. Angesichts der Radikalisierung der Endlichkeit und der Positivierung des Lebens in der Moderne kann *Sterben* lernen nur bedeuten, die Endlichkeit auszuhalten, indem man sich in Abschiede, Trennungen, Differenzen und Distanzierungen im Leben einübt.

Lernen-Lernen

Der Aspekt des *Lernen-Lernens* als reflektiert-methodisches Umgehen mit Lernprozessen und -resultaten zieht sich quer durch die anderen Aspekte und läuft in jeglichem Lernen mit. Wer ein bestimmtes Wissen erlernt, lernt dabei auch den Modus, die Art und Weise, in der dieses Wissen-Lernen geschieht. Wer ein bestimmtes Können erlernt, lernt dabei auch den Modus, wie dieses Können-Lernen geschieht. Dieser Aspekt wird zwar schon bei einzelnen antiken und humanistischen Autoren erwähnt, seine nachdrückliche Wertschätzung verdanken wir jedoch vor allem der Aufklärungspädagogik.

Das Lernen zu lernen zielt auf einen reflektierten Umgang mit Lerninteressen, -strategien, -gegenständen, -prozessen und -ergebnissen, d.h. darauf, einen theoretischen und praktischen Umgang mit dem Lernen des Wissens zu erwerben, so dass sich Lernkompetenzen herausbilden, die jegliches Lernen unterstützen und bereichern. Lernen lernen fungiert in der Geschichte der Pädagogik oftmals als *umbrella term*, unter dem vor allem folgende Begrifflichkeiten subsumiert werden: Bewusstsein, (Selbst-)Reflexivität, Selbstsorge, Kritikfähigkeit, Kreativität, lebenslange Lernfähigkeit, selbst gesteuertes Lernen, Methodisierung, Effizienzsteigerung, (soziale und mediale) Interaktivität bzw. Teamfähigkeit, Akzeleration und *Enrichment*. Der Aspekt des Lernen-Lernens zieht sich in jeweiliger Akzentuierung dieser Begrifflichkeiten quer durch die anderen Aspekte und läuft in jeglichem Lernen mit – im Wissen-, Können- und Leben Lernen. Bezieht man die bereits genannten Facetten des Lernens auf das Lernen-Lernen, so lässt sich holzschnittartig festhalten:

1. dass mit dem Lernen des *Wissen-Lernens* Prozesse der intensiveren Wahrnehmung, der differenzierteren Reflektion und der systematischeren Erinnerung, der Verortung, Navigation und Strukturierung des Wissens einhergehen;

2. dass mit dem Lernen des *Können-Lernens* auf Prozesse der imaginären Entfaltung von Handlungsspielräumen, der individuellen und sozialen Erweiterung von Aktions- und Interaktionsmöglichkeiten und den methodisierten, habitualisierten Verselbstständigungsprozess des Handelns gezielt wird;
3. dass schließlich mit dem Lernen des *Leben-Lernens* die stufenförmige Erweiterung von basalen Lebenstechniken, über Möglichkeiten der Lebensbewältigung und -befähigung bis hin zur biographisch kohärenten und individuell-stilistischen Lebensgestaltung, in kritischer, selbstgesteuerter und interaktiver Form nachvollzogen werden kann.

Dabei können die Bedeutungshorizonte des Wissen-, Können-, Leben- und Lernen-Lernens in ihren vielfältigen Horizonten natürlich nicht vollständig benannt werden. So wird schon auf den ersten Blick einsichtig, dass *Wissen* z.B. als Theorie, als Kontemplation, als Verifikation etc., oder *Können* z.B. als Praxis, *Poiesis*, Mimesis, *Techne* etc., oder *Leben* z.B. als biographisches, soziales, kulturelles eine ebenso große und oftmals auch divergierende Bandbreite an Lernbedeutungen nach sich zieht, wie *Lernen Lernen* z.B. als Erfahrungs-, Methoden- oder Reflexionslernen.

Als Prozess betrachtet verläuft Lernen *erfahrungsbezogen, dialogisch, sinnvoll* und *ganzheitlich*:

erfahrungsbezogen

- *erfahrungsbezogen*, da Lernen immer an Erfahrungen anknüpft und in Lernerfahrungen inhaltliche oder strukturelle Modifikationen von Erfahrungen bewirkt werden, insofern der Lernende, wenn er etwas gelernt hat, etwas anderes und/oder etwas anders weiß, so dass er in Zukunft von einer – inhaltlichen und/oder strukturell – anderen Erfahrungsbasis ausgehen kann;

dialogisch

- *dialogisch*, da Lernen kein bloß individueller Vorgang, sondern eine dialogisch gelingende Auseinandersetzung mit (sich selbst: eigenem Wissen, Fähigkeiten, Fertigkeiten, Gewohnheiten etc. und) Anderem bzw. Anderen ist, welche nicht nur inhaltlich, sondern auch formal bzw. modal von diesem Anderen mitbestimmt wird, weshalb der Gestaltung des jeweiligen Anderen höchste pädagogische Aufmerksamkeit zu gelten hat;

sinnvoll

- *sinnvoll*, da sich im Lernen selbst ein dieses weiter vorantreibender oder hemmender, ablenkender oder fokussierender, letztlich kontingenter und so Horizonte des Möglichen öffnender – wie schließender – Geschehenssinn bildet. Dieser Sinn kann auf unterschiedlichen Ebenen angesiedelt sein, auf einer körperlichen, biographischen, sozialen, kulturellen etc.;

- *ganzheitlich*, da das Lernen nicht nur Verhaltensänderung oder Änderung einer kognitiven Struktur, sondern ein sinnvoller Prozess ist, welcher aufgrund der Kontingenz von Sinn Transformationsoptionen auch jenseits des im Lernen Fokussierten eröffnet und dabei – wenngleich in unterschiedlichem Ausmaß – den gesamten Lernenden (sowie die mit ihm verbundene Welt) berührt und ggf. auch jenseits des im Lernen Fokussierten transformiert. ganzheitlich

Der Prozess des Lernens gipfelt in der *Virtuosität* des Lernenden, der die verschiedenen Aspekte des Lernens letztlich zu einem stimmigen Ensemble bündelt. So weist das Wissen-Lernen in letzter Konsequenz nicht nur auf das Wissen des Wissenschaftlers, sondern auch auf die Weisheit des Weisen, das Können-Lernen auf die Kunst des Könners, das Leben-Lernen auf die Lebenskunst des Lebenskünstlers, das Lernen-Lernen auf den seine Lernfähigkeit in Gänze annehmenden und pflegenden Menschen voraus. Dem Lernen ist die Tendenz zur Weisheit, Kunst, Lebenskunst und Lernbereitschaft des souveränen Menschen inhärent. Virtuosität

Sozialisation

Unter dem Begriff *Sozialisation* werden im Folgenden nach einem weit verbreiteten Verständnis die Entstehung und Bildung der Persönlichkeit in den Prozessen der wechselseitigen Einwirkungen von Individuum und Umwelt verstanden (vgl. Tillmann 1999; Veith 2001; Hurrelmann u.a. 2008). Dabei steht im Mittelpunkt des Sozialisationsbegriffs die (Aus-)Bildung zu einem sozial handlungsfähigen Subjekt. Nach einer mittlerweile klassischen Definition lässt sich Sozialisation bestimmen als „[...] der Prozess der Entstehung und Entwicklung der Persönlichkeit in wechselseitiger Abhängigkeit von der gesellschaftlich vermittelten sozialen und materiellen Umwelt. Vorrangig thematisch ist dabei, wie sich der Mensch zu einem gesellschaftlich handlungsfähigen Subjekt bildet" (Geulen/Hurrelmann 1980, S. 51).

Mit dem Blick auf Sozialisation als die Gesamtheit der Veränderung der Persönlichkeit im sozialen Kontext, lassen sich folgende Fragen thematisieren: Wie viel Eigensinn verträgt eine Gesellschaft, wie viel Gesellschaftlichkeit verlangt sie? Wie werden Individuen zu Mitgliedern sozialer Gruppen und der Gesellschaft? Welches sind die (zentralen) gesellschaftlichen Einflüsse auf die

Persönlichkeitsentwicklung eines Menschen? Welche Aspekte werden von der Sozialisation besonders geprägt? Wie gestaltet sich (insgesamt) das Verhältnis von Individuum, Sozialisation und Gesellschaft?

Versteht man unter Sozialisation die Vergesellschaftung des Menschen bzw. die Entwicklung der Persönlichkeit in der Abhängigkeit vom sozialen Umfeld, so wird zunächst zweierlei deutlich:

Vergesellschaftung und Individualisierung

Erstens ist damit Sozialisation als Prozess bestimmt, der Vergesellschaftung und Individualisierung gleichermaßen umfasst; die lange Zeit vorherrschende Perspektive der Integration der Menschen in die sozialen Systeme, die häufig mit einer Erhaltung des gesellschaftlichen Status quo einhergeht, muss ergänzt und korrigiert werden durch eine Perspektive, die die einmalige Individuation von Subjekten und die Entwicklung von kreativen, auf Veränderung zielenden Potentialen im Sozialisierungsprozess in den Blick nimmt. Konzepte, die stärker die Macht der Gesellschaft auf die Persönlichkeitsentwicklung betonen sind etwa marxistische, struktur- oder systemfunktionalistische Ansätze; Konzepte, die eher die Gestaltungsmöglichkeiten des Individuums in den Mittelpunkt rücken, sind interaktionistische, psychologische und psychoanalytische Modelle.

pädagogisches Handeln als Teil des Sozialisationsprozesses

Zweitens ist pädagogisches Handeln als Teil des Sozialisationsprozesses anzusehen. Aus pädagogischer Perspektive erscheint Sozialisation deshalb als unumgänglich (man könnte hier auch von Sozialisationsbedürftigkeit sprechen), weil Menschen auf andere Menschen grundlegend angewiesen sind und weil sie die Regeln eines gemeinsamen Zusammenlebens erst lernen müssen. In bewussten oder unbewussten Sozialisationsprozessen eignet sich der Mensch im Laufe seines Lebens die Wahrnehmungs-, Denk- und Handlungsmuster sowie die Maßstäbe der ihn umgebenden Gesellschaft und Kultur in ihren symbolischen Formen und performativen Handlungspraktiken an.

Prozess der lebenslangen Persönlichkeitsentwicklung

Sozialisation lässt sich auch als Prozess der lebenslangen Persönlichkeitsentwicklung mit lebensphasenbezogenen Aufgaben und Herausforderungen verstehen. Dabei hat man immer wieder auf eine positive Persönlichkeitsentwicklung abgehoben, was die Ausbildung einer stabilen (nicht statischen) Ich-Identität und eines reflektierten Selbstbildes meint. Und schließlich wird von Sozialisationsinstanzen gesprochen, die als Vermittler bzw. Repräsentanten von Welt wirken und somit den Sozialisationsprozess entscheidend beeinflussen oder prägen; konkrete Lebensumstände und konkrete soziale Beziehungen prägen die Sozialisation und damit die Persönlichkeitsentwicklung. Unter den Sozialisationsinstanzen lassen sich Personen und Institutionen verstehen, mit denen bzw. durch die Sozialisationsprozesse ablaufen; je nach Nähe des jeweiligen Individuums werden primäre (Familie), sekundäre (Schule, Gleichaltrigengruppe) und tertiäre (z.B. Beruf) Instanzen unterschieden. Lebensbegleitend sind mittlerweile die (neuen) Medien mit zu berücksichtigen, die in vielfältiger Weise in die Sozialisationsprozesse involviert sind.

Lernprozess

Der Sozialisationsprozess wird im Kern als Lernprozess verstanden. Häufig unbewusst gelernt werden vor allem Werte, Normen, Regeln und Einstellungen, Handlungs- und Verhaltenspraktiken mit ihren sozialen Erwartungsstrukturen und ihren Symbol- und Interpretationssystemen; und durch diese ergeben sich wiederum für die Einzelnen Handlungsoptionen und Handlungseinschränkungen. Gelernt werden etwa konkret: Sprache, geschlechtsspezifisches Verhalten, Leistungsmotivation, Identität, abweichendes Verhalten. Die gelernten Sozialisationsmuster sind nun wiederum einerseits bedingt durch die spezifischen Teilsysteme der Gesellschaft und deren sozio-ökonomische Basis und andererseits durch die individuellen Bedürfnis- und Triebstrukturen sowie den individuellen kognitiven Apparat und die genetische Ausrüstung.

Kinder und Jugendliche lernen i.d.R. genau jene Wahrnehmungs- und Geschmacksmuster, die in ihren individuellen soziokulturellen Umwelten Gültigkeit besitzen. Wenn spezifische lebensgeschichtlich bedeutsame soziale Erfahrungen zu bestimmten Zeitpunkten nicht erfolgen, so kann es durchaus zu einer Einschränkung der Sozialisation des Menschen kommen. Kleinkinder lernen schon früh vor allem in sozialen Erfahrungen und generieren somit Beziehungswissen. Sie müssen (Strategien) lernen, um Kontakt aufzunehmen und zu halten, Situationen und Gegenstände zu vermeiden, Interaktionen auszugestalten, Geschmackspräferenzen auszudrücken, Menschen und Gegenstände nachzuahmen etc. In diesen Sozialisationsprozessen sind Subjektivität (eigene Erlebnisse, Erfahrungen), Intersubjektivität (Erfahrungen anderer Menschen), Objektivität (Realität, Welt) und Entwicklung (Reifung) in einer komplexen Beziehung miteinander verschränkt.

Um die soziale Komplexität für die Sozialisationsforschung handhabbar zu machen, hat Klaus-Jürgen Tillmann (1999) ein Modell mit vier Ebenen entworfen, das die einzelnen Ebenen nach Nähe und Ferne zum Subjekt ordnet:

Modell mit vier Ebenen

Die erste Ebene ist das *Individuum* mit seinen Erfahrungsmustern, Einstellungen, Wissensbeständen, emotionalen und kognitiven Fähigkeiten. Sozialisationstheoretische Forschungen beziehen sich hierbei z.B. auf die psychoanalytische Rekonstruktion der Entwicklung einer Persönlichkeit (Freud) oder auch auf entwicklungspsychologische (Piaget) oder lerntheoretisch-biographische Perspektiven (Schulze).

Die zweite Ebene zielt auf die *Interaktionen und Tätigkeiten* in den kommunikativen und materiellen Umwelten, mit denen sich die Heranwachsenden auseinandersetzen müssen, z.B. mit Eltern-Kind-Beziehungen, Unterricht oder Interaktionen mit Gleichaltrigen. Hierbei kommen Forschungen der psychologischen Bindungstheorien (Spitz, Bowlby, Ainsworth), der soziologischen Interaktionstheorie (Mead, Goffman) oder auch der Erziehungsstilforschung (Tausch/Tausch) zum Tragen.

Auf der dritten Ebene werden konkrete Institutionen wie Familie, Schule, Betrieb, Medien oder Universität thematisiert; hierbei kann man dann auf die Institutionenforschung verweisen, die als Familienforschung, Schulforschung etc. mit unterschiedlichen Schwerpunktsetzungen in pädagogischer, soziologischer, psychologischer oder kulturwissenschaftlicher Hinsicht von Bedeutung ist.

Und schließlich lässt sich noch die *Gesamtgesellschaft* und ihre ökonomische, soziale, politische oder kulturelle Struktur in den Blick nehmen; entsprechende Theorieansätze liegen mit der ökonomisch-materialistischen Gesellschaftstheorie (Marx/Engels), der Systemtheorie (Luhmann) und der Sozioanalyse (Bourdieu) vor.

Tillmann geht dabei von einer Wechselwirkung der Ebenen untereinander aus, d.h. die höheren Ebenen etablieren Rahmenbedingungen für Abläufe und Strukturen der niedrigeren Ebenen und diese wiederum wirken zurück auf die höheren und können somit auch Veränderungen bewirken.

In der Sozialisationsforschung findet man verschiedene Konzepte, die mit der Sozialisation verschiedene Aufgaben verbinden.

strukturfunktionalistischer oder systemintegrativer Ansatz

Im *strukturfunktionalistischen* oder auch systemintegrativen Ansatz, wie er prominent von Talcott Parsons (1902-1979) in den 1950er und 60er Jahren vertreten wurde, steht das Rollenlernen im Mittelpunkt. Die Hauptaufgabe des Sozialisationsprozesses besteht darin, Menschen dazu zu befähigen, in den funktional ausdifferenzierten Subsystemen der Gesellschaft kompetent und freiwillig vorgegebene Rollen zu übernehmen, auszufüllen und darin eine persönliche Befriedigung zu erfahren. Menschen müssen nicht nur für die jeweiligen Rollenpositionen angemessen qualifiziert werden, sondern sie müssen auch den gesellschaftlichen Bedürfnissen entsprechend verteilt werden. Hierbei ist es insbesondere die Schule, die die Aufgaben der Qualifikation, der Selektion und der Allokation im Sinne einer gesellschaftsreproduzierenden und gesellschaftsstabilisierenden Funktion zu übernehmen hat (vgl. Baumgart 2000, S. 81ff.).

Dieser Ansatz ist in den 1970er und 1980er Jahren heftig kritisiert worden. So hat etwa Jürgen Habermas (*1929) darauf hingewiesen, dass Rollenhandeln nicht aus einer vollständigen Internalisierung von Rollenmustern besteht; und dass nicht jede Rollenübernahme für das Individuum Befriedigung mit sich bringen muss; und schließlich lässt sich nicht sicher stellen, dass Rollenhandeln sozial eindeutig ist.

Habermas geht dagegen davon aus, dass Rollenhandeln auf interpretationsbedürftigen Strukturen und Prämissen aufbaut und im Normalfall als ambivalent erfahren wird; und er merkt zudem an, dass Rollenerwartungen nicht eindeutig, sondern tendenziell diffus sind: Rollennormen werden nicht völlig ungebrochen übernommen, sodass es zu einem immer wiederkehrenden Konflikt zwischen angetragenen Normen und individuellen Dimensionen des Handelns kommt. Für Habermas hat der Sozialisationsprozess aus diesem Grund auch die Aufgabe, das Individuum im Hinblick auf diese Schwierigkeiten und Anforderungen in einer kritischen Art und Weise zu stärken (vgl. ebd., S. 153ff.).

Interaktionistische Sozialisationstheorien

Interaktionistische Sozialisationstheorien konzipieren den Prozess der Entstehung und Entwicklung der Persönlichkeit in wechselseitiger Abhängigkeit von der sozialen und materiellen Umwelt (Geulen, Hurrelmann). Der Einzelne erscheint dabei nicht als institutioneller Rollenträger, sondern als ein aktiv handelndes Subjekt, das sich in und durch seine Handlungspraktiken auf der Grundlage von Wachstums- und Entwicklungsprozessen sozialkulturellen Kontextbedingungen und eigenen Gestaltungsmöglichkeiten als Person biographisch entwickelt. Hierbei wird Handlungsfähigkeit in alltäglichen Situationen erworben, indem auf Normalität und Stetigkeit gezielt wird. Interaktionistische Ansätze betonen den Spagat, den das einzelne Individuum zwischen den vorgefundenen historischen Gegebenheiten der Umwelt und den individuellen Handlungsmöglichkeiten zu vollziehen hat.

Identitätsbezogene Sozialisationstheorien

Identitätsbezogene Sozialisationstheorien betonen, dass sich Sozialisation nicht nur die äußere Bewältigung von sozialen Anforderungen und interaktiven Situationen bezieht, sondern auch – und vor allem – auf die innere Verarbeitung von Anforderungen und Interaktionen. Im Ausgang von den von Freud vorgelegten psychosexuellen Entwicklungsphasen im Kindheits- und Jugendalter entwickeln Sozialisationsforscher wie Erikson oder Keupp psychosoziale Entwicklungsmodelle, die sich auf den Aufbau von Identität in der Bewältigung von Anforderungen, die aus der Einbettung des Individuums in eine Sozialordnung resultieren, beziehen. Diese gehen weit über das Jugendalter bis in das hohe Alter hinein, umfassen mithin die gesamte Ontogenese. Prominent sind die Forschungen von Erik H. Erikson (1902-1994) geworden, der die Entwicklung der Identität mit einem Krisenmodell in Verbindung brachte (vgl. Erikson 1997). Erikson versteht Identität als Gefühl der inneren Einheit, das auf der über Räume und Zeiten hinweg wahrgenommen Selbstgleichheit und auf der Anerkennung der Gleichheit und Kontinuität durch andere beruht. Identität entwickelt sich in krisenhaften Stadien, die er in folgenden Oppositionen beschreibt:

- 1. Stadium, ca. 1. Lebensjahr/Säuglingsalter: Ur-Vertrauen vs. Ur- Misstrauen
- 2. Stadium, ca. 2.-3. Lebensjahr: Autonomie vs. Scham und Zweifel
- 3. Stadium, ca. 4.-5. Lebensjahr/Vorschulalter: Initiative vs. Schuldgefühl
- 4. Stadium, ca. 6.-11. Jahr/Grundschulalter: Werksinn vs. Minderwertigkeitsgefühl
- 5. Stadium, ca. 11.-16. Jahr/Adoleszenz: Identität und Ablehnung vs. Identitätsdiffusion
- 6. Stadium, frühes Erwachsenenalter: Intimität und Solidarität vs. Isolierung
- 7. Stadium, Erwachsenenalter: Generativität vs. Selbstabsorption
- 8. Stadium, reifes Erwachsenenalter: Integrität vs. Verzweiflung

Für die Identitätsentwicklung sind vor allem das 1. und das 5. Stadium sehr bedeutsam.

Eriksons Konzeption bündelt sich in einer Aufgabe, die in der Adoleszenz ansteht und formal als Integrationsleistung bezeichnet werden kann: Die Jugendlichen müssen zum einen psychosexuelle und psychosoziale Veränderungen integrieren, sich zum anderen vom Elternhaus lösen und sich schließlich in der Erwachsenenwelt orientieren und ihre Position in der Gesellschaft finden. Zur Bewältigung dieser Aufgabe bedarf es der Entwicklung von Ich-Identität, d.h. des Aufbaus eines Konzeptes der Selbstkonsistenz. Der/die Jugendliche muss Facetten eines Selbstkonzepts aufbauen im Hinblick auf sein/ihr Geschlecht, Herkunftsfamilie, Religion, Moral, Bildungs- und Berufsaspiration, politische Haltung etc. Er/sie muss diese Facetten in ein konsistentes Selbstbild integrieren, das seine persönliche Identität ausmacht. Versagt er/sie bei dieser Aufgabe, resultiert das in Rollendiffusion, Zielinstabilität, unstabiler Lebensführung, ggf. Drogenmißbrauch und Delinquenz.

Sozialisationsforschung

Wichtig ist die Sozialisationsforschung für die Erziehungswissenschaft insofern, als sie Aufschlüsse über die Hintergründe und Bedingungsstrukturen pädagogischer Situationen und Handlungen bieten kann. So kann sie sehr deutlich zeigen, wie ungemein bedeutsam die Primärsozialisation für den Bildungsweg ist. Was machen Eltern mit Ihren Kindern in bildungstheoretischer Hinsicht? Und welches Bildungskapital erwerben Kinder in ihren Familien? Sie kann darüber hinaus die Reflexion von Erziehungs- und Bildungskonzepten vor dem Hintergrund sozialisatorischer Bedingungen und Strukturen anregen und auch pädagogische Modelle in ihrer sozialen Wirksamkeit in Frage stellen. Hierzu sind vor allem empirische Untersuchungen der sozialisatorischen Wirksamkeit pädagogischer Interaktionen und Situationen geeignet, die die Möglichkeiten und Grenzen des Pädagogischen aufzeigen. Zu erinnern ist hier an die Forschungen zu der Bedeutung von Bindungen, von Geschlechter- und Ungleichheitsverhältnissen, oder zur Prägungen durch Kulturen und Milieus.

3. Erziehungswissenschaftliche Konzepte

Geisteswissenschaftliche Pädagogik

Trotz der schon vom ersten Inhaber eines Lehrstuhls für Pädagogik, Ernst Christian Trapp (1745-1815), – aber auch von Herbart – vorgesehenen empirischen Ausrichtung der Erziehungswissenschaft bleibt diese bin in die 60er Jahre des 20. Jahrhunderts hinein, das heißt fast 200 Jahre lang, eine hermeneutische Disziplin (vgl. Wulf 1983; Benner 2001; König/Zedler 1998). Die sog. *Geisteswissenschaftliche Pädagogik*, nahm ihren Ausgangspunkt in Schleiermacher und Wilhelm Dilthey (1833-1911); zu deren Hauptvertretern lassen sich in der ersten Generation Herman Nohl (1879-1960), Theodor Litt (1880-1962) und Eduard Spranger (1882-1963) und in der zweiten Generation Wilhelm Flitner (1889-1990) und Erich Weniger (1894-1961) neben vielen anderen rechnen. Ihnen ging es vor allem um das Verstehen der Erziehungswirklichkeit, d.h. um eine Erfahrungs- und Praxiswissenschaft, die eine pädagogische Theorie von der Praxis für die Praxis entwickeln will. Dafür verwendet die Geisteswissenschaftliche Pädagogik nicht nur philosophische, sondern auch hermeneutische, phänomenologische und dialektische Methoden.

Insofern bildet die Geisteswissenschaftliche Pädagogik eine Sammelbezeichnung für eine Gruppe inhaltlich und methodisch unterschiedlicher Zugänge, die sich mit den geistigen Aspekten menschlichen Daseins beschäftigen. In der Auseinandersetzung mit den „Objektivationen" der menschlichen Existenz in Sprache, Kunst, Philosophie, Moral, Religion usw. sollen die jeweils leitenden Gesichtspunkte, der „Geist" einer Sache, in kultureller, philosophischer, historischer, religiöser, politischer, sozialer usw. Hinsicht herausgearbeitet werden. Insofern impliziert die geisteswissenschaftliche Perspektive eine spezifische anthropologische Perspektive, die letztlich auf die historische und kulturell geprägte Selbstreflexion und Selbstvergewisserung des Menschen abhebt.

„Objektivationen" der menschlichen Existenz

In der Geisteswissenschaftlichen Pädagogik werden Erziehung, Lernen und Bildung als geschichtlich-kulturelle Phänomene verstanden. Nicht nur, was der Mensch ist, sondern auch was Bildung ist, erfährt man nur durch Geschichte und Kultur. Insofern liegt ihr Fokus auf der Erziehungswirklichkeit in einem verstehend-hermeneutischen, nicht in einem sozialwissenschaftlich-empirischen Sinn der Datenerhebung. Mit der Geisteswissenschaftlichen Pädagogik gehen einher: das Interesse am sog. „pädagogischen Bezug", an der Beziehung von Erzieher und Zögling, die Betrachtung von Wert- und Sinnfragen der Pädagogik, die Konzeption der Pädagogik als Kulturpädagogik und die hohe Affinität zur Reformpädagogik im schulischen und außerschulischen Bereich.

Kritisch wird gegenüber dieser Konzeption vermerkt, dass sie keine Kritik gesellschaftlicher Ideologien entwickelt und somit ideologisch gewesen wäre (vor allem habe sie nicht dezidiert gegen den Nationalsozialismus Stellung bezogen); sie hätte durch ihre starke Konzentration auf die Hermeneutik von Texten zu einer realitäts- und gesellschaftsfernen Haltung geführt; anders formuliert: der historischen Auseinandersetzung mit Ideen und Theorien fehle der realgeschichtliche Bezug; ihr wurde der Vorwurf einer affirmativen Wissenschaft gemacht, insofern sie mit theoretisch-normativen Setzungen (Selbstaussagen) und starren Tradierungsmustern und mit einer bildungsbürgerlichen Vorstellung von Kultur gearbeitet hätte; und schließlich könnten ihre Aussagen keinen überhistorischen Allgemeinheitsanspruch erheben, da diese selbst historisch-kontextuell gebunden wären. Sie blieben letztlich subjektiv und könnten kaum objektiven wissenschaftlichen Standards genügen.

Empirische Erziehungswissenschaft

Die *Empirische Erziehungswissenschaft* wird in einer ersten Phase zu Beginn des 20. Jahrhunderts mit Ernst Meumann (1862-1915), Wilhelm August Lay (1862-1926), Aloys Fischer (1882-1937) sowie Peter (1884-1952) und Else Petersen (1891-1968) bedeutsam. Hierbei geht es um die Sammlung (= Erhebung) und Analyse von Informationen (=Daten) aufgrund gezielter Beobachtungen der Welt. Diese Daten werden entweder im sog. „Feld“ (etwa der Schule) oder im Labor mittels Experiment, Beobachtung oder Befragung methodisch kontrolliert erhoben und beschreibend oder statistisch ausgewertet. Hierbei folgt man zunächst in der Fokussierung auf Experimente, Beobachtungen und Statistiken noch stark dem Vorbild der Naturwissenschaften. Das Ziel ist – in markanter Differenz zu der in den 1920er Jahren aufkommenden Geisteswissenschaftlichen Pädagogik – die „objektive Erkenntnis“ der Erziehungswirklichkeit. Nicht das Verstehen, sondern das Beschreiben und die Analyse kausaler und funktionaler Abhängigkeiten ist Ansatzpunkt und Ziel dieser Konzeption. Angestrebt werden Objektivität (intersubjektive Überprüfbarkeit der Ergebnisse), Validität (Gültigkeit und Genauigkeit der Untersuchungen) und Reliabilität (Wiederholbarkeit der Forschung).

„objektive Erkenntnis“ der Erziehungswirklichkeit

Hierbei werden schon mehrere kritische Gesichtspunkte deutlich: etwa die fehlende Theoriebildung, die aus den Daten generiert werden soll; der fehlende Gesellschaftsbezug, der sich in den Analysen nicht wiederfindet; die erarbeiteten Erkenntnisse, die nur begrenzt pädagogisch operationalisierbar erscheinen; und auch die rekonstruierten Gesetzmäßigkeiten, die eine Struktur analog zu den Naturwissenschaften aufweisen sollen.

In der zweiten Phase, die Mitte der 1960er Jahre als „empirische Wende“ (Roth) sich zu entwickeln beginnt, sind es die wissenschaftlichen Methoden der Psychologie und der Soziologie wie Interviews, Audio- und Videoaufzeichnungen sowie Feldforschung, die die kritisierte mangelnde Rationalität der Normativen und Geisteswissenschaftlichen Pädagogik überwinden möchten. Die mittlerweile durch die PISA-Entwicklung zum beinahe beherrschenden Modell in der Pädagogik avancierte empirische Forschung setzt sich zum Ziel, mittels Testverfahren pädagogische

Testverfahren

Gesetzmäßigkeiten zu erforschen sowie prognostische Aussagen über Methoden zu machen, die die angestrebten Ziele erreichbar machen. Dabei arbeitet man mit sozialwissenschaftlich-empirischen Methoden als grundsätzlichen Bestandteil pädagogischer Forschung und man verknüpft häufig auch verschiedene empirische Methoden miteinander (etwa Beobachtung und Interview), um durch die gegenseitige Ergänzung eine „dichtere Erfassung" der pädagogischen Wirklichkeit zu ermöglichen.

wertfreies Verfahren

Die Empirische Erziehungswissenschaft versucht vor allem, wertfrei zu verfahren, d.h. einerseits die „Wertebasis" von Forschung, i.S. von Wissenschaftstheorie, Forschungsgebiet, Methoden, Anwendung, sehr genau von den „Wertungen", wie sie in erhobenen empirischen Normen zum Ausdruck kommen (zum Beispiel: 80% der Schüler glauben, dass LehrerInnen gerecht sein sollen) und den „Werturteilen", d.h. Aussagen über Objektbereiche (LehrerInnen sollen gerecht sein) zu unterscheiden und sich andererseits den Werturteilen zu enthalten (Brezinka).

Die Empirische Erziehungswissenschaft verwendet dabei zunächst vor allem Methoden der quantitativen Forschung, bezieht aber zunehmend – vermittelt über die Sozial- und Kulturwissenschaften – auch qualitative Zugänge ein. Für diese zweite Phase sind Ansätze von Heinrich Roth (1906-1983), Wolfgang Brezinka (geb. 1928), Helmut Heid (geb. 1934), Jürgen Baumert (geb. 1941), Ralf Bohnsack (geb. 1948) und Barbara Friebertshäuser (geb. 1957) von Bedeutung.

Dennoch bleiben auch in dieser neueren empirischen Konzeption Fragen offen: Lassen sich Tatsachen so einfach identifizieren? Macht es Sinn, Erziehungswissenschaft als reine Verhaltens- und Testwissenschaft zu verstehen? Inwiefern kann man von deskriptiven Aussagen auf normative pädagogische Empfehlungen schließen? Kann man überhaupt von einer empirischen Leitung pädagogischen Handelns sprechen?

Kritische Erziehungswissenschaft

Als drittes wichtiges Modell kann die *Kritische Erziehungswissenschaft* gelten: als Gegenpol zur Geisteswissenschaftlichen Pädagogik – der man vorwirft, sich nicht für soziale und politische Rahmenbedingungen interessiert zu haben und als Gegenpol zu Empirischen Erziehungswissenschaft – die man bezichtigt, den pädagogischen Gegenstand zu verfehlen, weil sie Subjekte „verdingliche" und weil sie einer pädagogisch nicht sinnvollen, da dem Vorbild der Technik entstammenden Steuerungslogik folgen würde. Die theoretischen Vorläufer für diese Perspektive der Erziehungswissenschaft bilden die Vertreter der Kritischen Theorie: Max Horkheimer (1895-1973), Theodor W. Adorno (1903-1969) und Jürgen Habermas (geb. 1929), die Wissenschaft als Veränderung der Gesellschaft in Richtung einer Emanzipation von überflüssigen Herrschaftsverhältnissen für alle verstehen. Daher konzipieren sie auch ein anderes Wissenschaftsverständnis, das gegen eine instrumentelle Einbindung wissenschaftlicher Vernunft in die gesellschaftliche Praxis, wie sie die sog. „traditionelle Theorie" praktizierte, optiert. Während ihnen die traditionelle Theorie als gesellschaftlich und wissenschaftlich unreflektiert gilt und sich werturteilsbehaftet nur (affirmativ) mit Gegebenheiten befasse, wollen sie die vorgefundenen gesellschaftlichen Bedingungen kritisch überprüfen und hinterfragen, um diese in Richtung einer herrschaftsfreieren, demokratischeren Perspektive zu verändern. Um diese Veränderung anzuleiten, bedienen sie sich sowohl hermeneutischer als auch empirischer Verfahren, um ein objektives Sinnverstehen sozialer Tatsachen von ihren Entstehungs- und Bedingungszusammenhängen her zu generieren. Aufgegriffen wird diese Position von Klaus Mollenhauer, Herwig Blankertz (1927-1993), Wolfgang Klafki und Andreas Gruschka (geb. 1950). Diese übernehmen das emanzipatorische Erkenntnis- und Praxisinteresse und versuchen in der Verbindung von hermeneutischen und empirischen Analysen etwa Bildung als Prinzip der sozialen Reproduktion zu hinterfragen und in Kritik am dreigliedrigen Schulsystem Schulentwicklungen (Gesamtschule) voranzutreiben, Geschlechterstrukturen zu problematisieren oder ganz allgemein: den hehren pädagogischen Anspruch mit der faktischen Realität im pädagogischen Alltag zu konfrontieren. Pädagogische Erkenntnis und Bildungspraxis sind dabei auf Emanzipation und Aufklärung ausgerichtet. Insbesondere führte dieses generelle Ziel dazu, ein Diskursmodell als Postulat herrschaftsfreier sozialer Praxis und gelingender Aufklärung in Anschlag zu bringen, Erziehung als Interaktion und Kommunikation zu verstehen und emanzipatorische Unterrichtsmodelle zu entwickeln.

traditionelle Theorie

Emanzipation und Aufklärung

In diesem Sinne etabliert die Kritische Erziehungswissenschaft einige wichtige wissenschaftliche Erkenntnisse. Das pädagogische Handeln wird als historisch vermittelte gesellschaftliche Praxis verstanden und die Rede ist daher von der relativen Autonomie der Pädagogik, die in ihrer Abhängigkeit von gesellschaftlichen Prozessen gesehen wird. Zudem geht man von einer Gleichrangigkeit von Theorie und Praxis und von einer Dialektik von theoretischen Begründungen und praktischen Maßnahmen aus, d.h. jede theoretische Position soll auf ihre praktische Bedeutsamkeit und jede pädagogische Praxisform auf die ihr inhärenten Theoreme hin betrachtet werden. Als zentrale wissenschaftliche Forschungsmethoden erscheinen ihr Ideologiekritik und Handlungsforschung: Unter „Ideologiekritik" wird ein hermeneutisches Hinterfragen sog. dogmatischer Wahrheiten, die Aufdeckung unterschwelliger Bedingungsfaktoren der Gesellschaft im Sinne verborgener Machtstrukturen sowie die Reflexion von (eigenen) Denk-, Wahrnehmungs- und Handlungsbedingungen verstanden. Unter „Handlungsforschung" lassen sich die folgenden Erfordernisse aufführen: die Partizipation des Forschenden an der Praxis und die Zusammenführung von Reflexion und Aktion, die auf ein praktisches Problemlösungs- und Veränderungsinteresse hinzielt. Dabei werden Forscher und Beforschte in einen gemeinsamen Arbeits- und Reflexions- und Veränderungsprozess integriert; die Forschung soll realitäts- und praxisnah, transparent und interaktiv sein, wobei eine Generalisierbarkeit von wissenschaftlichen Ergebnissen zugunsten von Fallanalysen weniger angestrebt wird.

Ideologiekritik und Handlungsforschung

Bereits seit den 1970er Jahren gibt es eine starke Kritik an diesem Konzept, die sich seit Beginn der 1980er Jahre auch in einer deutlichen Selbstkritik äußert. So wird etwa auf der einen Seite geäußert, dass die Kritische Erziehungswissenschaft in überzogener Weise sozialwissenschaftliche Begriffe und Sichtweisen rezipiert habe, während auf der anderen Seite das Verschwinden sog. „einheimischer Begriffe" der Pädagogik beklagt wird. Ein großes Problem stellt auch die begriffliche Präzisierung und empirische Operationalisierung des Emanzipationsbegriffes dar. Im Konzept der Handlungsforschung wurde moniert, dass empirische Forschung und Praxisveränderung miteinander vermischt würden. Und schließlich war zum einen auch fragwürdig, inwieweit in pädagogischen Situationen von einem Modell des herrschaftsfreien Diskursmodells ausgegangen werden konnte und inwieweit die Idee, mittels Erziehung und Bildung die Gesellschaft grundsätzlich verändern zu können, plausibel erschien.

Neben und nach diesen drei oftmals als zentral benannten Hauptrichtungen der Erziehungswissenschaft lassen sich noch eine Fülle von anderen Richtungen benennen, die Aspekte der hier genannten Perspektiven aufgreifen, doch je nach Ansatz auch andere Fokussierungen vornehmen. Ohne Anspruch auf Vollständigkeit seien alphabetisch genannt: feministische, historisch-materialistische, konstruktivistische, ökologische, phänomenologische, postmoderne, praxeologische, psychoanalytische, systemtheoretische, transzendentalkritische und international- bzw. interkulturell vergleichende Ansätze.

Fragen

A. Erläutern Sie den Zusammenhang von theoretischem und praktischem Wissen.
B. Was ist und wofür braucht man pädagogischen Takt?
C. Erklären Sie die Unterschiede und Gemeinsamkeiten zwischen den Begriffen „Erziehung" und „Sozialisation" und zwischen den Begriffen „Bildung" und „Lernen".
D. Was leistet die Perspektive der Geisteswissenschaftlichen Pädagogik (der Empirischen und Kritischen Erziehungswissenschaft) – und was leistet sie nicht?

Weiterführende Literatur

Benner, Dietrich (1991): Allgemeine Pädagogik. Eine systematisch-problemgeschichtliche Einführung in die Grundstruktur pädagogischen Denkens und Handelns. 2. verb. Aufl. Weinheim/München: Juventa. – Rekonstruktion der konstitutiven und regulativen Prinzipien der Pädagogik für die Theorien der Erziehung, der Bildung und der pädagogischen Institutionen; und Diskussion der pädagogischen Praxis mit Blick auf Gewalt, Unterricht und Generationenverhältnis.

Böhm, Winfried/Schiefelbein, Ernesto/Seichter, Sabine (2015): Projekt Erziehung. Ein Lehr- und Lernbuch. 4. überarb. Aufl. Paderborn: Ferdinand Schöningh. – Das Buch informiert anhand von zehn Autoren (Platon, Augustinus, Herbart, Schleiermacher, Pestalozzi, Rousseau, Freire, Skinner, Comenius, Marx) und einer Fokussierung (Personalismus) über Grundfragen und Grundproblematiken der Erziehung.

Dörpinghaus, Andreas/Poentisch, Andreas/Wigger, Lothar (2013): Einführung in die Theorie der Bildung. 5. Aufl. Darmstadt: WBG. – Ein historischer-systematischer Problemaufriss mit Blick auf Bildungsverständnisse in Kunst, Politik und Wissenschaft, auf Bildungsmodelle von der Antike bis zur Gegenwart, auf Ergebnisse der empirischen Bildungsforschung sowie auf Abgrenzungen gegenüber anderen Grundbegriffen der Pädagogik.

Göhlich, Michael/Zirfas, Jörg (2007): Lernen. Ein pädagogischer Grundbegriff. Stuttgart: Kohlhammer. – Das Buch versteht sich als systematische Rekonstruktion des Lernbegriffs in der Pädagogik und beinhaltet sowohl Lerntheorien aus historischer und anthropologischer Perspektive wie auch Lernmodelle pädagogischer Institutionen und anderer Disziplinen.

Hurrelmann, Klaus/Grundmann, Matthias/Walper, Sabine (Hrsg.) (2015): Handbuch Sozialisationsforschung. 8. Aufl. Weinheim/Basel: Beltz. – Das Handbuch behandelt anhand von ca. 50 Artikeln die Grundlagen, Theorien, Zugänge, Kontexte und Ergebnisse der Sozialisationsforschung.

König, Eckhard/Zedler, Peter (1998): Theorien der Erziehungswissenschaft. Weinheim: Deutscher Studien Verlag. – Systematischer Überblick mit Praxisbeispielen über die Hauptströmungen der Erziehungswissenschaft als normative, empirische, hermeneutische und systemtheoretische Wissenschaft.

Koller, Hans-Christoph (2004): Grundbegriffe, Theorien und Methoden der Erziehungswissenschaft. Eine Einführung. Stuttgart: Kohlhammer. – Das Buch vermittelt die wichtigsten Grundbegriffe (Erziehung, Bildung, Sozialisation), theoretischen Ansätze und methodischen Zugänge der Erziehungswissenschaft (empirische, hermeneutische und kritische Perspektive) anhand einer pädagogischen Reflexion des Romans von Nick Hornbys *About a boy*.

Krüger, Heinz-Hermann (2002): Einführung in Theorien und Methoden der Erziehungswissenschaft. 3. Aufl. Opladen: Leske + Budrich. – Dargestellt werden zehn theoretische Konzeptionen und Positionen sowie fünf Forschungsmethoden der Erziehungswissenschaft; dazu erfolgt ein Ausblick auf die reflexive Erziehungswissenschaft und die kritische Bildungsforschung.

Sandfuchs, Uwe/Melzer, Wolfgang/Dühlmeier, Bernd/Rausch, Adly (Hrsg.) (2012): Handbuch Erziehung. Bad Heilbrunn/Obb.: Klinkhard (UTB). – Interdisziplinärer und systematischer Überblick in 133 Artikeln über Theorie und Praxis der Erziehung in familiären, schulischen und außerschulichen Kontexten.

Wulf, Christoph (1983): Theorien und Konzepte der Erziehungswissenschaft. 3. Aufl. Weinheim/München: Juventa. – Das Buch bietet einen problematisierenden Überblick über die Geisteswissenschaftliche Pädagogik, die Empirische und die Kritische Erziehungswissenschaft; dazu kommen Perspektiven für eine handlungsorientierte Erziehungswissenschaft.

Kapitel 2: Geschichte der Pädagogik

1. Einleitung

Der folgende Teil widmet sich zunächst der Frage: Was können Studierende aus der Geschichte der Pädagogik im Hinblick auf unsere aktuellen pädagogischen Fragen und Probleme lernen?

Blicken wir zunächst auf Autoren, die sich intensiv mit der Geschichte der Pädagogik beschäftigt haben, so begegnen wir bei ihnen einer ganzen Reihe von Gründen, warum eine historische Betrachtung für PädagogInnen sinnvoll ist. So heißt es etwa bei Friedrich Paulsen in seiner *Geschichte des gelehrten Unterrichts* von 1885:

> „Es ist eine alte Frage, ob es möglich sei, aus der Geschichte zu lernen, nicht bloß, was war, sondern auch, was kommen wird. In der Überzeugung, dass dies möglich sei, ist die vorliegende Untersuchung unternommen worden; wenn das Leben eines Volkes nicht in einem Nacheinander von Zufällen besteht, wenn in ihm, wie in einem Einzelleben, *Zusammenhang und Konsequenz* ist, so muß es möglich sein, durch Beachtung der Richtung, in welcher die zurückgelegte Wegstrecke verlief, auf die *Richtung der Fortsetzung* Folgerungen zu ziehen. (...) an einer Geschichte einer einzelnen Institution [Paulsen untersucht die Gelehrtenschule] wird doch das Beste sein, daß sie zum *Nachdenken über Ziele und Mittel der Institution* erregt und anleitet" (Paulsen 1919, S. XV).

1951 schreibt Albert Reble in seiner *Geschichte der Pädagogik*:

> „Jede Zeit hat kulturell und also auch pädagogisch ihr *eigenes Gesicht, ihre eigenen Aufgaben und Impulse,* und die konkreten Gegebenheiten und ihre Bewältigung lassen sich weder aus einem allgemeinen System noch aus der historischen Schau heraus ableiten. Aber so einmalig sie sind, sie stehen doch zugleich in einem *großen geschichtlichen Zusammenhang*. Sowenig die Erziehungsfragen und -lösungen der Gegenwart einfach aus der Vergangenheit deduziert und übernommen werden können, so wenig können sie doch ohne Kenntnis der historischen Zusammenhänge wirklich verstanden und beurteilt werden. Die Wurzeln der pädasgogischen Gegenwartsprobleme reichen oft sogar tief in den historischen Boden hinein" (Reble 1993, S. 14f.).

Und schließlich finden wir in Henri Marrous *Geschichte der Erziehung im klassischen Altertum* (1948, dt. 1957) den Hinweis:

> „Die Fruchtbarkeit der historischen Erkenntnis beruht vor allem auf dem *Dialog*, den sie in uns zwischen dem Andern und dem Selbst

> bewirkt. Wir haben uns von unseren Vätern so weit entfernt, daß ihre Erziehung uns in hohem Maße in der Kategorie des Andern erscheinen kann; sie enthält vieles, das zu unserer Wirklichkeit oder zu unserer Vorstellung im Widerspruch steht und uns zu unserem Nutzen befremden mag" (Marrou 1977, S. 17).

Fassen wir diese Hinweise zusammen, so lässt sich zunächst festhalten: Heutige Probleme und Antworten der Pädagogik haben eine historische Verwurzelung, pädagogische Grundmotive und Grundfragen tauchen über die Zeiten hinweg immer wieder auf und man beginnt mit pädagogischen Theorien und Praktiken nicht immer wieder neu. Jede Zeit hat ihre historischen Möglichkeiten und Grenzen, doch lassen sich in der Geschichte der Pädagogik dennoch Entwicklungsperspektiven herausarbeiten; und schließlich kann man die historischen Hintergründe der anderen Fokussierung und Rahmung in Erziehung und Bildung als Reflexions- und Dialogfolie verstehen, die hilft, die blinden Flecken der Gegenwart aufzuklären und deren Fraglosigkeiten und Gestaltbarkeiten zu begreifen. Kurz: Wir betreiben Geschichte der Pädagogik, weil wir nur so unsere pädagogische Gegenwart verstehen können – was auch meint: Entwicklungen zu rekonstruieren, die in die Zukunft weisen.

Geboten wird im Folgenden eine eurozentrische Geschichte, die über die Epochen Antike, Mittelalter, Frühe Neuzeit, Neuzeit und Moderne verläuft und dann an den Kenntnisstand des ersten Bereiches zu den wissenschaftlichen Ausrichtungen anschließt. Diese Epocheneinteilung ist gängig, aber nicht unumstritten; umstritten deswegen, weil sich die Epochen nicht einfach und klar von einander abgrenzen lassen und pädagogische Theorien, Modelle und Institutionen sich in den und über die Epochen hinaus weiterentwickeln. Hier müsste man viel genauer die Ambivalenzen und Diskrepanzen der jeweiligen theoretischen pädagogischen Begriffe und praktischen pädagogischen Konzepte zwischen und innerhalb der Epochen herausarbeiten. Sie ist gängig deswegen, weil sie die fast 3000 Jahre Erziehungs- und Bildungsgeschichte in überschaubarere Einheiten gliedert, indem sie zentrale Grundbegrifflichkeiten in ihren pädagogischen Voraussetzungen und Implikationen benennt.

2. Antike

Spricht man über *die* Antike, so thematisiert man einen Zeitraum, der sich vom 8. Jahrhundert vor Christus bis zum 6. Jahrhundert nach Christus erstreckt. Als „Anfang" der Antike kann das Jahr

776 vor Christus gelten, das für die Griechen selbst den Beginn ihrer Geschichtsschreibung markiert. Dieses Jahr enthält die ersten Siegerlisten der Olympischen Spiele. In diesen Zeitraum fällt noch ein zweites wichtiges Datum, das Jahr 775 vor Christus, das als das Jahr der legendären Gründung Roms gilt. Während die Griechen ihre Geschichte mit dem Sport beginnen ließen, rechneten die Römer *ab urbe condita*, also von der Stadtgründung an.

Das Ende der Antike lässt sich auf das Jahr 529 nach Christus festlegen. In diesem Jahr wird die seit 385 vor Christus bestehende Platonische Akademie in Athen durch Justitian geschlossen und gleichzeitig das Kloster Montecasino von Benedikt von Nursia gegründet. Hierbei werden i.d.R. zwei Phasen unterschieden: die *griechische* Antike (von 1600-30 v. Chr.) mit den beiden wichtigsten Städten Athen und Sparta und die *römische* Antike (650 v. Chr.-395 n. Chr.), die ihr Zentrum in Rom hatte.

Selbstvervollkommnung

Das griechische und römische Erziehungsdenken wird begründet durch die Vorstellung einer Selbstvervollkommnung als Anstrengung, die Seele und den Geist in einem gesunden Körper zu verbessern. Den Hintergrund für dieses Modell wiederum bildet der in Muße lebende freie aristokratische Mann. Dem antiken Bildungsideal ist eine über die nationale Bildung hinausgehende Tendenz mit dem Ziel einer gebildeten Menschheit zu eigen. Bildung wird mit Wissen, sogar mit einem Vielwissen, mit Belesenheit, Schönheit, Muße und äußerem wie innerem Stil in Verbindung gebracht.

in Muße lebender freier aristokratischer Mann

In Athen finden sich Ansätze zu einem System allgemeiner Lehrinhalte mit den Werken der griechischen Dichtung, den Naturwissenschaften, der Mathematik und der Rhetorik; in Sparta lässt sich der Prototyp einer staatlich-militärischen Erziehung studieren; und insgesamt haben wir die ersten erziehungsphilosophischen Reflexionen bei Sokrates, Platon und Aristoteles. Der Ausdruck παιδεία (paideia), der nicht nur die Bedeutungsdimensionen von Bildung, Erziehung, Unterricht, Lehre und Züchtigung, sondern auch diejenigen von Wissenschaft, Geschmack, Kindheit und Jugend umfasst, gibt ab dem 5. Jahrhundert das Programm der griechischen Pädagogik wieder (Jaeger 1937-47). Ursprünglich von *paideuein*, „sich intensiv mit einem Kind (pais) beschäftigen" abgeleitet, verweist die Paideia zum einen auf ein bestimmtes Wissen, einen Bildungskanon, zum anderen auf die Frage nach der Vermittlung und Lehrbarkeit und drittens auf die Frage nach den Anlagen bzw. der Bildsamkeit des Zöglings, kurz: auf den sog. pädagogischen Ternar von Anlage, Übung und Belehrung.

pädagogischer Ternar von Anlage, Übung und Belehrung

Die ersten Lehrer der Griechen aber waren die Dichter, insbesondere Homer, aber auch Tyrtaios, Solon, Pindar und Hesiod gehören zum Kernbestand altgriechischer Bildung. Die Dichtung wurde vor allem durch die antiken Sänger verbreitet, die über das Land zogen und ihr sehr umfassendes Repertoire beim Tanz in wohlhabenden Häusern vortrugen. In diesen Dichtungen kommt ein ritterlich-höfisches Erziehungsideal zum Ausdruck, das die Bildungsinhalte der Musik (Dichtung, Gesang, Instrumentalspiel und Tanz) und der körperlichen Ertüchtigung im Rahmen des Gemeinschaftslebens der Kriegerkaste umfasst.

ritterlich-höfisches Erziehungsideal

In der griechischen Stadt waren Kenntnisse im Lesen, Rechnen und Schreiben unter der freien Bevölkerung weit verbreitet. Bis Mitte des 5. Jahrhunderts blieb die Erziehung eine private Angelegenheit; sie ging in diesem Zeitraum über die Vermittlung eines elementaren Wissens nicht hinaus. Die Griechen zeigten zu dieser Zeit wenig Interesse an Büchern, die, da sie mit der Hand abgeschrieben werden mussten, nur jeweils in wenigen Exemplaren vorhanden waren. Sie waren am Sprechen und Zuhören interessiert.

Sophisten

Die im 5. Jahrhundert vor Christus auftretenden Sophisten können als Begründer einer höheren Bildung in Europa verstanden werden, da sie die ersten sind, die sich intensiv mit rhetorischer und politischer Bildung und ihrer Vermittlung auseinandersetzen. Erst mit den Sophisten, die als Wanderlehrer Jugendlichen aus wohlhabenden Häusern Privatunterricht erteilten, etablieren sich Vorformen öffentlicher, organisierter Erziehung, die dann zur Entwicklung der *septem artes liberales* (die sieben freien Künste) führen. Sie legen vier Bildungsgegenstände fest: die Grammatik als Kenntnis der Sprache, die Rhetorik als Kunst der überzeugenden Darstellung, die Dialektik als Dialogkompetenz und die Bürgerkunde als Kenntnisse in Bezug auf Arithmetik, Geometrie, Astronomie und Musik.

Eine erste systematische Zusammenfassung dieses Lehrkanons, der das sogenannte (sprachliche) *Trivium* von Grammatik, Rhetorik, Dialektik und das sogenannte (mathematische) *Quadrivium* von Arithmetik, Geometrie, Astronomie und Musiktheorie umfasst, lässt sich dann im ersten vorchristlichen Jahrhundert bei Terentius Varro (116-27 v. Chr.) finden (Dolch 1965). Diese Lehrinhalte, werden später zum Kanon der abendländischen Bildung, der bis in die Neuzeit Bestand haben wird. Der ebenfalls auf einen Bildungskanon zielende Begriff der *enkyklios paideia* (der Umkreis der Bildung; später dann: Enzyklopädie) lässt sich schon im 4. Jahrhundert v. Chr. ausmachen; er zielte entweder auf die allge-

enkyklios paideia

meine, übliche Erziehung, Lehre bzw. Bildung oder auf die auf einem festen Kreis von Wissenschaften beruhende Bildung.

Die Sophisten sahen ihre Ausbildungsschwerpunkte in der Rhetorik, die in der Politik und vor Gericht enorm bedeutsam waren sowie in der Erweiterung des Wissens, das für einen guten Redner unabdingbar war. Sie versprachen den wohlhabenden Bürgern eine Entwicklung von *Arete*, einer umfassenden Tauglichkeit, die mit der Steigerung von Macht, Ansehen und Reichtum einherging. Die Sophisten bieten einen alltagsnahen, lebensorientierten und utilitaristischen Unterricht. Doch sie geraten auch in die Kritik, einerseits Bildung mit der kommerziell motivierten Garantie, durch Unterricht alles lernen zu können, zu verwechseln und andererseits die Wahrheitsforderung der Bildung einer technischen Wirksamkeit zu opfern, die nicht auf Überzeugung, sondern auf Überredung zielt.

Sokrates (469-399 v. Chr.)

Gegen die sophistische Position bringt Sokrates (469-399 v. Chr.) eine skeptische und ironische Pädagogik in Stellung, die vor allem auf die Grenzen des Wissens, die Problematiken sittlichen Verhaltens und die Unsicherheiten einer pädagogischen Vermittlung abhebt. Mit seiner sokratischen Fragemethodik, einer intellektuellen Maieutik (Hebammentechnik), versucht er zu verdeutlichen, dass alle Menschen prinzipiell in der Lage sind, selbst komplexe Sachverhalte nachvollziehen und einschätzen und selbst große ethische Anforderungen realisieren zu können, wenn sie sich denn zunächst *via* Selbstreflexion oder im Dialog mit anderen um ein deutliches und klares Wissen bemüht haben.

Gemeinschaft

Hierin wird implizit deutlich, dass für die gesamte Antike die Gemeinschaft mit ihrer Sitte die beherrschende Erziehungsmacht ist. Man könnte sagen, dass die Menschen durch das Leben in der Gemeinschaft, d.h. dem Stadtstaat, erzogen wurden. „Man musste sich also um seine Angelegenheit kümmern, und im demokratischen Staat hieß das, dass man sich um die Angelegenheiten des Staats kümmern musste, auf die Versammlungen gehen, mitdiskutieren, Entscheidungen beeinflussen, kurz, sich an der politischen Auseinandersetzung beteiligen“ (Schwenk 1996, S. 39). Bildung wurde überwiegend nicht in der Schule, sondern in der Öffentlichkeit erworben.

Aristoteles (384-322 v. Chr.)

Eine Bestätigung dieser pädagogischen Praxis findet sich bei Aristoteles (384-322 v. Chr.). Aristoteles definiert den Menschen einerseits als „zoon politikon“, d.h. als ein Lebewesen, das in der Verwirklichung seiner Natur auf die *polis*, den Staat und die Gesellschaft bezogen ist. Und andererseits spricht er von ihm als „zoon logon echon“, d.h. von einem Lebewesen, das sich durch den *Logos* im Sinne von Sprache und Vernunft auszeichnet. Insofern lassen sich mit Aristoteles zwei wesentliche Existenzformen benennen, die dem Wesen des Menschen angemessen sind: die praktische Existenz desjenigen, der sich für die ethischen und politischen Praxisfragen einsetzt und dabei die Freundschaft mit (wenigen) anderen pflegt (*praxis*); und die Existenz eines Philosophen, der sich durch Anschauung und Reflexion um das Leben und seine Prinzipien bemüht (*theoria*). Nach Aristoteles trägt der Mensch die Möglichkeiten der Vervollkommnung in sich selbst, ist aber auf sittliche und pädagogische Verhältnisse angewiesen, um seinen Möglichkeiten gerecht zu werden.

Der öffentliche Turnplatz (*gymnasion*, von *gymnos* = nackt) spielte wiederum als Ausgangspunkt der schulischen Entwicklung eine zentrale Rolle. Wettkämpfe und Kampfspiele aller Art sorgten für einen ständigen Vergleich und für eine ständige Konkurrenzsituation schon in der Kindheit und prägten den „agonalen Charakter" (Jacob Burckhardt) des griechischen Menschen. Solon verpflichtete jeden Bürger darauf, seine Söhne auf eigene Kosten in der Gymnastik unterweisen zu lassen (Weimer 1992, S. 11). Das Gymnasium wurde zum Ausgangspunkt und zum Kern des öffentlichen Bildungswesens.

mehrere pädagogische Rollen

Mehrere pädagogische Rollen können hier unterschieden werden: der *Gymnarchos*, ein Wahlbeamter, der nicht nur der oberste Schulbeamte und in der Regel der Geldgeber der Schule, sondern auch ihr administrativer Leiter und gelegentlich Lehrer war. Es gab den *Grammatistes* für das Schreiben, den *Paidotribes*, den Knabentrainer, für den Sport, den *Kitharistes*, den Kitharaspieler, für die Musik. Daneben gab es das (Wahl-)Amt des *Paidonomen*, der für die erzieherische Aufsicht und die Kontrolle der Lehrer zuständig war. Der *Paidagogos* schließlich war als der Knabenführer für die sichere Begleitung der Knaben von und zu den Gymnasien zuständig.

Man unterschied die *paides*, die Kinder, die ihren Elementarunterricht im Alter von sieben Jahren erhielten, von den *epheboi*, den Jünglingen, die im Alter von 14 bis18 unterrichtet wurden, und von den *neoi*, den jungen Männern, die in einer Art kollegartiger Oberstufe zusammengefasst waren. Die Übergänge zwischen den einzelnen Altersstufen und auch den Schuleintritt und die Entlassung aus der Schule muss man sich fließend vorstellen. Man kann den Eindruck gewinnen, dass das vorrangige Ziel des Gymnasiums nicht der Unterricht war, sondern eine allgemeine sozialpolitische Bildung, die auf die Teilnahme und die Teilhabe an den Entscheidungsprozeduren der Polis abzielte: „Das Gymnasium war eines der Zentren kommunalen Lebens, Vereinshaus, Fest-

allgemeine sozial-politische Bildung

und Versammlungsplatz, wo Alte und Junge sich trafen, und so verband sich das Schulleben mit dem Leben der Kommune, viel stärker als wir es heute gewohnt sind" (Schwenk 1996, S. 137).

Sparta

In Sparta wurden die männlichen Kinder nur bis zum vollendeten siebten Jahr der Familie überlassen, woran sich eine staatliche Erziehung – die spartanische *Agoge* – anschloss, die die Knaben und jungen Männer bis zum 20. Lebensjahr ganz nach militärischen Erfordernissen der Abhärtung und der körperlichen Ertüchtigung prägte. Erziehungsideal war nicht mehr der freie, dem Abenteuer nachjagende Einzelkämpfer, sondern der sich in den Dienst des Staates stellende Krieger, der für sein Gemeinwesen auch sein Leben zu opfern bereit ist. Eine strenge körperliche Erziehung galt auch den Mädchen, die gesunde Kinder gebären und im Notfall die Stadt verteidigen sollten.

römisches Bildungsideal

Im römischen Bildungsideal gehen die altrömischen Tugenden der *virtus* (Mannhaftigkeit), *pietas* (Ehrfurcht gegenüber den Eltern und dem Vaterland) und der *religio* (Frömmigkeit) eine Verbindung mit den politischen und rhetorischen Erfordernissen eines Weltreichs ein. Das römische Bildungsideal wird politischer und rhetorischer. So verlangte Cicero (106-43 v. Chr.), die von Sokrates vollzogene Trennung von Philosophie und Rhetorik aufzuheben; dementsprechend sollte der Redner auch über philosophische Bildung verfügen, sollten sich zum Zwecke der Wirksamkeit beide Fähigkeiten fruchtbar verbinden. Cicero forderte eine Bildung des ganzen Menschen mit Sprachkenntnissen, Kultivierung der Innerlichkeit (*cultura animi*), philosophischer Bildung und staatlich politischer Kompetenz, kurzum: eine Bildung zur *humanitas*, die eine Kombination aus dem *vir bonus* und dem *orator perfectus* darstellt.

Cicero (106-43 v. Chr.)

Lucius Aeneas Seneca (4 v. Chr.-65 n. Chr.)

Deutlich weniger staats- als vielmehr subjektbezogen proklamiert etwa ein Jahrhundert später der Stoiker Lucius Aeneas Seneca (4 v. Chr.-65 n. Chr.) das Idealbild eines Weisen, der sich aufgrund seiner Unerschütterlichkeit, Affektlosigkeit und Gelassenheit dem Lebensstile der Muße und Kontemplation hingeben kann. Denn nicht für das Leben, sondern für die *scholé*, die Muße, sollen die Menschen lernen. Mit Seneca wird so einerseits die Askese als (disziplinierende) Arbeit an sich selbst zu einem in der pädagogischen Geschichte bis heute bedeutsamen Faktum. Anderseits propagiert er mit seinem Diktum: „*Homo res sacra homini*" (Der Mensch sei dem Menschen heilig) eine universelle humanistische Haltung, die dazu führt, die „alten" anthropologischen Differenzierungen zwischen Freien und Sklaven oder auch zwischen Männern und Frauen zunehmend zu nivellieren.

Quintillian (42-117)

Quintillian (42-117) wird dann mit seiner *Institutio oratoria* das Programm einer rhetorischen Bildung formulieren, das bis in die Neuzeit hinein von enormer Bedeutung war. Dabei hängt der für die Römer bedeutsame Bildungsbegriff zentral mit ihrem Personenverständnis zusammen: Jeder Mensch hat einen fest umrissenen Platz im Gesellschaftssystem. Insofern zielt Bildung nicht auf die größtmögliche Entfaltung der Individualität und auch nicht auf eine mehr oder weniger freie Selbstbestimmung, sondern auf die Rollenübernahme in einem sozialen System und auf die damit verbundenen Relationsbeziehungen zwischen den Rollen.

3. Mittelalter

Der Name „Mittelalter" wurde im 14. Jahrhundert geprägt, um die beinahe eintausend Jahre europäischer Geschichte, von denen man nicht so recht wusste, was man historisch und systematisch damit anfangen sollte, zusammenzufassen. Gewöhnlich wird das Mittelalter in das Frühmittelalter (ca. 5. bis 10. Jahrhundert), das vom naturalwirtschaftlichen Feudalismus geprägt war, das Hochmittelalter (11. bis Mitte 13. Jahrhundert), in dem das höfische Rittertum bestimmend wurde und das Spätmittelalter (Mitte 13. bis Anfang 16. Jahrhundert), in dem das städtische Bürgertum stetig an Bedeutung zunahm. Generell kann die spannungsreiche Verbindung christlicher, antiker und germanischer Elemente als Kern des Mittelalters gelten.

Rahmen der christlichen Lehre

Das gesamte Leben des Mittelalters findet im Rahmen der christlichen Lehre statt. Jeder Mensch war in seinem Selbst- und Weltbild ein Mitglied eines organischen Systems, das seine letzte Verankerung in der christlichen Religion und somit in Gott als alleinigem und allumfassendem Herrscher vorfand. Nicht das Bewusstsein von Individualität, „sondern der Typus" einer Lebensform und dadurch eine bestimmte Position im Gesamtgefüge Gottes waren entscheidend für die einzelne menschliche Existenz. Auch Erziehung, Wissenschaft und Philosophie sind Teil dieses „kirchlich-religiöse[n] Universalismus" (Reble 1993, S. 56f.).

Augustinus (353-430)

Augustinus (353-430), dessen Werk am Übergang von der Antike zum Mittelalter steht und in dem sich der Verfall der antiken Bildung ebenso abzeichnet wie die noch unsichere Entwicklung der christlichen Lehre, verankert das wahre Wissen und das eigentlich Lernenswerte in einer christlich verstandenen metaphysischen und sicheren Innenwelt des Subjekts. Letzter Bezugspunkt des Lernens ist für Augustinus die christliche Gotteslehre.

Dabei bewegt sich der Lernprozess vom Sichtbaren zum Unsichtbaren und damit zu einer ewigen, göttlichen Wahrheit, die nur mit dem Geist geschaut werden kann: Es geht um das Erlernen der Wahrheit des seligen Lebens. Gott verbürgt die Wahrheit des Lernens und des Gelernten. Lernen selbst wird als innerer Weg zu Gottes Wahrheit verstanden. Im Mittelpunkt steht bei ihm ein inneres, christliches Bildungsprogramm. Denn das Heil des Menschen soll nicht von einer unsicheren äußeren Bildung abhängig gemacht werden. So ist auch die antike Bildung für Augustinus lediglich Propädeutik der göttlichen Offenbarung, bedarf der Mensch doch „der göttlichen Weisung, der er in Sicherheit gehorcht und der göttlichen Unterweisung, um in Freiheit zu gehorchen" (Augustinus, Civitate Dei, 19, 14). Gott erscheint in diesem theologischen Denken nicht nur als Wahrheitszentrum des Menschen, sondern auch als der wahre Menschenbildner: Ohne seine „pädagogischen" Maßnahmen sind alle menschlichen Anstrengungen obsolet.

kirchliches Lehrgut und christliche Gehalte

Kirchliches Lehrgut und christliche Gehalte stellen das Fundament aller institutionalisierten mittelalterlichen Bildungsprozesse dar. Das Kloster als eine allgemeine Erziehungsanstalt für diejenigen, die in ihm lebten, kann in einem weiteren Sinn als Keimzelle des entstehenden mittelalterlichen Schulwesens betrachtet werden (vgl. Schwenk 1996, S. 244ff.). Eine dezidiert schulische Organisation musste sich jedoch erst entwickeln. In den Klöstern ging es zunächst vielmehr um das Einüben der Lebensregeln, des Tagesablaufes und der Beschäftigung mit dem Gebet. Die klösterliche Bildung war also prinzipiell vollständig an der christlichen Lehre und dem Dienst an Gott und der Kirche orientiert.

Diese klerikale Zentriertheit spiegelt sich ganz grundsätzlich auch in der Sozial- und Institutionengeschichte der mittelalterlichen Bildung wider. Das gesamte Bildungswesen war nicht nur strikt an drei (schon von Platon skizzierten) Ständen – Klerus (Lehrstand), Adel/Ritter (Wehrstand), Bauern/Bürger (Nährstand) – organisiert, sondern es existiert zunächst ausschließlich für den Klerus. Erst im Laufe der Zeit halten weltliche Güter Einzug in den Unterricht. Doch selbst für den Adel und den Ritterstand werden zu dieser Zeit keine spezifischen Bildungsanstalten ausgeprägt. Für den Bauernstand existieren ohnehin keinerlei Schulen. Die Kinder der Bauern wachsen im Familienverband in ihre Stellung als Bauer hinein. Mit dem Bürgertum, also bei Handwerkern und Kaufleuten, verhält es sich anfangs sehr ähnlich.

Da also im Mittelalter auf sehr lange Zeit die auf „Schrift und Buch beruhende gelehrte Bildung zur Domäne des geistlichen Standes gehörte" (ebd., S. 235), entwickelt sich zum einen die Kirche mit ihren seit der Zeit Karls des Großen verstärkt entstehenden Dom-, Kloster- und Stiftsschulen zum zentralen Bildungsträger; zum anderen vollzieht sich auch eine Einbindung des schriftlich überlieferten antiken Wissens in das christliche Universalweltbild. Eben diese Verbindung von antikem Wissen und Christentum bzw. die Verarbeitung der christlichen Lehre mit antiken philosophischen Mitteln prägt das Erscheinungsbild sowohl der Theologie als auch der Wissenschaft des Mittelalters und hatte dadurch grundlegenden Einfluss auf sein gesamtes Erziehungs- und Bildungsdenken.

Septem Artes Liberales

Vor diesem Hintergrund setzten sich auch die *Septem Artes Liberales* aus der Antike in Form des *Triviums* (Grammatik, Rhetorik, Dialektik) und des *Quadriviums* (Arithmetik, Geometrie, Musik, Astronomie) als Bildungsparadigma „mit großer Einheitlichkeit durch, mit einheitlicher Sprache und Systematik, einheitlichen Unterrichtsformen und Schulbüchern, so daß innerhalb dieser Bildungswelt auch für Denken, Empfinden und sprachlichen Ausdruck eine große abendländische Einheit" (Reble 1993, S. 58) entsteht. Es ist vor allem das Verdienst Isidor von Sevillas (ca. 560-636), die Sieben Freien Künste sowie einen Großteil des sonstigen antiken Wissens, von der Rechtswissenschaft über die Medizin bis hin zur Staatslehre, dem Mittelalter zugänglich zu machen.

Bildungs- und Erziehungswesen

Für die Entwicklung eines gesicherten Bildungs- und Erziehungswesens ist in diesem Zusammenhang das Wirken der angelsächsischen Mönche seit dem 8. Jahrhundert von entscheidender Wichtigkeit, da sie bei ihrer Missionierungsarbeit erkennen, „dass eine intensive weltliche und geistliche Bildung die besten Voraussetzungen für eine politische und religiöse Arbeit bietet" (Helmer 1997, S. 83). Die Kloster- und Domschulen haben die Ausbildung durchzuführen. Die für die klerikale Tätigkeit notwendigen Inhalte, Gesang, Lesen, Schreiben, die lateinische Sprache sowie die Festrechnung, werden zu den ersten systematisch zusammengetragenen Gegenständen mittelalterlichen Schulunterrichts. Die zweite, weltliche, Schulform des Mittelalters bilden die sog. Stadt- und Ratsschulen, die für die elementare Unterweisung der Kinder in den aufblühenden Städten verantwortlich sind und welche die Vorform der seit dem 16. Jahrhundert existierenden städtischen Lateinschulen darstellen. In der Regel umfasst der Unterricht dort eine rein zweckmäßige Unterweisung in den

Grundlagen des Lesens, Schreibens und Rechnens. Seit dem späten Mittelalter bemühen sich die Räte in den Städten zunehmend um eine Sicherung qualitativer Standards in den Schulen, was sich beispielsweise daran erkennen lässt, dass in größeren Städten der Grad eines *Magister Artium* zur Voraussetzung für die Leitung einer Schule wird.

Universitäten

An den seit dem 13. Jahrhundert entstehenden Universitäten bilden die Sieben Freien Künste im Rahmen der sog. Artistenfakultät die Basis des Studiums. Neben dieser allgemeinwissenschaftlichen unteren Fakultät, die mit der Verleihung des Magistertitels abschließt, etablieren sich die drei oberen fachwissenschaftlichen Fakultäten der Theologie, des Rechts (kirchlich und weltlich) und der Medizin, an denen die Doktorwürde erreicht werden kann (vgl. Ellwein 1992, S. 23ff.). Der Doktortitel verleiht das Recht, an der jeweiligen Fakultät zu lehren. In den ursprünglichen Formen der Universität zeigt sich ein sehr starker Einfluss der Kirche nicht nur auf die Inhalte, sondern auch auf die Lebensform der Lehrenden und der Studierenden. Kollegienartiges Zusammenleben von Dozenten und Studenten nach dem Vorbild des regulierten mönchischen Lebens und die vorausgesetzte Ehelosigkeit des Lehrkörpers verdeutlichen diesen Einfluss.

Gelehrsamkeit

Der Unterricht an den Universitäten gliedert sich vor dem Hintergrund des wissenschaftlichen Paradigmas der Scholastik in Vorlesungen und Disputationen und zielt auf Gelehrsamkeit aufgrund von Textarbeit ab. „Die Vorlesungen geben keine systematische Darstellung einer Wissenschaft, sondern sie erläutern einen Text (Lehrbuch), sie sind weder für den Dozenten noch für den Studierenden auf eigene Produktivität abgestellt. Bei den Disputationen dagegen sind über eine Frage Thesen aufzustellen und zu verteidigen bzw. von den übrigen Scholaren anzugreifen“ (Reble 1993, S. 64). Grundlegend für den Charakter der Universitäten ist das rein wissenschaftliche Interesse an bestimmten Gegenständen. Weder Berufsausbildung noch Allgemeinbildung stehen aus Sicht der Institution an erster Stelle, sondern eben die Gelehrsamkeit. Von prägender wissenschaftlicher Bedeutung werden die großen scholastischen Betrachtungen und Abhandlungen von Albertus Magnus, Thomas von Aquin und Bonaventura im 13. Jahrhundert. Hier findet auf Basis der Auseinandersetzung mit der Bibel, den kirchlichen Lehren und insbesondere der griechischen Philosophie die Aufstellung von klar gegliederten theologisch-philosophischen Systemen statt.

Die im Rahmen dieser Abhandlungen zur Blüte gelangende und vor dem Hintergrund der Beschäftigung mit den *Septem Artes* und der Unterweisung in der christlichen Glaubenslehre an den Dom- und Klosterschulen seit etwa dem 10. Jahrhundert sich formierende scholastische Vereinigung von Philosophie und Theologie wird zum wissenschaftlichen Paradigma des Mittelalters. Methodisch kennzeichnet sich die Scholastik durch klares Herausarbeiten von Fragestellungen, logische Beweisführungen und dialektische Erörterungen sowie präzise Begriffsunterscheidungen. Die Schulung des Denkens zum Zwecke der argumentativen Verteidigung des christlichen Glaubens unter Zuhilfenahme antiker griechischer und römischer Traditionen und Wissensformen wird das zentrale Anliegen der Scholastik. Vernunft, Wissenschaft und Glaube sollen so miteinander in Einklang gebracht werden. In der Hochscholastik des 13. Jahrhunderts beschleunigte das Bekanntwerden der Schriften des Aristoteles und der arabischen Philosophen die wissenschaftlich-scholastischen Bestrebungen.

Scholastik

Oftmals hatten die Abhandlungen entweder einfache oder sehr konkrete, praktische oder politische Ausgangsfragen. Man wollte wissen „ob die Bilderverehrung vernünftig ist oder wie die Pest entsteht, [...] [ob] die Monarchie besser ist als die Volksherrschaft, [...] [ob] möglichst alle leben sollten wie die Mönche, [...] [ob] jeder Handel und jeder Kriegsdienst Sünde [war], [...] ob alle menschliche Erkenntnis mit den Sinnen beginnt" (Flasch 1986, S. 13). Die scholastische Wissenschaftsmethode führt die Behandlung derartiger Themen jedoch immer auf allgemeinere und fundamentalere Ebenen, so dass sich abstrakte und komplexe Theoriegebilde entwickeln, deren letztendliche kirchlich-religiöse Gebundenheit allgegenwärtig wird. So wie das gesamte Leben auf Gott hin gerichtet ist, kann die Wissenschaft letztlich nur im Dienste des Glaubens fungieren und der Theologie als Dienerin zur Seite stehen.

4. Frühe Neuzeit

Der unter dem Titel „Frühe Neuzeit" zusammengefasste Zeitraum umspannt ca. 600 Jahre vom 12. bis zum 18. Jahrhundert. Historisch ergeben sich bei diesen Epochen hinsichtlich der europäisch-abendländischen Kulturgeschichte allerdings Überschneidungen mit dem Spätmittelalter. Bis in das 15. Jahrhundert hinein erschien die Welt immer noch als ein zumindest latent wohlgeordneter, ganzheitlicher Kosmos, dem jedoch insbesondere in der Zeit des 30-jährigen Krieges (1618-1648) das Bild des Weltenlabyrinths bzw. der aus den Fugen geratenen hiesigen

Welt, zur Seite gestellt wurde. Verbindende Kennzeichen dieser sehr heterogenen Strömungen sind u.a. die Erneuerung antiken Gedankenguts, ein neues dynamisches Menschenbild, das das Subjekt in den Mittelpunkt rückte, eine verstärkte Hinwendung zur empirischen Erfassung der Wirklichkeit, eine Bedeutungszunahme der Städte als Bildungsräume, die mit einer Zunahme der Bedeutung öffentlicher, kulturell-ästhetischer Bildung einhergeht, sowie insbesondere ein sich stetig von der Religion lösender wissenschaftlicher Diskurs. Doch nach wie vor galt Gott als Schöpfer der Welt und damit als erster Erzieher. Charakterisieren lässt sich dieser Zeitraum auch durch drei andere Bezeichnungen, nämlich durch den „Humanismus“ als wissenschaftlich-pädagogische Betrachtungsweise dieser Epoche, durch die „Renaissance“ als wissenschaftliche und pädagogische Bewegung, die an die Antike anschließen will und durch die „Reformation“, die ein neues Christentum fordert.

Man kann von der Frühen Neuzeit als einem Zeitalter sprechen, in dem Bildung und Kultur eine enge Verbindung eingehen. Drei Momente sind hier für die Bildung bedeutsam: eine edle Herkunft, Tugenderziehung und das Studium von Kunst und Kultur. Dabei erstaunt, dass nicht mehr nur wie traditionellerweise auf eine moralische Tugendbildung, sondern auch auf eine kulturelle und ästhetische Bildung abgehoben wird, um mit den Widrigkeiten des Lebens gelassen umgehen zu können. Das Bildungsideal, das hier zum Ausdruck kommt, ist die „Harmonie von Körper und Geist“ in Verbindung mit der Entwicklung von „Tugenden“. Es geht um eine religiöse, aber auch um eine kulturelle Bildung; es genügt nicht, nur gut zu sein, man muss es auch demonstrieren können. Nur als tugendhafter kann der schön gebildete Mensch als kultiviert gelten. So wird einerseits die äußerliche körperliche Schönheit der inneren moralischen Tugendhaftigkeit untergeordnet, doch andererseits erscheint die körperliche Schönheit gelegentlich auch als Gradmesser der Tugend. Dabei soll sich der gebildete Mensch des Humanismus und der Renaissance in den Wissenschaften und Künsten ebenso auskennen, wie in den Umgangsformen der sozialen und politischen Kreise oder in den religiösen oder moralischen Werten und Normen. Und er soll diese Erkenntnisse verkörpern.

Bildung

Harmonie von Körper und Geist

Das hierin für die italienische Renaissance zum Ausdruck kommende Bildungsideal ist der *uomo universale*, der allseitig gebildete Mensch, wie ihn vor allem Castiglione (1478-1529) in seinem *Cortegiano* beschreibt. Dieses Bildungsmodell entwirft ein Ideal ästhetisch-höfischer Bildung, bei dem die Menschen weniger für

Castiglione (1478-1529)

die Belange von Hof und Stadt ausgebildet, sondern umgekehrt diese Bildungsräume für die Zubildenden und Gebildeten funktionalisiert werden. Dabei setzt auch dieses Modell voraus, dass – wie in der Antike – eine Bildungsschicht vorhanden ist, die das Bedürfnis nach Bildung empfindet und die die entsprechenden Mittel hat, um in Muße ihrer Bildung nachgehen zu können. Der italienische Adel entwickelte in diesem Kontext eine Vornehmheit, die Bildung mit Reichtum so einhergehen lässt, so dass der Wert des Reichtums daran bemessen wird, inwieweit er zur Bildung beiträgt. Bildung sollte im Renaissance-Humanismus zu einem Selbstzweck und nicht für Kirche und Staat instrumentalisiert werden.

Hauswesen und Erziehung

Vor dem Hintergrund derartiger Entwicklungen rücken neben den Schulen und Universitäten auch Hauswesen und Erziehung in den Fokus der pädagogischen Überlegungen. Fragen des Zusammenlebens, der Bildung und Erziehung werden zunehmend nicht nur als religiöse, moralische, ökonomische etc., sondern auch als kulturelle Angelegenheiten begriffen. Maßgeblich wirkt in diesem Kontext die Schrift *Della Famiglia* von Alberti (1404-1472), die hier als Indikator des Familienlebens stehen soll. In ihr wird ein Hauswesen geschildert, in dem vernünftige Sparsamkeit und Mäßigkeit herrschen, Grundbesitz und ein industrielles Geschäft vorhanden sind sowie dauerhafte und kostbare Einrichtungsgegenstände in Verbindung mit einer rationellen Lebensweise stehen. Diese Struktur macht nach Alberti ein glückliches familiäres Leben möglich und sichert das Wohlergehen für viele Generationen. Vor allem aber rückt die Erziehung in den Mittelpunkt der Betrachtungen, wobei der Hausherr nicht nur die Kinder mit Autorität statt Gewalt, sondern auch die Gemahlin zur selbstbewussten Gebieterin der Dienerschaft und schließlich die Dienerschaft zu treuen Angestellten erzieht. Die Erziehung wird nicht mehr konsequent auf die von Gott geschaffene Weltordnung bezogen. Stattdessen rücken die Familie und die Generationen in den Mittelpunkt pädagogischer Überlegungen.

Alberti (1404-1472)

Familie und Generationen

Die *Famiglia* wird somit historisch als das Ergebnis von (pädagogischen) Handlungen der Menschen gesehen. Zugleich wird deutlich gemacht: Was ein Individuum wird, kann es nur auf der Grundlage und im Rahmen der Leistungen seiner *Famiglia* werden. Nur diese kann aus ihren Angehörigen wertvolle Mitglieder der städtischen Gesellschaft machen. Daher sind die Angehörigen der *Famiglia* verpflichtet. Ohne sie, ohne die Taten und Leistungen der Väter und Großväter, findet das Individuum nicht die Möglichkeit, sich und in der Folge die nachwachsende Generation zu entwickeln. Das Individuum ist nicht mehr in erster Linie Gott, sondern seiner, sich in einer Generationenfolge konstituierenden *Famiglia* verantwortlich.

In Italien als dem Zentrum der Renaissance gibt es zu jener Zeit drei wichtige Schularten, die Lese- und Schreibschulen, die Rechenschulen oder Abakusschulen und die Lateinschulen. Man muss sich vergegenwärtigen, dass im Florenz des 14. und 15. Jahrhunderts etwa 70.000 Menschen leben (die Zahlenangaben schwanken hier, bedingt durch die Pestepidemien, von 40-100.000), davon gehen ca. 9.000 Schüler zum Lesen lernen und etwa 1.100 zum Rechnen lernen in sechs Schulen sowie 600 Schüler zum Latein und Logikunterricht in vier Schulen (Burkhardt 1988, S. 59). Während die Künstler(-handwerker) ihre Ausbildung i.d.R. schon in frühen Jahren in einem etwa sieben- bis zehnjährigen Lehrverhältnis erhalten, gehen Naturwissenschaftler und Humanisten mit etwa sechzehn Jahren eher zur Universität; allerdings unterscheidet sich die akademische Unterrichtspraxis stark von der heutigen: „Persönlicher Umgang, Disputationen, beständiger Gebrauch des Lateinischen und bei nicht wenigen auch des Griechischen, endlich der häufige Wechsel der Lehrer und die Seltenheit der Bücher" (ebd., S. 152) sind Charakteristika dieser Epoche. Es herrschen also gleichsam zwei Bildungskulturen, die des manuellen Lehrverhältnisses und die der intellektuellen akademischen Ausbildung. Obwohl dieses System einer „dichotomischen" Ausbildung das Ideal des allseitig gebildeten Universalmenschen in Frage zu stellen scheint, ist dieses wohl keine Fiktion, sondern Faktum, was sich an einer Reihe von Angehörigen der kreativen Elite belegen lässt, die in mehreren Wissenschaften und Künsten ausgebildet waren (Burke 1984, S. 63). Zum Credo der Renaissance gehört nicht nur, dass man Moral und Wissen vermitteln kann, sondern auch, dass die künstlerischen Gesetzmäßigkeiten lehrbar sind und das handwerkliche Wissen von einer Generation auf die andere weitergegeben werden kann.

Schularten

zwei Bildungskulturen

Die Bedeutung der Schulen wächst in der Frühen Neuzeit, denn mit der Reformation wird der Gedanke bestimmend, dass jedermann in der Lage sein soll, die heiligen Schriften zu lesen und zu verstehen. Dieser Gedanke führt Martin Luther (1483-1546) dazu, die Bibel zu übersetzen, was – in Verbindung mit der Erfindung der Druckerpresse durch Gutenberg – die Alphabetisierung der Bevölkerung vorantreibt. Nach ihm sind die Erzieher *cooperationes Dei*, Mitarbeiter Gottes. Hierin liegen ihre Bestimmung und ihre Aufgabe; hierin sind aber auch ihre Möglichkeiten und Grenzen

Martin Luther (1483-1546)

zu sehen. Denn die Erzieher sind auf den äußeren Menschen bezogen, den inneren können sie durch ihre pädagogischen Maßnahmen nicht erreichen. In diesem Sinne gibt es nur einen göttlichen Erzieher; und mit und durch Gott eine Erziehung zum Glauben, der Anfang der Bildung ist. Denn es gibt nach Luther keine originäre Bildung, wenn darunter verstanden wird, sich selbst die für das eigentliche, religiöse Leben relevanten Bildungsgehalte selbst zu vermitteln. Diese Bildung wird durch Gott initiiert und bleibt auf sein Einwirken angewiesen, eine göttliche Gnade: Man muss sich von Gott erziehen lassen.

Nach Luther übt Gott sowohl ein weltliches und irdisches wie ein geistiges und überirdisches Regiment aus (Zwei-Welten-Lehre). Der Staat wird von Gott mit Schwert und Gesetz, die Kirche mit dem Evangelium regiert. Dieser Dualismus setzt sich in seiner Anthropologie fort. Denn Luther geht von einem dualistischen Menschenbild aus: Einerseits ist der Menschen als geistiger, innerer Mensch frei und „niemandem untertan"; andererseits ist er als ein leiblicher und äußerer Mensch ein „dienstbarer Knecht" und „jedermann untertan" (Luther).

christliche Staats- und Gemeindeschulen

Insofern fordert er keine (mittelalterlichen) Kirchenschulen, sondern christliche Staats- und Gemeindeschulen; und diese haben nicht nur die Aufgabe, die SchülerInnen für den geistlichen Stand, sondern auch für die weltlichen Berufe vorzubereiten.

„eloquens et sapiens pietas"

Bildungsziel bleibt das Humanismus und Religion vermittelnde Modell „eloquens et sapiens pietas", eine gelehrte und beredte Frömmigkeit. Doch führt das Bildungsprogramm des Humanismus, das sich durch Sprache, Geschichte, Moral und Politik auszeichnete zunehmend auch zu einer Humanisierung der Schule. Und es führt, seit dem 16. Jahrhundert, zu einer Trennung der Gesellschaft in Gebildete und Nichtgebildete (Reble 1993, S. 103).

Johann Amos Comenius (1592-1670)

Der wohl wichtigste pädagogische Denker des 17. Jahrhunderts ist Johann Amos Comenius (1592-1670): Er, der sich Zeit seines Lebens jedoch stets als Theologe versteht, hat sich eine große Aufgabe gesetzt: Die irdische Mitwirkung an der Verbesserung des aus den Fugen geratenen göttlichen Schöpfungswerkes. Offensichtlich wurde diese Unordnung für ihn durch den 30-jährigen Krieg (1618-48). Die Idee der Reparatur der Welt im Sinne des Ausgangs des Menschen aus der selbstverschuldeten Unordnung der Welt mittels der vollständigen Ausrichtung auf Gott, stellt für ihn daher den zentralen Antrieb seines theologischen, pansophischen und pädagogischen Wirkens dar. Pädagogik findet hier in einem umfassenden Kontext statt, der zeitlich von der „Schule des vorgeburtlichen Werdens" bis hin zur „himmlischen

Akademie", d.h. von der fötalen bis zur letalen Existenz reicht; inhaltlich hat das zu vermittelnde Wissen einen pansophischen Anspruch: Es gilt allen, alles, allumfassend (omnes, omnia, omnino) zu lehren. Dieses Bildungsmodell ist – in Details abgewandelt, doch der Struktur nach gleichbleibend – auch in der modernen Bildungslandschaft noch präsent: Es gilt Bildung für alle (inklusiv) zu verwirklichen, man muss dabei alles Wissenswerte berücksichtigen, d.h. eine begründete Auswahl treffen und dieses Wissen allumfassend, d.h. gestuft und strukturiert, vermitteln.

Bildungsmodell

5. Neuzeit

Sprechen wir über das Zeitalter der Neuzeit, so sind damit die Aufklärung, die Klassik und die Romantik gemeint. Unter der Aufklärung so haben wir jene historische Zeit im Blick, die am Ende des 17. Jahrhunderts mit der Glorreichen Revolution von 1688 in England, ihren Anfang nimmt und bis zum Ende des 18. Jahrhunderts oder bis zur Französischen Revolution von 1789 dauert. Wir reden hier zwar über eine – verglichen mit der Antike, dem Mittelalter und der Frühen Neuzeit – sehr schmale Epoche von nur etwa 100 Jahren, doch die mit ihr einhergehenden Veränderungen – nicht nur in der Pädagogik, sondern auch in den Wissenschaften, der Politik, der Gesellschaft und Kultur – sind insgesamt so umfassend, tiefgreifend und nachhaltig, dass sie auch heute noch bedeutsam sind.

Aufklärung

In der klassischen bzw. neuhumanistischen Epoche – die in den letzten Jahrzehnten des 18. Jahrhunderts ihren Ausgangspunkt hat und deren Bedeutung bis hin zum Ersten Weltkrieg sehr prägnant ist – wächst die Bedeutung der Individualität, wie sie schon in der Renaissance vorgeprägt ist, mit dem Blick auf den Einzelnen und seine unverwechselbaren Eigenschaften ebenso wie mit dem Blick auf das Volk und seine unvergleichliche Geschichte und Kultur. Bildungsziel der Klassik ist – anders als das der Aufklärung, die oft einseitig die Bildung des Verstandes und der Vernunft hervorhebt – die Bildung des ganzen Menschen, der Rationalität wie der Emotionalität, des theoretischen wie praktischen, des individuellen wie sozialen Menschen. Auch das rationale und das irrationale Moment sollten in einen (harmonischen) Ausgleich gebracht werden.

klassische bzw. neuhumanistische Epoche

Auch die Romantik, die sich vor allem im 19. Jahrhundert entwickelt und über die Reformpädagogik bis in die Gegenwart bedeutsam ist, kann als eine Gegenbewegung zum rationalistischen

Romantik

Geist der Aufklärung verstanden werden. Holzschnittartig formuliert: Während jene vor allem die Durchleuchtung der sichtbaren Welt – der Wissenschaft, Politik und Gesellschaft – intendiert, geht es der Romantik vor allem um ein Versenken in die unsichtbaren Welten – etwa die Innerlichkeit des Menschen, die sich in der Phantasie, der Seele und dem Unbewussten zum Ausdruck bringt. Auch das „Dunkel" der Vorgeschichte spielt für die Romantik eine bedeutsame Rolle, sei es als (mittelalterliche) Vorgeschichte der aktuellen Kultur, die als Entwicklung etwa der Sprache, der Mythen und Märchen, der Lieder und Bräuche in den Blick genommen wird, oder als individuelle „Vorgeschichte" eines Menschen, dessen (frühe) Kindheit mit seinem natürlichen, spielerischen und unverdorbenen Charakter gerade für die pädagogische Romantik (Friedrich Fröbel) bestimmend ist.

Mit einer gewissen Berechtigung kann man vom Zeitalter der Aufklärung als dem vielleicht wichtigsten pädagogischen Zeitalter sprechen, insofern in dieser Zeit die Pädagogik ihre Eigenständigkeit gegenüber der Religion und der Politik gewinnt. Nicht zuletzt wird das Zeitalter der Aufklärung auch das „pädagogische Jahrhundert" genannt. Hier wird etwa durch Jean-Jacques Rousseau (1712-1778) das Kind *als* Kind „entdeckt", d.h. eine kindgemäße Entwicklung und Erziehung gefordert, mit Joachim Heinrich Campe (1746-1818) und den Philanthropen die Kinder- und Jugendliteratur entwickelt und mit Immanuel Kant (1724-1804) die Förderung der Selbstständigkeit des Kindes in den Mittelpunkt gerückt. Hier wird konsequent vom Gedanken der Volksbildung ausgegangen, wozu die Konzepte der Volksaufklärung, der Erziehung zur Industriösität (Arbeitsamkeit) und der sozialpädagogischen Arbeit mit den Armen zählen. Gleichzeitig rückt die Leiblichkeit stärker in den Mittelpunkt, d.h. Sinne, Hygiene, Sport, Handwerk und Sexualität werden konsequent in den Erziehungsprogrammen berücksichtigt. In diesem Zeitalter finden wir auch eine von staatlicher Seite initiierte und immer durchgängiger werdende Regulierung des Schulwesens, die eine Erziehung zum Bürger im Geiste ökonomischer, politischer, sozialer und – immer noch – religiöser Interessen im Auge hat. Und schließlich etabliert sich in dieser Zeit auch die Pädagogik als Wissenschaft, wofür nicht nur die zunehmende akademische Behandlung von pädagogischen Fragestellungen ein Indiz ist, sondern auch die Einrichtung des ersten Lehrstuhls für Pädagogik an der Universität Halle im Jahre 1779 durch Ernst Christian Trapp (1745-1818), der sich vor allem der Professionalisierung der Lehrerschaft annehmen soll.

pädagogisches Jahrhundert

Mündigkeit

In der Aufklärung geht es vor allem um *Mündigkeit* – das ist die Anstrengung des intellektuellen Selberdenkens und der ökonomischen Selbstständigkeit. Hierbei muss man auf Kant und seine vielfach wiederholte Definition der Aufklärung als „*Ausgang des Menschen aus seiner selbst verschuldeten Unmündigkeit*“ von 1783 verweisen (Kant 1992, S. 9). Unmündigkeit, so fährt Kant nun fort, „ist das Unvermögen, sich seines Verstandes ohne Leitung eines andern zu bedienen“ (ebd.). Und dieses Unvermögen führt er letztlich auf die allgemein bekannte Schwäche der Bequemlichkeit zurück: „Faulheit und Feigheit sind die Ursachen, warum ein so großer Teil der Menschen, nachdem sie die Natur längst von fremder Leitung freigesprochen, dennoch gerne zeitlebens unmündig bleiben. [...] Es ist so bequem unmündig zu sein“ (ebd.).

Die Überwindung der Bequemlichkeit als Überwindung von Feigheit und Faulheit bildet das Scharnier zwischen intellektueller und ökonomischer Mündigkeit. Denn der Mensch der Aufklärung ist das Tier, das Leistung bringt – im Selbstdenken und in der Arbeit. Im Selberdenken ist ein zentrales Gebot der Aufklärung festgehalten, das nicht den Verzicht auf fremde Urteile, sondern primär die Überprüfung der eigenen meint. Selbstdenken heißt kritisches Denken, welches nur als öffentliches Denken verwirklicht werden kann. Die Verbreitung von Erkenntnissen und die Formen ihrer Bewahrheitung sind an eine kritische Öffentlichkeit geknüpft, wie sie sich in Akademien, Lesezirkeln und Salons zu bilden beginnt. Der sozialhistorische Entwicklungsprozess der Öffentlichkeit im 18. Jahrhundert ist verknüpft mit der Idee eines intellektuellen Mündigwerdens, das dem Einzelnen nur in der Gemeinschaft anderer Mündiger gelingen kann – daher auch die Forderung nach Pressefreiheit, die von vielen Aufklären als das zentrale Freiheitsrecht betrachtet wird.

Mündigkeit lässt sich aber auch als ökonomische Selbstständigkeit ausbuchstabieren. Wie man die Verpflichtung hat, sein Denken der Prüfung einer allgemeinen Vernunft zu unterwerfen, so hat man auch die Verpflichtung an der konkreten Verbesserung des Gemeinwesens mitzuwirken. Es geht hier um den wirtschaftlich selbstständigen und sozial engagierten Bürger. Wer zum Wohle des Ganzen tätig sein möchte, oder *vulgo*: wer sich nützlich machen will, muss also gemeinnützige ökonomische Perspektiven vertreten, was zum einen die ökonomische Selbstständigkeit und zum anderen die Mitarbeit in Sozietäten der Gemeinnützigkeit meint. In diesem Punkte sollten das individuelle Glück des Einzelnen, seine Nützlichkeit für das Allgemeine und das soziale Wohl der Allgemeinheit konvergieren: Daher wollte die Aufklärung immer mehr als nur eine Veränderung des Denkens – sie zielte auf eine Veränderung der Welt.

In vielfacher Hinsicht wollte man die Welt anders verstehen und sie eben auch anders realisieren. Der aus dem römischen

Emanzipation

Recht entstammende Begriff der „Emanzipation", der dort für die Entlassung aus väterlicher Gewalt steht, gewinnt in der Aufklärung die Bedeutung der Befreiung von einer traditionellen Welt der Ständepolitik und der christlichen Religion. Emanzipiert werden sollen (fast) alle: das Bürgertum, die Unterschichten, die Juden, die Kinder und die Frauen; hier geht es darum, vernunftwidrige rechtliche, soziale und ökonomische Ungleichheiten zu beseitigen. Und reformiert werden soll auch (fast) alles: die Politik, die Ökonomie, die Natur und die Religion; hier geht es darum, vernunftwidriges dogmatisches, ineffizientes und ineffektives Wissen und Handeln zu überwinden.

Reformen

Daher finden wir eine Fülle von Diskursen, die sich mit Reformen beschäftigen und eine Fülle von Ereignissen, die sich als Revolutionen verstehen wollen. Die englische *Glorious Revolution* von 1688, der Unabhängigkeitskrieg der nordamerikanischen Kolonien (1755-1783) oder die Französische Revolution von 1789 mit der Erklärung der Menschenrechte sind auch Ausdruck der Idee, dass man die Theorie nun in die Praxis umsetzen will oder dass die Vernunft Wirklichkeit zu werden hat. Und auf Diskursebene finden wir Schriften, die eine politische Reform anmahnen, wie *Di una riforma d'Italia* (1767) von Carlantonio Pilati, Schriften, die für administrative und fiskalische Veränderungen eintreten wie *De l'administration provinciale et de la réforme de l'impôt* (1779) von François Le Trosne, oder Schriften, die die Agrarwirtschaft voranbringen wollen, wie das Werk *Von der Notwendigkeit der Verbesserung des Landbaues und den besten Mitteln dazu* (1760) von Pfarrer Albrecht Stapfer (vgl. Im Hof 1993, S. 139f.). Und dass auch im pädagogischen Feld sowohl die Diskurse wie die Praxis konkrete Veränderungen anbahnen, lässt sich ebenso an dem von Campe herausgegebenen 16-bändigen Revisionswerk (*Allgemeine Revision des gesamten Schul- und Erziehungswesens*, 1785-1792), wie an der Entwicklung neuer Schulformen, z.B. den Philantropinen oder den Industrieschulen, oder auch der Etablierung der Kinder- und Jugendliteratur ablesen. Die Aufklärung zielt auf eine Wirksamkeit auf allen Gebieten menschlicher Praxis, wobei die bevorzugten Arbeitsfelder der Verbesserung des Menschengeschlechtes die Politik, die Wissenschaft (die Philosophie) und vor allem auch die Pädagogik darstellen.

Schule

Der Schule wird die Aufgabe zugedacht, den gesamten gesellschaftlichen Nachwuchs im Sinne der Aufklärung für ein Leben in der Bürgergesellschaft vorzubereiten. Im Zusammenhang mit einem sich verändernden Bild des Kindes (z.B. bei Rousseau und Pestalozzi), das die Eigenheiten kindlicher Existenz und Entwicklung betont, sowie der Prägung eines pädagogisch-anthropologischen Naturbegriffes, zeigt sich hier das Bestreben, (schulische) Erziehung sowohl auf ein dem Kind als auch den Bedürfnissen der Gesellschaft angemessenes Fundament zu stellen. Die Verfachlichung der Erziehungsreflexion sowie eine verstärkte Konzipierung von Leitlinien für ein professionelles pädagogisches Handeln (z.B. Salzmann) gehen damit einher. Doch verändern die Reformabsichten bzw. die modellhaften Reformansätze nicht sofort bzw. zunächst nicht nachhaltig den schulisch-pädagogischen Alltag:

> „Die neue Welt beginnt in den Plänen der Regierenden und der Pädagogen, sie zeigt erste Signale in den Institutionen der Qualifizierung, aber sie erfasst erst langsam die Lebensweise der gesellschaftlichen Gruppen und Stände. Diese Welt bleibt vielmehr intensiv von den jeweils regional und konfessionell bestimmten Lebensverhältnissen und den schicht- und standesspezifisch definierten Möglichkeiten bestimmt“ (Tenorth 2010, S. 98).

Erziehung

Konzeptionell allerdings messen die Aufklärer der Erziehung eine immense Bedeutung zu. Sowohl John Locke (1632-1704) als auch Immanuel Kant gehen davon aus, dass es im Kern und hauptsächlich die Erziehung ist, die den Menschen zu dem macht, was er ist und was er sein soll. Dementsprechend soll es auch eine reformierte Erziehung sein, mittels derer die Aufklärung alle Menschen erreichen soll. In dieser Perspektive stehen Aufklärung und Erziehung konzeptionell in einem engen gegenseitigen Verweisungszusammenhang.

Das Prinzip der Erziehung hat für die zu konstituierende aufgeklärte bürgerliche Gesellschaft eine dreifache Funktion (vgl. Herrmann 1993): Erstens eine subjektbezogene: die Aufklärung des einzelnen Menschen, zweitens eine gesellschaftsbezogene: die Verbesserung der Gesellschaft und drittens eine gattungsbezogene: der Fortschritt der Menschheit. Der programmatische Blick auf den einzelnen Menschen – nicht als Individuum im modernen Sinn, sondern in einer regelhaften Art und Weise als Teil der Gesellschaft bzw. der Menschheit hinsichtlich dessen, was jedem einzelnen Menschen zukommt –, auf die Sozietät und die Gattung erklärt auch das Interesse der Aufklärungspädagogik an Fragen der pädagogischen Einwirkung auf den einzelnen Menschen (z.B. Rousseau), an der Schule als zentralem gesellschaftlichen Ort institutionell organisierter Aufklärung (z.B. Philanthropen) sowie an pädagogisch-anthropologischen Fragen der Erziehungsvoraussetzungen, der Erziehungsfähigkeit und Erziehbarkeit des Menschen als Menschen und als Teil einer Gesellschaft (z.B. Kant und Pestalozzi).

Folgerichtig sieht Herwig Blankertz (1982, S. 28ff.) sechs grundsätzliche Übereinstimmungen im Denken bzw. in den Bestrebungen der Aufklärungspädagogen:

1. die Emanzipation der Schule aus der Bevormundung der Kirche
2. die Bedeutung einer eigenständigen Praxis und Theorie der Erziehung
3. der Bezug der Erziehung zum wirklichen Leben
4. die Methode der richtigen Erziehung
5. die Eigenständigkeit der Kindheit
6. die Begründung der Schulpflicht durch die Erziehungsbedürftigkeit

zwei zentrale pädagogische Denkmuster

Auf der Ebene der Erziehungskonzeptionen zeigen sich auf Basis dieser Grundorientierungen zwei zentrale pädagogische Denkmuster: ein eher pragmatisch-utilitaristisch ausgerichtetes und ein eher die Fragen des Lebens in der aufgeklärten Bürgergesellschaft fokussierendes Modell. Wird die erste Denkweise eher für das englische Aufklärungsdenken zentral, so entwickelt sich das zweite Muster zu einem wesentlichen Bestandteil des französischen und deutschen Aufklärungsdiskurses. Erziehung zu Nützlichkeit und Brauchbarkeit einerseits und Erziehung zu Freiheit, Toleranz und moralisch-ethischer Mündigkeit andererseits können auf dieser Ebene als Pole des pädagogischen Aufklärungsdenkens angesehen werden, die beide jedoch auf Emanzipation ausgerichtet waren, nämlich einerseits auf ökonomische, andererseits auf politische Emanzipation (vgl. Liebau 1999, S. 25ff.).

In Anbetracht dieses, zwar auf ein einheitliches Ziel – Emanzipation – ausgerichteten, aber doch divergierende Aspekte beinhaltenden pädagogischen Denkens und Handelns, treten nunmehr auch sehr deutlich die daraus folgenden Ambivalenzen zu Tage. Einerseits muss eine auf gesellschaftliche und moralische Mündigkeit des Subjekts ausgerichtete Erziehung von der (natürlichen) Gleichheit aller Menschen im Sinne ihrer grundsätzlichen Vernunftfähigkeit ausgehen und auf deren umfassende Beförderung ausgerichtet sein; andererseits beinhaltet das Moment der ökonomischen Brauchbarkeit aber auch sehr pragmatische, also an nüchterne Zwecke gebundene Orientierungen (ebd.), die z.B. die Schule zu einem öffentlichen Ort machen, der gleichermaßen auf Qualifikation im Sinne einer Befleißigung als auch auf Selektion als funktionales Moment der Differenzierung des gesellschaftlichen Nachwuchses in einer für die Gesellschaft dienlichen Art und Weise ausgerichtet ist. Der mündige Bürger ist nun nicht mehr mit dem brauchbaren Bürger gleichzusetzen. Und die rationale Idee einer vernunftgemäßen Pädagogik entwickelt sich hin zu einer rationalen Organisation von Bildungseinrichtungen.

Schwarze Pädagogik

Doch die Idee der Weiterentwicklung des Menschengeschlechts mittels einer Erziehung zu Mündigkeit und Vernunft wird auch durch eine moralisch-seelische Sozialkontrolle unterminiert. Diese sog. „Schwarze Pädagogik" (vgl. Rutschky 1977) zeigt sich besonders drastisch im pädagogischen Kampf gegen die Onanie, die als solipsistischer, a-sozialer und exzessiver Akt geächtet wurde, weil sie sich öffentlich-gesellschaftlicher Kontrolle und damit dem Prinzip der Öffentlichkeit der bürgerlichen Gesellschaft entzöge.

Staatsschule

Nicht nur dieses Beispiel, sondern auch das Konzept der „Staatsschule" (vgl. Benner/Brüggen 2011, S. 117ff.), das eine zukunftsweisende Professionalisierung der Lehrerschaft, ein öffentlich finanziertes Schulwesen, einheitliche Lehrpläne und eine grundsätzliche staatliche Kontrolle der Schule fordert, verdeutlicht, dass in der Aufklärung das Ideal der Emanzipation nicht getrennt von staatlichen (Macht-)Interessen betrachtet werden kann. Das Pathos der Emanzipation erscheint also ambivalent, wenn man bedenkt, dass eine individuelle Emanzipation erstens gerade nicht gegen eine soziale erfolgen konnte bzw. soll und zweitens die soziale Emanzipation nur sehr zögerlich bzw. punktuell vollzogen werden kann. In letzter Konsequenz bedeutet dies eine Instrumentalisierung des einzelnen Menschen für das Ganze, also die Gesellschaft bzw. den Staat.

Die neuhumanistische Kritik an den pädagogischen Ideen der Aufklärung setzt genau bei diesen Aspekten an, wenn sie Bildung als einen idealistischen Prozess der Selbstvervollkommnung dem utilitaristischen Konzept einer Erziehung zu gesellschaftlicher Brauchbarkeit gegenüberstellt und damit ein pädagogisches Alternativkonzept vorschlägt, das sich *nicht* an konkreten, pragmatischen Zielbestimmungen orientiert, sondern vielmehr darauf ausgerichtet ist, Bildung selbst als einen humanen Zweck fruchtbar zu machen (vgl. ebd., S. 161ff.). Wilhelm von Humboldts (1767-1835) Diktum, dass der wahre Zweck des Menschen in der „höchste[n] und proportionirlichste[n] Bildung aller Kräfte zu einem Ganzen" (Humboldt 1792) liege, bringt diese Idee zum Ausdruck. Bildung wird in dieser Perspektive zu einer grundlegenden Praxis menschlicher Existenz, die nicht zu etwas dient, sondern

Wilhelm von Humboldt (1767-1835)

die das Subjekt um seiner eigenen humanen Existenz willen als Selbst- und Weltbildung betreibt.

Insofern schließt das pädagogische Denken des Neuhumanisten Humboldt an ein humanistisches Verständnis des Menschen und an eine Kräfteanthropologie an. Bildung versteht er als eine möglichst umfassende und ausgewogene Ausbildung von menschlichen Dispositionen hin zu einer individuellen Form von Menschlichkeit. Interessant erscheint hierbei, dass die Bildung des Menschen zugleich die Bildung der Welt impliziert, durch die und in der sich der Mensch bildet. Als Bildungsmedium dienen Humboldt vor allem Sprache, Geselligkeit und Kunst. Diese müssen dem Menschen zunächst fremd und unbekannt erscheinen, damit er sich an ihnen weiterentwickeln kann. Die Entwicklung geschieht durch eine Auseinandersetzung mit dem Fremden, das in eine eigene, individuelle Form aufgehoben wird.

Trotz aller Kritik und aller Ambivalenzen und trotz aller Beharrungskraft der alten (klerikalen und ständischen) Welt ist es dennoch das große Verdienst der Aufklärungspädagogen, ein neues Erziehungsdenken, ein verändertes Kinderbild sowie eine neue Idee der gesellschaftlichen Relevanz von Schulbildung propagiert zu haben. Waren dabei die unmittelbaren realen Erfolge oftmals nur wenig nachhaltig bzw. nur punktuell wirksam, so hat das pädagogische Denken der Aufklärer schließlich umso größere Bedeutung in seiner langfristigen Rezeptionsgeschichte erhalten.

Bildungsziel der Klassik

Bildungsziel der Klassik ist, wie zu Beginn dieses Kapitels erwähnt, die (Aus-)Bildung des ganzen Menschen, der Rationalität wie der Emotionalität, des theoretischen wie praktischen, des individuellen wie sozialen Menschen. Auch das rationale und das irrationale Moment sollten in einen (harmonischen) Ausgleich gebracht werden (vgl. Reble 1993, S. 178); es geht dabei um Selbstbeschränkung, um Selbsthingabe an eine Idee oder das Soziale und Politische und es geht um Selbsterweiterung durch die Teilhabe und die Mitarbeit am Besonderen (etwa der Kultur). Das Schul- und Bildungswesen wurde in 19. Jahrhundert vom Gedanken der allseitigen Bildung aller menschlichen Fähigkeiten geprägt – und damit von dem oftmals sehr starken utilitaristischen Grundzug der Aufklärung befreit. Albert Reble (ebd., S. 183) fasst für diese Epoche den Begriff der allgemeinen, inneren Bildung mit den folgenden Momenten zusammen:

1. Entfaltung aller Kräfte
2. Entwicklung einer individuellen Gestalt
3. innere Harmonie und Schönheit

4. harmonisches Verhältnis von Selbst und Welt (Gemeinschaft)
5. Orientierung an der Antike

Insofern lässt sich die klassische Epoche auch als „neuhumanistische Epoche" benennen, die vor allem auf die Entwicklung menschlicher Fähigkeiten – vor allem in Sprache, Kultur und Kunst – abhob.

institutionelle Entwicklungen

Dabei sind die bildungspolitischen Entwicklungen – entscheidend durch Johann Heinrich Pestalozzi (1756-1827) und Wilhelm von Humboldt vorangetrieben – nicht nur mit Bezug auf den Einzelnen, sondern auch mit Bezug auf die institutionellen Entwicklungen, etwa auf der Ebene der Volksschulen, und vor allem auf der Ebene des höheren Bildungswesens, dem Gymnasium, unverkennbar. Mit den neuhumanistischen Überlegungen wurden die klassischen Sprachen Griechisch und Latein aufgewertet und neben Deutsch und Mathematik als Hauptfächer etabliert. Wenn auch in der zweiten Hälfte des 19. Jahrhunderts die These vom formal hohen Bildungsgehalt des altsprachlichen Unterrichts deutlich bezweifelt wurde und der stärker naturwissenschaftliche und neusprachliche Unterricht an Boden gewann, können die neuhumanistischen Grundzüge des Gymnasiums bis heute immer noch nachvollzogen werden. Insofern haben auch die restaurativen Tendenzen nach 1819 den progressiven Charakter dieses Schultyps nicht komplett brechen können: Doch minimierte sich das Fortschrittspotential des Gymnasiums enorm dadurch, dass die als der Menschheit verpflichtete Allgemeinbildung sehr schnell zu einem Statussymbol (der bürgerlichen Schicht) wurde.

Romantik

In der Zeit der Romantik findet man in der Bildung einen starken Bezug zur Natur, zum Kind, zur Geschichte und zur Körperlichkeit. Man findet:

1. die Entfaltung vor allem der spielerischen, kreativen, unbewussten Kräfte
2. den Rückgang auf Ursprünge
3. die Verzauberung der Innerlichkeit
4. einen dialektischen Zusammenhang von Innen und Außen

Aber es gibt auch die andere Seite der Romantik mit ihrer Hinwendung zu den Naturwissenschaften, zum Realismus, zum Utilitarismus und zum Positivismus – und somit im Kern Hinwendungen zu antiromantischen Einstellungen. Phänomene wie die „Entseelung des Unterrichtsbetriebes, die Überbelastung der Schüler, [die] polizeimäßige Handhabung des Unterrichts" und der „Standesdünkel" (ebd., S. 256) werden beklagt; Mathematik und Naturwissenschaften werden den alten Sprachen vorgezogen, Fragen der Kunst und Kultur geraten bildungspolitisch in den Hintergrund. Es ist charakteristisch für diese Epoche, dass sich trotz (oder wegen?) der romantischen Strömungen letztlich in den Schulen das pädagogische Denken von Herbart bzw. den Herbartianern (z.B. Ziller, Rein, Stoy) durchsetzte, das zudem noch auf ein rigides didaktisches Unterrichten verkürzt wurde.

Johann Friedrich Herbart (1776-1841)

Für Johann Friedrich Herbart (1776-1841) ist das zentrale pädagogische Geschäft die ästhetische Vermittlung von Welt. Zum zentralen Ort der Bildung avanciert der erziehende Unterricht, der für die Bildung des Gedankenkreises und die Formung des moralischen Charakters zuständig wird. Dabei hatte er – anders als seine Nachfolger – immer den Hausunterricht, und nicht den Schulunterricht im Blick. Herbart bringt hierbei den Gedanken der „ästhetischen Notwendigkeit" als eine ursprüngliche und eigentümliche Erfahrung von gelungenen Formen ins Spiel, der eine entsprechende moralische Erkenntnis und Haltung ermöglichen soll. Bildung bekommt hierbei einen dezidiert psychologischen Charakter, da sie in einen fundamentalen Zusammenhang mit dem Vorstellen und Empfinden, dem Bestimmung und Denken und dem Wollen und Handeln gebracht wird.

Unterricht

Unterricht soll durch seine psychologisierende Methodik rationaler und Erziehungsprozesse planbarer werden. Das geschieht durch eine Vorstellungserweiterung, die an Bekanntes anknüpfend Neues hervorbringen soll. Dazu soll der Unterricht vier Stufen durchlaufen: die Stufe der *Klarheit*, auf der die SchülerInnen alle neuen Vorstellungen erfassen und bestimmen sollen; die Stufe der *Assoziation*, auf der die verschiedenen Vorstellungen miteinander verknüpft werden; die Stufe des *Systems*, auf der die Vorstellungen in einen begrifflich geordneten Zusammenhang gebracht werden und die Stufe der *Methode*, auf der es darum geht, die allgemeinen Erkenntnisse auf konkrete Situationen anzuwenden. Damit der Lehrer im unterrichtenden und erzieherischen Geschäft den Zöglingen auch individuell gerecht werden kann, verlangt er von ihnen zudem eine Beurteilungs- und Entscheidungskompetenz, die er pädagogischen Takt nennt. Dieser soll in der Lage sein, die allgemeinen, theoretischen Erfordernisse des Unterrichts und der Erziehung auf konkrete, praktische Situationen und individuelle Fälle beziehen zu können. Daher forderte er eine gründliche Ausbildung der Lehrer, die neben der Beschäftigung mit der Wissenschaft auch noch die Einübung in die Praxis umfasst – ein Modell, das bis in die heutige Lehrerbildung hinein Bestand hat.

Als Gründe für die Wirksamkeit und Durchsetzung des herbartianischen Denkens lassen sich mit Blankertz (1982, S. 153) 1. die Faszination eines umfassenden Systems, 2. der Rekurs auf die Assoziationspsychologie, 3. der Bezug auf die Philosophie Kants und 4. das unpolitische Verständnis seiner Pädagogik benennen.

Pädagogik als Wissenschaft

Insgesamt war das 19. Jahrhundert ein Jahrhundert pädagogischer Erfolge. So etablierte sich etwa die Pädagogik als Wissenschaft mit den erziehungswissenschaftlichen Überlegungen von Schleiermacher und Herbart. Friedrich Daniel Ernst Schleiermacher (1768-1834) hat in seinen *Vorlesungen* einen bis heute gültigen Grundriss pädagogischer Fragen und Perspektiven in einer dialektischen Perspektive aufgeworfen; und Johann Friedrich Herbart hat mit diversen Schriften, u.a. mit seinen Vorlesungen, die Pädagogik als Disziplin zwischen der praktischen (ethischen) Philosophie, die die normativen pädagogischen Vorgaben entwerfen, und der Psychologie, die die Grundlagen für die praktische Umsetzung liefern sollte, zu verorten versucht.

verschiedene Praxisfelder

Im 19. Jahrhundert hat sich zudem die Pädagogik vor allem in verschiedenen Praxisfeldern institutionalisiert, was mit der Durchsetzung der Schulpflicht (1864 besuchten bereits 85% aller schulpflichtigen Kinder die Elementarschule; aber auch: noch um 1870 waren ca. 10% der männlichen und ca. 15% der weiblichen Bevölkerung in Deutschland Analphabeten), der Einrichtung von Kindergärten (Fröbel) sowie Armen- und Fürsorgeanstalten (Wichern und Kolping), der Etablierung der dualen Berufsausbildung nach 1879 sowie mit Erziehungs- und Bildungsmaßnahmen für Jugendliche (evangelische und katholische Jugendverbände) und Erwachsene (Volksbildung, Volkshochschule) einherging (Grunert 2006). Die damit verbundene Expansion von pädagogischem – theoretischem wie praktischem – Wissen führte zur Herausbildung einer Vielfalt von pädagogischen, zunächst nicht akademischen Berufen.

Entwicklung des Hochschulwesens und des Schulwesens

Vor allem die Entwicklung des Hochschulwesens und des Schulwesens ist beachtlich (vgl. Reble 1993, S. 266ff.). Die Universitäten durchliefen einen Prozess der stetigen Diversifizierung, in dem sich immer neue Disziplinen etablierten; hier sind im Besondern die Naturwissenschaften mit ihren experimentellen Methoden zu nennen. Aber auch die Bedeutung der Fachhochschulen, speziell der Technischen Hochschulen, deren Anfänge in das 18. Jahrhundert zurückreichen, nahm stetig zu. Zu dieser Entwicklung lassen sich auch die Gründungen zahlreicher technischer und naturwissenschaftlicher Institute rechnen.

enorme Ausdifferenzierung der Schularten

Insgesamt kam es zu einer enormen Ausdifferenzierung der Schularten in der zweiten Hälfte des 19. Jahrhunderts, da sich aufgrund sozialer und religiöser wie wirtschaftlicher und industrieller Interessen neben den Volkschulen, „Fach-und Fortbildungsschulen, Sonderschulen, Pflegeanstalten, Hilfsschulen, Kindergärten, Krippen etc." (Reble 1993, S. 274) und zwischen den Volksschulen und den höheren Schulen in Preußen auch noch die Mittelschule (als Realschule) etablierten. Dennoch wurde in dieser Zeit Bildung immer noch mit humanistischer Gymnasialbildung gleichgesetzt; es gab keine technische oder wirtschaftliche bzw. auch keine berufliche Bildung.

Damit geht einher, dass man für den Einfluss der Schulen auf den gesellschaftlichen Aufstieg sensibler wurde. Diskutiert wurde die Entwertung des Abiturs, das Humboldt als Reifeprüfung an Gymnasien eingeführt hatte, da diese Prüfung nicht mehr die Personenwerdung, sondern nur – im Extremen – den Marktwert bezeichnete. Zudem wurde, als diese Qualifizierungskrise sichtbar erschien, der „unberechtigte" Zugang von Kindern unterer sozialer Schichten zu höheren Abschlüssen zum umstrittenen Thema. Insgesamt blieb die Haltung der stärker werdenden und die Bildungsbelange wesentlich mitbestimmenden bürgerlichen Schicht gegenüber den Unterschichten, den Bauern und Arbeitern, durchaus ambivalent: Man wollte einerseits ihre produktive Beteiligung als Arbeitskraft an Gesellschaft und Kultur und andererseits aber durch Restriktionen im Bildungssystem ihre politische und kulturelle Partizipation nicht in vollem Umfang ermöglichen.

Aufschwung der Schulen

Zum Aufschwung der Schulen trug insgesamt bei, dass die Lehrerseminare kompetentere Arbeit verrichteten und die Fachlichkeit, das Bildungsinteresse und das Leistungsbewusstsein der angehenden Lehrer besser zu fördern wussten. Einen wesentlichen Aufschwung erlebte die Ausbildung der Lehrer dann im letzten Drittel des Jahrhunderts durch das verstärkte Studium der Schriften von Herbart mit ihren systematischen pädagogischen, psychologischen und didaktischen Überlegungen. Und für das höhere Schulwesen gilt, dass sich die Verselbständigung und Professionalisierung des Lehrerstandes nur durch das Bestreben der Philologen erreichen ließ, die „die Altertumswissenschaften aus der dienenden Rolle gegenüber Theologie und Jurisprudenz herausnahmen und auf einen eigenen Rechtsgrund setzten" (Blankertz 1982, S. 124); damit schufen sie die Voraussetzungen dafür, dass sich ein eigener Stand der philologischen Gymnasiallehrer bilden konnte.

6. Moderne

Die mit dem 20. Jahrhundert einhergehenden Veränderungen, seien es die der technischen Entwicklungen, die der Beschleunigung und Urbanisierung, die der kulturellen Krisen und politischen Katastrophen, die der sozialen und pädagogischen Mobilitäten und die der Ausdifferenzierung der Wissenschaften, haben auch ihre Spuren in den Modellen der Pädagogik hinterlassen.

Reformpädagogik

Zu nennen ist hier zunächst die „Reformpädagogik". Zwar gibt es keine Epoche der Pädagogik, in der es keine Reformen in Erziehung und Bildung gab, doch es gab wohl auch keine Epoche, wie die gegen Ende des 19. Jahrhunderts bis zur „Machtergreifung" durch die Nationalsozialisten, die in einem so umfassenden und teilweise auch sehr radikalen Sinne Reformen einforderte. Zudem ist es die erste pädagogische Reformbewegung, die man als international im Sinne einer interkontinentalen Bewegung bezeichnen kann. Die im engeren Sinne pädagogischen Reformbewegungen sind in ein breites Spektrum von politischen und sozialen Prozessen einzuordnen, die insgesamt eine Veränderung von Kultur und Gesellschaft hin zu mehr Selbst- und Mitbestimmung, aber auch zu mehr Solidarität und Natürlichkeit nicht zuletzt zu besserer Bildung und besserem Unterricht implizierten: Zu nennen sind hier die Lebensreform-, die Arbeiter-, die Frauen-, die Jugend-, die Volksbildungs-, die Kunsterziehungs-, die Einheits-, die Arbeitsschul-, die sozialpädagogische, die Schulreformbewegung und die Pädagogik vom Kinde aus (vgl. Scheibe 1994).

Pädagogik vom Kinde aus

Maria Montessori (1870-1952)

Sigmund Freud (1856-1939)

Die pädagogisch wirkmächtigsten dieser Bewegungen sind wohl die Pädagogik vom Kinde aus und die Schulreformbewegung. Die Pädagogik vom Kinde aus stellte auf die natürliche Entwicklung von Kräften und Fähigkeiten in einer kindgerechten Umgebung ab – wie etwa Maria Montessoris (1870-1952) pädagogische Konzeption einer vorbereiteten Umgebung mit entsprechenden Arbeitsmaterialien. Insgesamt wuchs die Bedeutung des Kindes und der (frühen) Kindheit enorm; auch durch die psychoanalytischen Erkenntnisse von Sigmund Freud (1856-1939), der auf die große Bedeutung der frühkindlichen Entwicklung in sozialer und emotionaler Hinsicht für das Leben des Erwachsenen hinwies. Kinder wurden in ihrer Persönlichkeit ernst genommen und ihren Erfahrungen und Eigenaktivitäten im Spiel, der Arbeit und der Kunst eine große Bedeutung eingeräumt. Da Kinder alle Anlagen für ein gesundes, glückliches Leben mit sich bringen, haben Erzieherinnen und Lehrer „nur" die Aufgabe, die natürliche Entwicklung des Kindes zu beobachten und den Raum für das

Wachsenlassen bereitzustellen – eine Idee, die bis in die antiautoritäre Erziehung der 1960er Jahre Bestand hat.

In der Kritik an der traditionellen Schule, der man Lebensferne und Erlebnismangel, Frontalunterricht und Tätigkeitsarmut sowie eine militärische Unterrichtskultur und eine bloße Buchgelehrsamkeit vorwarf, etablieren sich neue Schulkonzepte, die sich unter dem Titel „Schulreformbewegungen" zusammenfassen lassen. Hierbei gibt es einerseits die noch heute bekannten Reformschulen wie die Montessori-, die Waldorf- oder die Jena-Plan-Schulen, andererseits auch die sogenannten „Landerziehungsheime", die von Hermann Lietz (1868-1919), Gustav Wyneken (1875-1964), Paul Geheeb (1870-1961) und Kurt Hahn (1886-1974) gegründet wurden. Der Titel „Landerziehungsheim" signalisiert zum einen eine Erziehung *auf dem Land* (und nicht in der Stadt), eine *Erziehung* (die sich als Kompensation der Familie versteht) und ein *Heim* (das Geborgenheit, statt Vernachlässigung bietet). Insgesamt lassen sich in diesen Reformschulen vier Schwerpunktebildungen festhalten:

Schulreformbewegungen

1. Heimschulcharakter, Koedukation, Schulgemeinschaft bzw. Kameradschaft (auch zw. Lehrern und Schülern)
2. Natur und Landschaft als adäquater pädagogischer Raum
3. Stärkung von Erfahrung, Handarbeit und Erziehung (aber auch: Vernachlässigung von didaktischen Konzepten)
4. Schule als jugendgemäße Lebensform, in der Mitverwaltung, aber auch Verantwortung und Elitebildung großgeschrieben werden

International hat die Reformpädagogik ein Forum in dem 1921 gegründeten „Weltbund für Erneuerung der Erziehung (World Education Fellowship), in dem viele ReformpädagogInnen mitarbeiten. In Amerika ist John Dewey (1859-1952) mit seinem Modell der *laboratory school* sehr bedeutsam, in der die Erfahrung, das Experiment und die Eigenaktivität der SchülerInnen eine zentrale Rolle spielten. In Frankreich muss man Célestin Freinet (1896-1966) nennen, der die schulische Gemeinschaft und die Kooperation in den Mittelpunkt rückt und in England ist Alexander S. Neills (1883-1973) *Summerhill School* äußerst wirkmächtig, die mit einer repressionsfreien Erziehung auf die Freiheit und das Glück der SchülerInnen abzielt.

Pädagogik als wissenschaftliche Disziplin

Die Pädagogik als wissenschaftliche Disziplin setzt sich dann im Zuge der akademischen Ausbildung der Volksschullehrerschaft während der Weimarer Republik durch. Dieser Institutionalisierungsprozess wurde flankiert durch die Einführung einer einheitlichen vierjährigen Grundschule (1919), den Ausbau des Berufs- und Fachschulwesens nach 1920 und der Entwicklung eines kommunalen und von freien Trägern organisierten Systems der Jugendpflege und -fürsorge sowie die Etablierung der Erwachsenenbildung durch Volkshochschulen. Dieser Institutionalisierungsprozess wird begleitet von Debatten um die Autonomie der Pädagogik, um die Bestimmung pädagogischen Wissens, die Entwicklung methodenorientierter Paradigmen und die Konkurrenz verschiedener Wissensformen. Auch deshalb dauerte es bis zur Entwicklung eines spezifischen erziehungswissenschaftlichen Ausbildungsprofils noch bis in die 60er Jahre des 20. Jahrhunderts, wurden doch bis dahin notwendige Studieninhalte auch von verwandten Disziplinen wie Philosophie, Theologie, Soziologie oder Volkskunde angeboten.

Institutionsgeschichtlich beginnt daher die eigentliche Erfolgsgeschichte der Pädagogik erst in den 60er und 70er Jahren des 20. Jahrhunderts: 1964 wird die „Deutsche Gesellschaft für Erziehungswissenschaft" gegründet; es kommt zu einer Akademisierung der Lehrerausbildung für Grund-, Haupt- und Sonderschulen sowie nach dem 1957 eingeführten wissenschaftlichen Magisterstudiengang zur Einrichtung verschiedener praxisbezogener Diplomstudiengänge (z.B. Sozialpädagogik, Erwachsenenbildung, Sonderpädagogik) ab dem Jahr 1969. Die Erziehungswissenschaft zählt heute zahlenmäßig zu den zehn stärksten Universitätsfächern in Deutschland; wobei quantitativ die Teildisziplinen Sozialpädagogik, Kinder- und Jugendarbeit sowie Erwachsenenbildung am stärksten ins Gewicht fallen. In Zukunft werden wohl vor allem die interkulturelle Bildung, die Gesundheitserziehung, die Altenbildung und die Inklusionspädagogik noch eine größere Rolle spielen.

Akademisierung

7. Aktuelle Situation

PISA-Studie

Seit der PISA-Studie im Jahre 2000 – PISA stellt ein englisches Akronym dar und meint: *Programme for International Student Assessment*; dt. Programm zur internationalen Schülerbewertung (Deutsches PISA-Konsortium 2001) – lässt sich in der deutschen Erziehungswissenschaft eine Fokussierung auf die empirische (häufig auch: empirisch-quantitative) Forschung festhalten. Die PISA-Studien, die seitdem regelmäßig durchgeführt werden, stellen Überprüfung von Bildungsstandards im neunten Schuljahr dar. Zwei für Deutschland wenig erfreuliche Ergebnisse bestehen darin, dass ein Viertel aller 15- oder 16-Jährigen mit sehr dürftigen Kompetenzen in Lesen und Mathematik die Schule verlässt und dass die soziale Schicht in hohem Maße mit dem Bildungserfolg korreliert. Zusammengefasst lautet der Befund, dass das deutsche Bildungssystem wenig integrierend und fördernd, dafür aber äußerst selektiv funktioniert.

Ungeachtet dieser ernüchternden und ernstzunehmenden Ergebnisse, sollten auch bestimmte Engführungen benannt werden, die sich mit der Konzentration auf Bildung als einem Qualifizierungsbegriff verbinden, dessen Erhebung sich vor allem im Rahmen quantitativer Lernforschung mit standardisierten Leistungsmessungen vollzieht. In diesem Sinne wird eine Fixierung auf einen (angelsächsischen) qualifikationsrelevanten, wissenschaftsorientierten, funktionalistischen und produktorientierten Bildungsbegriff deutlich. Anders formuliert: Die PISA-Tests messen nur die Qualifikationsmerkmale von Bildung, die sie überprüfen können; allerdings lässt sich stark bezweifeln, ob mit den verwendeten, überwiegend quantitativ-empirischen Verfahren spezifische, außerordentliche, reflexive oder konjunktive Bildungsprozesse in den Blick genommen werden können. Dienen doch die Bildungsstandards nicht primär der individuellen Leistungsmessung, sondern der Überprüfung der jeweiligen Bildungssysteme. Zudem bleibt die Unterstellung fraglich, ob die in diesen Tests in den Blick geratenden Bildungskompetenzen sowohl dem Umfang als auch der Nachhaltigkeit nach auf ein Leben in modernen Gesellschaften vorbereiten.

Die sich an diese empirischen Studien (vor allem an TIMSS und PISA) anschließenden Debatten standen u.a. im Kontext der Frage nach struktureller Chancengleichheit bzw. nach Bildungsbenachteiligung im Bildungssystem. So ist nicht nur von Gutachtern der OECD, sondern auch von der EU und einer ganzen Reihe von deutschen Erziehungswissenschaftlern hervorgehoben worden, dass es für die Systeme der allgemeinen und beruflichen Bildung in Europa und speziell in Deutschland nicht nur bedeutsam sei, dass sie effektiv und effizient zu funktionieren hätten, sondern auch, dass sie die Chancengleichheit gewährleisten müssen, damit sich die sozialen Benachteiligungen im Bildungssystem nicht noch vergrößern. Damit die allgemeinen und beruflichen Systeme der Bildung die erforderliche Qualität erreichen, die zur Schaffung von mehr Wachstum, mehr Beschäftigung und mehr sozialer Kohäsion beiträgt, gelte es daher, diese Systeme u.a. auch gerechter zu gestalten (vgl. Liebau/Zirfas 2008).

Chancengleichheit bzw. Bildungsbenachteiligung

War es in den 60er Jahren das sprichwörtlich gewordene „katholische Arbeiter-Mädchen vom Lande“, das aufgrund seiner

Konfession, seiner Schicht, seines Geschlechts und seiner Wohnlage zu den Bildungsbenachteiligten gehörte, so muss man heute von einer anderen negativen Bildungsfigur ausgehen: dem „Arbeiter-Jungen mit Migrationshintergrund aus der Stadt". Die Bildungsbenachteiligungen in sozialer, ökonomischer und kultureller Hinsicht gelten als Begrenzungen von Chancengleichheit. Über die Idee der Bildungschancengleichheit in Form von Startchancen, aber vor allem in Form von Aufstiegs- und Wettbewerbsmöglichkeiten wird wiederum das Selektionsrisiko erhöht und zugleich legitimiert.

Arbeiter-Jungen mit Migrationshintergrund aus der Stadt

Fragen

A. Warum soll man sich mit der Geschichte der Pädagogik beschäftigen?
B. Welche historischen Rahmenbindungen sind für Bildung, Erziehung und Unterricht in den jeweiligen Epochen maßgeblich?
C. Bestimmen Sie Bildungsziele und -methoden in den Epochen der Geschichte der Pädagogik.
D. Welche pädagogischen Anregungen bieten die Antike, das Mittelalter etc. für aktuelle pädagogische Fragestellungen und Probleme?

Weiterführende Literatur

Benner, Dietrich/Brüggen, Friedhelm (2011): Geschichte der Pädagogik. Vom Beginn der Neuzeit bis zur Gegenwart. Stuttgart: Reclam. – Eine Aufarbeitung der pädagogischen Geschichte in theoretischer und praktischer Perspektive vom 17. bis 21. Jahrhundert mit besonderer Konzentration auf die deutsche Entwicklung.

Benner, Dietrich/Oelkers, Jürgen (Hrsg.) (2004): Historisches Wörterbuch der Pädagogik. Weinheim/Basel: Beltz – In 52 Artikeln werden theorie- und problemgeschichtliche Analysen zentraler pädagogischer Begriffe, Institutionen, Teildisziplinen und pädagogisch-anthropologischer Sachverhalte dargestellt.

Böhm, Winfried (2004): Geschichte der Pädagogik. Von Platon bis zur Gegenwart. München: C.H. Beck. – Eine Ideengeschichte der Pädagogik, die vor allem ihre Ursprünge in der griechischen Antike, dem christlichen Mittelalter und der europäischen Aufklärung herausarbeitet und für die Gegenwart anschlussfähig macht.

Fend, Helmut (2006): Geschichte des Bildungswesens. Der Sonderweg im europäischen Kulturraum. Wiesbaden: VS Verlag. – Aufgezeigt werden die großen Linien der Entwicklung des Bildungswesens von der christlichen Antike bis hin zur industrialisierten Moderne. Dabei wird auf die

Wechselbeziehungen von religiösen, weltlichen, anthropologischen und pädagogischen Vorstellungen fokussiert.

Konrad, Franz-Michael (2007): Die Geschichte der Schule. Von der Antike bis zur Gegenwart. München: C.H. Beck. – Prägnante Zusammenfassung der Schulgeschichte von den Lese- und Schreibschulen der alten Ägypter über antike Gymnasien und mittelalterliche Klosterschulen bis hin zu modernen reformpädagogischen Schulen; ein besonderer Schwerpunkt liegt auf der deutschen Entwicklung.

Reble, Albert (1951): Geschichte der Pädagogik. Stuttgart: Klett-Cotta. – Standardwerk der neueren Geschichtsschreibung, das in acht, jeweils eine Epoche umfassenden, Kapiteln sowohl auf die Theoriegeschichte, aber auch auf den Zusammenhang von Theorie- und Schulgeschichte von der Antike bis zur Mitte des 20. Jahrhunderts eingeht.

Reble, Albert (1971): Geschichte der Pädagogik. Dokumentationsbände I und II. Stuttgart: Klett-Cotta. – Analoge, nach Epochen gegliederte Quellenbände, die insgesamt 141 Textstücke enthalten; davon entstammen mehr als 100 Quellen dem Zeitraum von der Aufklärung bis zum 20. Jahrhundert.

Scheuerl, Hans (Hrsg.) (1979): Klassiker der Pädagogik. Erster Band: Von Erasmus von Rotterdam bis Herbert Spencer; Zweiter Band: Von Karl Marx bis Jean Piaget. München: C.H. Beck. – Die beiden Bände enthalten insgesamt 43 Kurzmonographien bedeutender AutorInnen der Pädagogik, die sich dem Leben, dem Werk und der Wirkung dieser Personen widmen.

Tenorth, Heinz-Elmar (1988): Geschichte der Erziehung. Einführung in die Grundzüge ihrer neuzeitlichen Entwicklung. Weinheim/München: Juventa. – Dieses Werk stellt die seit der Renaissance sich entwickelnden Ideen über die Erziehung, die prägenden Lebensformen und die pädagogischen Institutionen dar. Erziehung rückt als Ordnung des Generationenverhältnisses in den Blick und wird auf seine individuellen und kollektiven Wirkungen hin untersucht.

Zirfas, Jörg et al. (2009-2018): Geschichte der Ästhetischen Bildung. 4 Bände. Paderborn: Schöningh. – Historischer, autorenbezogener Überblick über die pädagogische Bedeutung der Auseinandersetzung mit Kunst, Schönheit, Spiel und Form anhand einer ideengeschichtlichen Rekonstruktion von exemplarischen ästhetischen und pädagogischen Modellen in Antike und Mittelalter, Früher Neuzeit, Aufklärung, Klassik und Romantik sowie Moderne.

Kapitel 3: Pädagogische Institutionen und Arbeitsfelder

Das Kapitel zu den Institutionen und Arbeitsfeldern der Pädagogik wird ausgehend von Theorien und Modellen der Institution pädagogische Institutionen in den Blick nehmen. Unter pädagogischen Institutionen lassen sich mit Rudolf Tippelt (2000, S. 8) Arbeitsfelder bezeichnen, „in denen es um Kinder, Jugendliche und Erwachsene als Adressaten pädagogischer Arbeit geht, in denen Aspekte der Bildung und Erziehung, des Lernens und der Hilfe, in jedem Fall aber der Personenänderung oder des pädagogischen Bezuges im Mittelpunkt stehen und in denen in nicht unerheblichem Maße pädagogisch ausgebildetes Personal [...] als Fachkräfte arbeiten." Die bekannteste pädagogische Institution ist wohl die Schule; doch reichen die Arbeitsfelder mittlerweile sozusagen von der Wiege (vorschulische Erziehung und Bildung sowie Kinder- und Jugendarbeit) bis zur Bahre (Erwachsenenbildung und Altenpädagogik) und quer durch alle Lebensbereiche hindurch, von der inklusiven und interkulturellen Pädagogik über Gesundheits- und Organisationspädagogik bis hin zur beruflichen Bildung und zur Hochschule.

In diesem Kapitel werden folgende Ziele verfolgt: einen Überblick über die pädagogischen Institutionen zu geben, ihre historische Entwicklung zu skizzieren, die Grundbegrifflichkeiten und Grundproblematiken ihrer pädagogischen Konzepte zu definieren, ihre empirische Situation zu rekonstruieren sowie über die Grundfragen institutionell professionellen Handelns zu informieren. Dargestellt werden: Kindertagesstätte, Schule, Medienpädagogik und Kulturelle Bildung. Der Blick richtet sich dabei auf die Neuzeit seit der Aufklärung und berücksichtigt sowohl die programmatisch-theoretische Entwicklung, die soziale Institutionalisierung sowie einschlägige empirische erziehungswissenschaftliche Forschung.

1. Kindergarten

Der moderne Kindergarten

Der Kindergarten ist eine pädagogische Einrichtung, die eine Betreuung von Kindern zwischen drei und fünf bis sechs Jahren anbietet. Mittlerweile geht fast jedes Kind in Deutschland in den

Kindergarten (97%). Vom Kindergarten zu unterscheiden sind die Kinderkrippe (0-3 Jahre) und der Kinderhort (für Schulkinder). Alle drei Einrichtungen werden im Begriff der Kindertagesstätte zusammengefasst.

Die seit mehreren Jahren heftig geführte Diskussion über PISA bzw. IGLU (= Internationale Grundschul-Lese-Untersuchung) hat nun auch den Kindergarten erfasst, insofern von einem Kindergarten die Rede ist, der auf die Informations- und Wissensgesellschaft vorbereiten soll. Diskutiert wird in diesem Zusammenhang nicht nur ein früherer Einschulungsbeginn, sondern vor allem auch die Idee, Englisch als Zweitsprache – nicht als Fremdsprache (wie auch immer dies möglich sein soll) – einzuführen, sowie pädagogische Konzeptionen so zu gestalten, dass Unternehmungsgeist, *entrepreneurship* „produziert" wird, der Feststellung von sozialer Kälte und Fremdenfeindlichkeit in unserer Gesellschaft die Vermittlung einer „belastbaren Solidarität" gegenüberzustellen. Die Qualität der Kindergärten wird so einerseits in Verbindung gebracht mit den für die moderne Gesellschaft wichtigen Schlüsselqualifikationen (Lernen lernen, Teamfähigkeit, Unternehmergeist, Kreativität etc.) und andererseits mit der Profilierung als modernes Dienstleistungsunternehmen, das im Wettbewerb mit Konkurrenten vor Ort bestehen muss. Damit kommen auf den Kindergarten eine Fülle von Aufgaben zu: die sprachliche Förderung, die Erweiterung der mathematischen, technischen und naturwissenschaftlichen Grundbildung, Medienerziehung, ästhetische Bildung, Bewegungs- und Gesundheitsförderung, soziale und interkulturelle Erziehung, Wertevermittlung, Integration behinderter, hochbegabter und ausländischer Kinder, Betonung der Eltern- und Gemeinwesenarbeit, Vorbereitung des Übergangs auf die Grundschule. Die Förderung der Kinder rekurriert dabei auf folgenden Grundprinzipien: einem frühen Lernbeginns, der als Basis für lebenslanges Lernen angesehen wird, einer Orientierung am individuellen Entwicklungsstand des Kindes, einer Betonung des Spiels, dass sozusagen neben (!) das Lernen tritt und professionalisierten Erzieherinnen und Erziehern, die das Kind als gleichwertige Person verstehen und mit ihm gemeinsam Bildungs- und Lernprozesse anstoßen (vgl. BEP 2006).

Aufgaben

Man konstatiert vor diesem Hintergrund zunächst dreierlei:

1. Es gibt dafür noch kein bedarfsgerechtes Angebot.
2. Eine gründliche Evaluation der Kindergärten steht noch aus; man weiß schlicht wenig darüber, was am Kindergarten an der Ecke „läuft"; da es bundesweit wegen der Zuständigkeit der

Länder keine einheitlichen Rahmenbedingungen gibt, bedarf es dringend einer Qualitätsoffensive.

3. Eine verstärkte Weiterbildung der Kindergärtnerinnen (überwiegend arbeiten Frauen in den ca. 500 000 Arbeitsplätzen in Krippen, Kindergärten und Horten) ist dringend erforderlich.

Historisch betrachtet erwuchs der Kindergarten aus zwei Motiven: der Entlastung der Eltern und dem Angebot zur Unterstützung der elterlichen Erziehungsarbeit. Der Trend geht hier von Konzeptionen der Betreuung zu solchen der Erziehung und Bildung. Bildung erscheint zum einen als Humankapital, das gefördert und gefordert werden muss, und zum anderen als Selbstbildungsfähigkeit, der man Raum zur Entwicklung geben sollte. Damit stehen die von der Pädagogik konstatierten Lernprozesse im Kindergarten nunmehr seit rund 200 Jahren in einem Spannungsfeld von sozialpädagogischen und bildungstheoretischen Ansprüchen. Geht es einerseits um ein kompensatorisches Lernen, das die Defizite der familiären Situation bzw. die mit der Arbeitstätigkeit der Eltern verbundenen Problematiken auszugleichen sucht, steht dem andererseits das Erlernen von Qualifikationen und Bildungsperspektiven gegenüber, die die Entwicklungsmöglichkeiten der Kinder entfalten und sie auf das Leben in der Gesellschaft vorbereiten sollen. Noch heute findet sich dementsprechend in Paragraph 1, Absatz 1 des 1990 verabschiedeten Kinder- und Jugendhilfegesetzes folgender Passus: „Jeder junge Mensch hat ein Recht auf die Förderung seiner Entwicklung und auf Erziehung zu einer eigenverantwortlichen und gemeinschaftsfähigen Persönlichkeit“ (KJHG).

Spannungsfeld von sozialpädagogischen und bildungstheoretischen Ansprüchen

Mit den modernen auf den Kindergarten bezogenen Diskussionen und Anforderungen spielen die historischen Beweggründe für den Kindergarten immer weniger eine Rolle, da eine Dimension des Lernens besonders in den Mittelpunkt rückt, die als universeller Qualifikations- und Gestaltungsschlüssel moderner Gesellschaften erscheint, nämlich das Lernen Lernen: Als die wichtigste Basiskompetenz erscheint nunmehr die Entwicklung von Lernkompetenz, d.h.: „Vorschulische Lernprozesse sind so zu organisieren, dass Kinder bewusst erleben und mit anderen reflektieren, dass sie lernen, was sie lernen und wie sie es gelernt haben. [...] Lernmethodische Kompetenz ist [...] der Grundstein für seelisches und lebenslang selbst gesteuertes Lernen“ (BEP 2006, S. 66f.). Die Erzieherinnen und Erzieher sollen dementsprechend Prozesse anregen, in denen das erworbene Wissen der Kinder von diesen flexibel angewendet werden kann, in denen kreative Lösungsmöglichkeiten von den Kindern erforderlich werden und in denen metakognitive Lernkompetenzen selbsttätig erworben werden können.

Im Folgenden soll die Geschichte des Kindergartens kurz skizziert werden.

Die Ursprünge institutioneller Kleinkinderbetreuung

Philippe Ariès hat in seiner – bahnbrechenden wie umstrittenen – Studie zur *Geschichte der Kindheit* (1985) deutlich gemacht, wie die Entwicklung und die Erziehung der Kinder seit dem Mittelalter bis in die Aufklärung hinein ins Zentrum der sozialen und pädagogischen Aufmerksamkeit geraten sind. Vom Humanismus (eines Erasmus von Rotterdam) und der Renaissance (z.B. Montaigne) über das barocke Denken (eines Comenius) und den Pietismus (von Francke) bis hin zur Aufklärung (in Gestalt von Locke, Rousseau und den Philanthropen) rücken das Kind und seine Lern- und Bildungsmöglichkeiten immer bewusster in den Fokus pädagogischer Maßnahmen. So erscheint es folgerichtig, dass man am Ende des 18. Jahrhunderts im Elsass die ersten Kleinkinderschulen als „Strickschulen" für Kleinkinder (aber auch für Schulkinder) von Friedrich Oberlin (1740-1826) findet. An ihnen wird neben dem Stricken Französisch, Heimat- und Naturkunde und körperliche Ertüchtigung gelehrt.

Friedrich Oberlin (1740-1826)

1802 gründet dann Robert Owen (1771-1858) die „Infant Schools", die den Kindern die Bestrafungen der herkömmlichen Erziehung sowie die falsche Erziehung von ungebildeten Eltern ersparen sollen, indem man die Kinder an einen sicheren Ort bringt, an dem die notwendigen sozial-moralischen Prinzipien und Gewohnheiten erlernt werden können. Neben Spiel, Tanz und Gesang, Geographie und Naturkunde spielen auch körperlich-militärische Übungen in den Infant Schools eine Rolle. Samuel Wilderspan (1792-1866), der Leiter der Zentral-Kinderschule in London, skizziert dann für seine Kleinkinderbewahranstalt folgendes, drei Punkte umfassendes Programm: Seine Pädagogik dient erstens der Verbrechensprävention, weil sie der Verwahrlosung vorbeugt; zweitens zielt sie auf den Schulbesuch älterer (nicht mehr schulpflichtiger) Kinder, die ihre Geschwister mit in diese Anstalten begleiten und drittens intendiert sie eine christliche Erziehung, wozu der Lehrplan vor allem biblische Geschichte, dann aber auch die Zeitfolge der Könige, Lesen und Rechnen vorsieht.

Robert Owen (1771-1858)

Samuel Wilderspan (1792-1866)

Julius Fölsing (1818-1882), der sich als Gründer und Leiter von Kleinkinderschulen einen Namen machte, setzt auf eine nach sozialen Klassen getrennte pädagogische Konzeption: Für die Kinder der Proletarier geht es um das Erlernen zivilisatorischer Standards, für die Kinder des Bürgertums um das Erlernen von Qualifikationen, die für den Besuch der Schule förderlich sind. Im Mittelpunkt von Friedrich Fröbels (1782-1852) Pädagogik, die für die Geschichte des Kindergartens recht folgenreich war, steht dann das spielerische Lernen, das die Entwicklungen in den kognitiven, emotionalen und motorischen Bereichen fördern soll. Das Spielen mit den von ihm entworfenen Spielgaben bietet Grunderfahrungen für die Entwicklung, dient der Übung und Vorbereitung für die weiteren Lebensstufen und ermöglicht das Erlernen gesetzmäßiger (mathematischer) Zusammenhänge der Natur. Mit den Lernzielen der allseitigen Entfaltung und der Selbstbestimmung bleibt Fröbels Kindergarten allerdings eine Bildungsstätte des Bürgertums.

Julius Fölsing (1818-1882)

Friedrich Fröbel (1782-1852)

Hilfe, Anpassung, Ertüchtigung und spielerische Entwicklung

Im Reichsjugendwohlfahrtsgesetz (RJWG) von 1922 wird der Kindergarten als Teil der Jugendhilfe verankert. Im Mittelpunkt stehen hier gesundheitspädagogische Überlegungen, d.h. Gesundheitsbewusstsein und Wohlfahrt, die den Kindergarten zu einer Bewahranstalt werden lassen, in der umfassendere Erziehungs- und Lernaspekte gegenüber der Pflege der Kinder in den Hintergrund treten.

Mit den dann sich allmählich durchsetzenden Theorien der Psychoanalyse Sigmund Freuds (1856-1939) – insbesondere der Idee eines austarierenden, nicht verdrängenden Umgangs mit Begierden und Wünschen – sollen auch Kindergartenkinder einen nicht zur Neurose führenden Triebverzicht erlernen: Sie sollen im Kindergarten lernen, sich an die potentiell versagende Realität anzupassen, sich von ihren zu starken Elternbindungen zu lösen und sie sollen dort auch die Defizite der familiären Erziehung ausgleichen. Um diese Lernziele zu erreichen, setzt eine psychoanalytische Pädagogik (z.B. Anna Freud, Nelly Wolffheim) auf eine Pädagogik der Liebe, des Taktes und der Stärkung des Selbstbewusstseins, um so die notwendigen Einschränkungen durch eine positive Übertragung zwischen Kindern und Erzieherinnen zu vermitteln. Im Umgang mit den Gleichaltrigen und den

Sigmund Freud (1856-1939)

sich in diesen Beziehungen ergebenden Identifizierungsprozessen sollen die Kleinkinder ihre sexuellen und aggressiven Konflikte besser ausagieren und schneller überwinden.

Maria Montessori (1870-1952)

Mit der Pädagogik Maria Montessoris (1870-1952) geht (wiederum wie bei Fröbel) eine Konzentration auf das kindliche Spielen einher, in dem sich Lernen als Entwicklung aufgrund eines vorgegebenen Bauplans der Seele in so genannten Phasen der Polarisation der Aufmerksamkeit vollzieht. Das kindliche Spiel versteht Montessori als Arbeiten, um ihren erwachsenen Lesern den Ernst der Aufgabe des Erwachsenwerdens für die Kinder deutlich zu machen. Allerdings führt diese Perspektive u.a. dazu, dass das „normale Kind“ nicht nur nicht spielt, sondern sich gleich wie ein „richtiger“ Erwachsener benimmt. Zur Veranschaulichung dieser

These des Lernens als Selbstentwicklung

These des Lernens als Selbstentwicklung soll hier eine oft zitierte Beobachtung von Maria Montessori (1992, S. 124) dienen:

> „Die erste Erscheinung, die meine Aufmerksamkeit auf sich zog, zeigte sich bei einem dreijährigen Mädchen, das damit beschäftigt war, die Serie unserer Holzzylinder in die entsprechenden Öffnungen zu stecken und wieder herauszunehmen. Diese Zylinder ähneln Flaschenkorken, nur haben sie genau abgestufte Größen, und jedem von ihnen entspricht eine passende Öffnung in einem Block. Ich erstaunte, als ich ein so kleines Kind eine Übung wieder und wieder mit tiefem Interesse wiederholen sah. Dabei war keinerlei Fortschritt in der Schnelligkeit und Genauigkeit der Ausführung feststellbar. Alles ging in einer Art unablässiger gleichmäßiger Bewegung vor sich. [...] Auch wollte ich feststellen, bis zu welchem Punkt die eigentliche Konzentration der Kleinen gehe, und ich ersuchte daher die Lehrer, alle übrigen Kinder singen und herumlaufen zu lassen. Das geschah auch, ohne daß das kleine Mädchen sich in seiner Tätigkeit hätte stören lassen. Darauf ergriff ich vorsichtig das Sesselchen, auf dem die Kleine saß, und stellte es mitsamt dem Kinde auf einen Tisch. Die Kleine hatte mit rascher Bewegung ihre Zylinder an sich genommen und machte nun, das Material auf den Knien, ihre Übung unbeirrt weiter. Seit ich zu zählen begonnen hatte, hatte die Kleine ihre Übung zweiundvierzigmal wiederholt. Jetzt hielt sie inne, so als erwachte sie aus einem Traum, und lächelte mit dem Ausdruck eines glücklichen Menschen.“

Die Lehrerin soll nur dann eingreifen, wenn diese Bildungs- bzw. Entwicklungsprozesse in irgendeiner Form gestört sind, was sich daran festmachen lässt, dass das so genannte Montessori-Material nicht in der vorgesehenen Weise von den Kindern benutzt wird.

Nationalsozialisten

Mit der Machtübernahme der Nationalsozialisten halten charakterliche und körperliche Lernziele („kerngesunde Körper“) und mit ihnen verstärkt Turnen, Gymnastik und Freilufterziehung, oftmals in Formen von Konkurrenzveranstaltungen und Wettbewerben, auch im Kindergarten Einzug. Gelernt werden sollen: absoluter Gehorsam (gegenüber dem Führer), Unterordnung, Friedfertigkeit, Dankbarkeit, Rassebewusstsein, Furchtlosigkeit, Abhärtung – oder bei den kleinen Mädchen Vorbereitung auf die Mutterschaft. Leitend bleibt dabei die Wehrertüchtigung schon im frühesten Alter. Der Reichsjugendführer Baldur von Schirach bringt diesen Gedanken implizit auf den Punkt, wenn er äußert: „,Mit ‚Kinder' bezeichnen wir die nichtuniformierten Wesen niederer Altersstufen, die noch nie einen Heimatabend oder einen Ausmarsch mitgemacht haben'" (zit. nach Aden-Grossmann 2002, S. 119).

Nachkriegsdeutschland

Im Nachkriegsdeutschland tritt die Idee von Fröbel und Montessori wieder in den Mittelpunkt – die Entwicklung und das Lernen des Kindes durch endogen gesteuerte Schritte, die wiederum auf eine optimale Lernumgebung, d.h. auf Spielpflege abheben. Grundlegende Fähigkeiten und Verhaltensweisen, auf die die Schule aufbauen kann, sollen sich durch spontane Reifung und Entwicklung ergeben. Zu verhindern sind Frühreife und ausbleibende Reife. In dieser Perspektive wird die den Kindern attestierte Individualität und Spontaneität in ein enges gemeinschaftliches und disziplinierendes Konzept gepresst. Zudem wird mit der Rezeption der (angloamerikanischen) Sozialisationsforschung „erkannt", dass die Lernmöglichkeiten in der Familie, d.h. das Erlernen von bestimmten Rollen und Verhaltensmustern – und damit das Kennenlernen von Einstellungsalternativen – durchaus beschränkt sind. Diese Einstellungs- und Verhaltensweisen werden jetzt kollektiv im Kindergarten eingefordert.

Soziales, Ganzheitlichkeit und Teilhabe

Anti-Autoritäre Erziehungsdebatte

Die mit der Anti-Autoritären Erziehungsdebatte und den Kinderläden in den 60er Jahren verbundenen Ideen des schöpferischen Kindes, der Demokratisierung und neuer Formen selbstbestimmter Kollektivität, der Emanzipation der Arbeiterkinder und des proletarischen Klassenkampfes fokussieren dann auch bei den Kleinen das politische und das spontane Lernen. Da aber der politischen Erfahrung der Kinder, die als Ausgangspunkte für dieses Lernen betrachtet wurden, enge Grenzen gesetzt sind, da spontane Lernprozesse keine langfristigen pädagogischen Planungen zulassen, da kaum beobachtbar war, welche Lernprozesse die Kinder in den Kindergärten vollzogen haben, und da die Arbeiterkinder selbst sich kaum in diesen Einrichtungen wiederfanden, geriet diese pädagogische Konzeption bald in die Kritik. Dieser pädagogische Ansatz, der, von den Erfahrungen der Kinder ausgehend, eine soziale, emanzipatorische und kompensatorische Bildung ermöglichen sollte, ließ eine optimale Organisation von Lernprozessen insofern nicht zu, weil systematisches (sozusagen verschultes) Lernen von Anfang an abgelehnt wurde. Erst die anschließende Reform zielte darauf ab, den Kindern nicht nur ein unbeschwertes Zusammenleben zu ermöglichen und die Entfaltung ihrer Möglichkeiten und ihrer spontanen Kreativität zu fördern und sozial bedingte Defizite zu beheben, sondern auch Begabungen frühzeitig zu erkennen und systematisch in Bezug auf Orientierungs- und Konzentrationsfähigkeiten, Wahrnehmungs- und motorische Fähigkeiten sowie begriffliche und sprachliche Fähigkeiten zu entwickeln: „Dabei geht man von der Vorstellung aus, dass das schulische Lernen als der Beginn eines Kontinuums geplanter Lernprozesse konzipiert werden soll" (ebd., S. 184).

Rudolf Steiner (1861-1925)

Obwohl schon vor dem Ersten Weltkrieg von Rudolf Steiner (1861-1925) entworfen, bekommt die so genannte „Waldorfpädagogik" bzw. bekommen die Waldorfkindergärten erst in den 70er Jahren für viele Eltern eine enorme Anziehungskraft: als eine Pädagogik vom Kinde aus, die auf ganzheitliche Menschenbildung, auf Leib, Seele und Geist abzielt. Lernprozesse betonen in diesem Sinne die Kräfte der Imagination, der Inspiration und Intuition, zielen auf die Hingabe an die Natur und auf das Spiel als Nachahmung alltäglicher Ereignisse, fokussieren einen experimentellen und zweckfreien, künstlerischen und sinnlichen Umgang mit den (Lehr-)Gegenständen und versuchen das soziale Engagement als Vorbereitung auf das Leben zu fördern. Intellektuelles Lernen ist bis zum siebten Lebensalter als verfrüht abzulehnen, geht man doch davon aus, dass das Lernen in dieser Zeit durch (körperliches) Nachahmen bestimmt wird. Intendiert ist eine möglichst umfassende Teilhabe am alltäglichen Leben, die ein Leben-Lernen von Anfang an möglich macht. So sollen folgende Tätigkeiten im Kindergartenplan einen Platz finden:

Leben-Lernen von Anfang an

> „,*Häusliche Arbeiten*, wie Kochen, Backen, Spülen, Waschen, Bügeln, Fegen, Wischen, Blumenpflege. *Spielzeugherstellung und -pflege*: Dazu gehören unter anderem Sägen, Raspeln, Schnitzen, Leimen, Reparaturen jeder Art, Nähen, Stopfen. *Gartenarbeit*: Graben, Säen, Pflanzen, Gießen, Jäten, Mähen, Ernten. Hinzu kommen Erlebnisse auf Spaziergängen, z.B. Müllautos, Straßenbauer, Holzfäller, Kaminfeger, die Frau in der Heißmangelstube, die Arbeiter in der benachbarten Gärtnerei'" (Jaffe, zit. nach ebd., S. 157).

Im Zentrum der Pädagogik des Waldorfkindergartens steht die produktive, problemlösende Bildung, die durch die Sinnlichkeit und die Phantasie des Kindes ermöglicht wird (zum Kindergarten in der DDR und seinen pädagogischen (Lern-)Konzeptionen vgl. Rabe-Kleberg 1997; Aden-Grossmann 2002, S. 248ff.).

Jüngere pädagogische Modelle

Mitte der 70er Jahre rücken dann drei bis heute prominente Ansätze der Kindergartenpädagogik in den Mittelpunkt: der funktionsorientierte Ansatz, das wissenschaftsorientierte Curriculum und der Situationsansatz.

der funktionsorientierte Ansatz

Der *funktionsorientierte* Ansatz ist im Kern ein Qualifikationsansatz, der mittels Trainings- und Übungsprogrammen eine Verbesserung der kindlichen Leistungen und Fähigkeiten in verschiedenen Persönlichkeitsbereichen sowie eine Förderung benachteiligter Kinder vorantreiben will. Doch weder haben sich durch diese Programme die Erwartungen bestätigt, dass unterpriviligierte Kinder durch ein stimulierendes Milieu zu besseren Leistungen imstande wären, noch ließ sich auf Dauer die mangelnde Berücksichtigung selbstbestimmten, spielerischen Lernens in den Kindergärten durchsetzen.

die Programmatik des wissenschaftlichen Curriculums

Die Programmatik des *wissenschaftlichen Curriculums* des Kindergartens bezieht sich auf basale, grundlegende Begrifflichkeiten, die in einführender Weise vermittelt werden sollen. Im durchgehenden methodischen Zugang des Spiels sollen allgemeine Lern- und Aktivitätsfelder wie Leben in sozialen Bezügen, Gespräch, Spielen oder auch spezielle Lern- und Aktivitätsfelder wie Natur- und Sachwelt, Mathematik, Musik, Erziehung und Sport vermittelt werden.

der Situationsansatz

Der unbestritten wichtigste Ansatz ist der *Situationsansatz*, in dem die Lebenssituation für die Kinder real erfahrbar sein soll, so dass sie befähigt werden, in Gegenwart und Zukunft möglichst kompetent und autonom denken und handeln zu können. Wichtig ist dabei eine enge Kooperation zwischen Kindergarten und Gemeinwesen. Hohe Anforderungen an Einsatzbereitschaft, Kooperationsfähigkeit und Kreativität der Kindergärtnerinnen voraussetzend (fehlen doch in aller Regel konkrete methodische und didaktische Hinweise), geht es um das Ziel, den Kindern bei der Bewältigung und Gestaltung gegenwärtiger wie zukünftiger Situationen zu helfen: Die Stärkung des Selbstbewusstseins sowie Kenntnisse über Umwelt und Kooperation und Kommunikation in der Gemeinschaft sollen dabei gelernt werden; hinzu kommen in jüngster Zeit die interkulturelle Kompetenz, die Akzeptanz fremder Kulturen, Vorurteilsfreiheit und das Handeln in multikulturellen Situationen und Institutionen.

von einer Bewahranstalt zu einer Lern- und Bildungseinrichtung

Zusammenfassend lässt sich festhalten, dass der Kindergarten sich in seiner nunmehr 200-jährigen Geschichte von einer Bewahranstalt zu einer Lern- und Bildungseinrichtung entwickelt hat, in der sich die Erziehungs-, Betreuungs-, Bildungs- und Entwicklungsaufträge gleichrangig nebeneinander wiederfinden. Von einem eigentlichen Lernauftrag ist in der Moderne – mit Ausnahme der oben skizzierten jüngeren Debatte – immer weniger die Rede, obgleich man weiß, dass zentrale Grundlagen für Lernmotivation, Lernfähigkeiten und Lernerfolge in der Kindheit gelegt werden. In diesem Sinne soll abschließend Renate Thiersch zitiert werden (nach Aden-Grossmann 2002, S. 319):

> „‚Natürlich wird über das Lernen im Kindergarten intern heftig diskutiert, allerdings unter einem ganz anderen Titel: Es geht um verschiedene methodische Ansätze. [...] Der Begriff Lernen wird dabei fast verschämt behandelt, so als sei Lernen überhaupt nicht Thema des Kindergartens – aber das ist ein Irrtum. [...] Kinder brauchen Lust auf Lernen, Lust auf Erfahrungen, auf Nachdenken, auf Aushandlungen unterschiedlicher Ansichten. [...] Kinder brauchen Anregungen und Räume zur Entfaltung ihrer Fähigkeiten, und zwar ihrem Alter entsprechend Spielräume, die natürlich auch Lernräume sind.'"

Es ist allerdings zu vermuten, dass die Lern- und Bildungsdiskussion den Kindergarten in den nächsten Jahren noch entscheidend verändern wird. Denn die vorschulische Bildung rückt immer mehr in den Fokus der Erziehungswissenschaft und der Bildungspolitik.

2. Schule

Wenn von Pädagogik die Rede ist, liegt der Gedanke an die Schule besonders nahe. Diesen Zusammenhang kann man sich zunächst anhand von Zahlen verdeutlichen: Wir reden hier über 12 Millionen Schülerinnen und Schüler sowie über 720.000 Lehrerinnen und Lehrer; rechnen wir noch das weitere schulische Personal hinzu, so gehen jeden Tag über 13 Millionen, d.h. ca. 1/6 der Gesamtbevölkerung der BRD, in die Schule. Es gibt rund 42.000 Schulen (16.000 Ganztagesschulen) in über 100 verschiedenen Schulformen (hier sind die bekanntesten: Grund-, Haupt-, Realschule und Gymnasium). Ca. 15.000 Stunden verbringen Menschen in Schulen (inkl. der Berufsschule), was die Steuerzahler 30 Milliarden Euro für Personal und Sachkosten pro Jahr kostet.

Unter einer Schule lässt sich eine pädagogische Einrichtung verstehen, die zielgerichtetes Leben und Lernen beabsichtigt, d.h. nach definierten Lehrplänen, mit bestimmten Methoden und unter Zuhilfenahme bestimmten Medien vorgeht; um dieses Ziel zu erreichen hat sie eine soziale Organisation (funktionale Aufgaben- und Rollenverteilung), einen rechtlichen Rahmen (Schulpflicht), eine spezifische Struktur (z.B. Schul- und Unterrichtsrituale) und bestimmte äußere (etwa räumliche und zeitliche) Bedingungen.

Stätte des Unterrichtens und Lernens

Die Schule ist seit Jahrhunderten die gesellschaftliche Einrichtung, die als Stätte des Unterrichtens und Lernens schlechthin gilt. Schon als Sechsjährige bekommen wir vor und bei der Einschulung zu hören, dass wir nun in die Schule kommen, wo wir etwas bzw. vieles lernen können (und müssen). Das Lernen wird, so könnte man sagen, biographisch erst durch die Beteiligung an der Schule zum großen Thema. Von der Schule aus und auf die Schule bezogen rankt sich das Thema Bildung und Unterricht dann durch den familiären und auch durch den kinder- bzw. jugendkulturellen Alltag. Die enge diskursive Verzahnung von Schule und Pädagogik ist problematisch, führt sie doch in der Praxis unter Umständen über negative Schul- und Unterrichtserfahrungen zur grundsätzlichen Ablehnung der Pädagogik. So alt wie die Schule ist nämlich auch die Schulkritik. Pädagogisch gilt es dementsprechend, die Schule als Institution bzw. Organisation sorgfältig zu reflektieren und sich die Schulkritik, aber auch den Wert der Schule, das Ideal der Schule als Lebensort und Haus des Lernens sowie die Schulentwicklung vor Augen zu führen.

Schule als Bildungsinstitution

Die im engeren Sinne erst im 20. Jahrhundert einsetzende Schultheorie versteht die Schule als Institution. Das Lernen rückt aus dieser Sicht zunächst in den Hintergrund, wo die Schultheorie nach allen möglichen Funktionen der Schule für die Gesellschaft fragt und insbesondere drei solcher Funktionen ausmacht: Qualifikation, Selektion, Integration (Fend 1980). Diese viel zitierte und oft wiederholte Ausdifferenzierung findet sich auch heute noch in vielen Lehrbüchern; deren gelegentliche Ergänzung (z.B. durch Kulturüberlieferung, vgl. Klafki 1989; durch Personalisation, vgl. Wiater 2002) erreicht aber nicht die Präzision und Kraft der Ausgangsthese.

Qualifikation

Die erstgenannte Funktion, die *Qualifikation*, wird noch am ehesten mit Bildung verbunden – wenn auch nicht vom Lernenden, sondern vom Unterrichtenden und von der den Unterricht vorhaltenden Gesellschaft her gedacht. In dieser Hinsicht erscheint Bildung allerdings nur bei gesellschaftlicher Nützlichkeit des Gelernten als bedeutsam. Schule ist dann die Institution, in der sich Menschen, indem sie lernen, für den Arbeitsmarkt der Gesellschaft qualifizieren.

Selektionsfunktion

Die Qualifikationsfunktion der Schule basiert wesentlich auf ihrer buchorientierten Tradition, die Wissensbestände zugleich vermittelbar und abprüfbar macht; insofern ist sie mit der *Selektionsfunktion* (euphemistisch: Allokationsfunktion) der Schule eng verbunden. Der Arbeitsmarkt orientierte und orientiert sich vielfach immer noch an der in Form des Abschlusszertifikates erworbenen Qualifikation, am Abitur, der mittleren Reife oder dem Hauptschulabschluss. Die PISA-Studie (Baumert u.a. 2001) und die mit ihr verbundenen Debatten haben daran wenig geändert, haben dieses Problem möglicherweise sogar eher vergrößert, sind doch die als bildungspolitische Konsequenz eingeführten permanenten Tests und die so genannte Output-Steuerung im Grunde nichts als eine Vorverlagerung und Vervielfältigung der bislang nur am Ende durchgeführten Leistungstests. Die Institution Schule verleiht also unterschiedliche Zutrittsberechtigungen zur Gesellschaft und zur Karriere.

Integration

Schließlich wird der Schule auch die Funktion der *Integration* (Legitimation) zugeschrieben. Damit sind zunächst nicht hehre Ideale wie die Integration von Migranten oder von Menschen mit Behinderungen gemeint, sondern die Integration des einzelnen Schülers in die Gesellschaft. Der Schüler lernt in der Schule und durch sie, welche Erwartungen die Gesellschaft an ihn hat und wie er diesen Erwartungen gerecht werden kann. Dazu dienen vor allem Schulrituale.

Schule als rituelle Veranstaltung

Schule kann man insgesamt als eine rituelle Veranstaltung begreifen, in der Erziehung, Bildung und Sozialisation rituell organisiert werden (McLaren 1993). Unter einem „Ritual" wird hier eine immer wiederkehrende, räumlich und zeitlich gerahmte sowie relativ homogene, *symbolische Inszenierung* verstanden, deren Praktiken vor allem mit der Etablierung, der Aufrechterhaltung und der Veränderung von Ordnungen zu tun haben. Der Schule dienen Rituale erzieherisch dazu, das Verhalten und Begehren der Kinder- und Jugendlichen an die institutionellen Regeln, Normen und Werte anzupassen und ihre Erwartungen kognitiv und körperlich in ihnen zu verankern. Schulrituale konstituieren individuelle und soziale Identitäten, formulieren Erwartungen und sanktionieren ihre Nichterfüllung; sie steuern somit das Unterrichtsgeschehen und auch schulexterne Aktivitäten wie Hausaufgaben und Nachhilfe. Schulrituale dienen in diesem Sinne der Herausbildung eines Schülerhabitus, der wiederum Auswirkungen auf die Ausübung und die Effekte der Schulrituale hat. Der Schülerhabitus ist insofern Ergebnis und Gestalter ritueller schulischer Prozesse. Schulrituale dienen nicht nur der aktuellen Bestätigung der schuleigenen Tradition, sondern auch einem Zukunftsentwurf von Schulkultur; sie haben sowohl einen konservativen wie einen innovativen Charakter (Wulf/Zirfas 2004). Schulrituale begrenzen die Erlebnis- und Handlungsalternativen von Lehrern und Schülern und schaffen einen Kontext für Erwartungen und Erwartungserwartungen der Erziehung. Rituelle Szenerien der Schule repräsentieren eine, über die Szene hinausgehende und sie doch (mit-)konstituierende (institutionelle, politische) Macht; sie bestimmen durch ihre relativ unflexiblen Handlungsmuster Abweichungen und Verfehlungen und generieren spezifische Differenzen zwischen der Institution, dem System Schule, und seiner Umwelt. Und Schulrituale lassen schließlich die dargestellten relevanten Werte, Einstellungen und Normen, Identitätszuschreibungen und institutionellen Handlungsmuster als „natürlich" erscheinen, da sie primär über die körperlich-szenische Teilnahme funktionieren und erst in zweiter Linie über Bewusstsein, Reflexion und Diskurs – die oftmals nur dann ins Spiel kommen, wenn diese Rituale einer Legitimation bedürfen.

Herausbildung eines Schülerhabitus

Im Blickpunkt der schulischen Ritualforschung stehen sowohl die Makrorituale der Schule wie Einschulungs- und Abschlussfeiern oder Sommer- und Weihnachtsfeste, die Mesorituale wie Sportfeste und Prüfungen oder auch die Mikrorituale der alltäglichen Schulabläufe im Unterricht oder in den Pausen. Wichtige Schulrituale sind Einschulungen, Prüfungen und Unterricht.

Einschulungsrituale

Einschulungsrituale sind performative Akte, denn sie machen aus denjenigen, die (noch) Kinder sind (schon) Schüler – und, nicht zu vergessen, aus Eltern ohne schulpflichtige Kinder Eltern mit schulpflichtigen Kindern. Die Schule führt dazu ein „rituelles

Theaterstück" auf, das auf die Schulgemeinde und auf die (neuen) Eltern und ihre Kinder gleichermaßen gerichtet ist. Das Problem des Übergangs von einer Institution (Familie) in die andere (Schule) wird entlang dieser institutionellen Grenze inszeniert, die von der Schule zugleich sichtbar gemacht – wie überbrückbar – dargestellt wird. Einschulungen lösen die Kinder aus der Familie, wandeln sie in Schulkinder um, indem sie durch ihre Einsetzungen und Grenzziehungen eine neue Identität und neuen Habitus als Schüler hervorbringen (Kellermann 2008). Einschulungen wie Einsetzungsriten sind insofern paradoxe Verfahren, da sie dem Versuch folgen, den Menschen zu einem Status zu verhelfen, dem sie dann zu entsprechen haben; sie können erzieherisch als performative Akte gelten, die erzeugen, was sie bezeichnen, ihnen liegt die Idee zugrunde, dass die Menschen zu denen werden sollen, die sie (immer) schon sind (Bourdieu 1982). Sie stehen damit in der Spannung von Solidarität und Differenz, indem sie einerseits optimale Förderung versprechen und andererseits auf Selektions- und Allokationsfunktionen verweisen, die mit den neuen Anforderungen verbunden sind.

Prüfungsritual

Auch im *Prüfungsritual* kommt die Dialektik von Solidarität und Differenz zum Ausdruck – durch die Feststellung und Beurteilung von Fähigkeiten, durch die Erhebung von Eignungskriterien und durch die Bestätigung von Reife. Erzieherisch zentral erscheint der Sachverhalt, dass sich damit die reflexive Wahrnehmung des Schülers verändert, da er sich als jemand erfährt, der sich schulischen Praktiken von Wissen und Macht ausgesetzt sieht, dessen Leistungen dokumentiert und registriert werden. Das Ritual der Prüfung diszipliniert den Schüler durch die Praktiken der Sichtbarkeit, der Individualisierung und der Dokumentierbarkeit. Damit erzieht sie den Schüler, sich selbst als eine Fiktion wahrzunehmen, die gleichsam durch das Ritual auf symbolischem Weg hergestellt wurde. Die Schüler sind eingesperrt in einen dialektischen Prozess, indem sie das Gesetz anerkennen, das sie selbst in einem bestimmten Anerkennungsverhältnis festhält. Die erzieherische List der pädagogischen Vernunft in der Prüfung besteht nun darin, durch die Betonung der Beachtung der Formen und durch die Betonung der Formen der Achtung die Schüler auch zu einem entsprechenden körperlichen Verhalten zu erziehen, das wiederum als natürlich erscheint. Prüfungsrituale erziehen Schüler mithin dazu, sich selbst zu erziehen. Die (selbst-)erzogenen Schüler signalisieren durch ein adäquates Verhalten eine generelle wie faktische Leistungsbereitschaft wie ihre Korrelate von Ordnung und Gewissenhaftigkeit. Sie erkennen somit die Werte und Normen dieser Institution selbst noch in ihrem Scheitern an, denn, wer Prüfungsangst verspürt, erkennt ebenso die institutionellen Regeln an, wie derjenige, der sich als Versager zu interpretieren lernt, weil er den Anforderungen der Schule nicht gerecht wurde – und dem damit droht, zudem noch aus der Solidarität der Schüler hinauszufallen. Durch die Prüfung wird das Willkürliche der Norm zur habituellen Selbstverständlichkeit der Kinder.

Unterricht

Im *Unterricht* als dem zentralen alltäglichen Schulritual kommt eine Fülle von erzieherischen Ritualisierungen zum Ausdruck, die durch Zeitstrukturen (Jahrgangsklassen, Curriculum, Stundenplan), räumliche Gegebenheiten (Klassenzimmer, Fächerräume, Sitzordnungen), soziale Sachverhalte (Lehrer-Schüler-Verhältnis, Gruppenarbeit, Einzelarbeit), Unterrichtsformen und -inhalte (offen, geschlossen, Fächer, Medien), körperliche Arrangements (Selbstpräsentationen, Disziplinierungen, mimetische Bezugnahmen), institutionelle und kulturelle Rahmungen (Schultyp, Regel- und Reformschule, Schultradition, -kultur, -mythen) und individuelle Voraussetzungen (Erziehungs- und Interaktionsstil, subjektive Performanz) geprägt sind. Es gilt seitens der Institution Schule, Ritualisierungen zu etablieren, die einerseits einen dem Lehrplan angemessenen Rahmen etablieren, andererseits aber wiederum so flexibel sind, dass sie auf Innovationen angemessen „reagieren" können, indem sie der Kreativität von Lehrern und Schülern ebenso angemessene Möglichkeiten einräumen. Es geht, mit einem Wort, um dynamische, flexible Ritualisierungen, die die symbolische Inszenierung des Unterrichts aufrechterhalten, ohne in Beliebigkeit oder starren Ritualismus umzuschlagen. Durch die Teilnahme am (erziehenden) Unterricht erlangen die Schüler ein rituelles Wissen der Lernbereitschaft, des Engagements und der Verlässlichkeit; so entsteht eine rituelle Kompetenz, die auch in anderen sozialen Feldern, Institutionen, Organisationen benötigt wird, damit sich die sozialen Subjekte dort angemessen bewegen, Leistungen erbringen und deren Ziele und Werte realisieren können. Hierin liegt auch die Dialektik einer Erziehung durch schulische Rituale, die zwar mit der normativen Macht ihrer selbstverständlichen Befolgung schulaffirmative Einstellungen, Dispositionen und Schemata erzeugt, aber gleichzeitig die Schülerinnen und Schüler dazu befähigt, kreativ, kritisch und widerständig mit schulischen Disziplinierungsmaßnahmen und Funktionalisierungen umgehen zu können (Wagner-Willi 2005).

rituelle Kompetenz

Schulkritik

Hatten die strukturfunktionalen Schultheoretiker der 1950er und 1960er Jahre die von ihnen erkannten Funktionen noch als zu begrüßende Tatsache konstatiert, so entzündete sich an ihnen Ende der 1960er eine heftige, bis in die 1980er Jahre anhaltende und bis heute nachwirkende Schulkritik – die sich häufig auch auf die schulischen Rituale richtete, in denen man Abrichtung, Stereotypisierung und Unterwerfung sah.

interaktionistische Schultheorie

In Form interaktionistischer Schultheorie richtet sich die Kritik gegen den heimlichen Lehrplan (vgl. Jackson 1968; Zinnecker 1978) und die Stigmatisierung Abweichender (vgl. Wellendorf 1973; Brumlik/Holtappels 1987) sowie die mit beidem verbundene, den gesellschaftlichen Status Quo erhaltende Sozialisation der Schüler durch die Schule.

neo-marxistisch argumentierende Schultheorie

In Form von mehr oder weniger neo-marxistisch argumentierender Schultheorie richtet sich die Kritik dann vor allem gegen die Selektionsmechanismen, mittels derer die Schule die (Lern- bzw. Bildungs-)Chancen eines bestimmten, sozioökonomisch und soziokulturell bestimmbaren Teils (Klasse, Schicht, Milieu) der Bevölkerung nachweislich schwächt (vgl. Bourdieu/Passeron 1971). Auch aktuelle Debatten bewegen sich häufig noch in diesem Argumentationsmuster (vgl. Baumert u.a. 2001).

So kann man zwar in den aktuellen Bildungsberichten einen Trend zur höheren Schulbildung konstatieren, der dazu führt, dass mittlerweile über 50% eine Studienberechtigung haben; doch wir haben auf der anderen Seite immer noch fast 6% (vor allem Schüler) ohne Abschluss und noch immer werden 14,5% aller SchülerInnen als Risikogruppe gesehen, der eine basale Lesefähigkeit abgeht – und das nach 15.000 Stunden in der Schule. Insofern stellt sich immer noch die Frage nach struktureller Chancengleichheit bzw. nach Bildungsbenachteiligung im schulischen Bildungssystem. Die Bildungsbenachteiligungen in sozialer, ökonomischer und kultureller Hinsicht gelten als Begrenzungen von Chancengleichheit (Liebau/Zirfas 2008).

Bildungsbenachteiligung

Doch Chancengleichheit kann wohl – und darauf weisen alle einschlägigen empirischen Untersuchungen der Bildungsforschung hin – durch schulische Gleichbehandlung nicht gewährleistet werden. Denn die schulische Gleichbehandlung aller fördert eben nicht Gleichheit, sondern Differenz, ist doch die „Gleichbehandlung" selbst nicht neutral, sondern eine spezifische Form der Gleichbehandlung, nämlich jene, die sich am Habitus der sozialen Mittelschicht orientiert (vgl. z.B. Bourdieu/Passeron 1971). Diese unterrichtliche Gleichbehandlung aller kann deshalb als ungerecht empfunden werden, weil sie nur einen speziellen

Teil der Klasse, eben jenen der sozialen Mittelschicht, fördert. Soll man nun schulische Didaktiken und Methoden entwickeln, die dem Habitus aller Schüler gerecht werden, oder soll man die Orientierung am Mittelschichthabitus beibehalten, der wiederum entscheidend für den Erfolg in den Feldern Beruf, Politik und Kultur zu sein scheint?

Orientierung am Mittelschichthabitus

Neben dieser wissenschaftlichen, und vor allem soziologisch ausgerichteten Schulkritik – und im Ton noch schärfer – ist die zeitgleich zu beobachtende bildungspolitische und nicht zuletzt pädagogisch argumentierende Kritik zu nennen, die auf eine Entschulung der Gesellschaft zielt (vgl. Illich 1983). Kritisiert werden insbesondere der Zwangscharakter von Schule, der mit ihrem staatlich verbrieften Monopol als Lernort (für Kinder und Jugendliche) einhergeht, die Fremdbestimmung des Lernens in der Schule, deren antidemokratische Binnenstruktur sowie die lebensweltliche Irrelevanz des in der Schule Gelernten.

Wert der Schule

Die Schulkritik führt zu Versuchen, das Lernen in der alltäglichen Welt des Lernenden zu würdigen und dort zu fördern zu suchen. Exemplarisch ist hier etwa das US-amerikanische City-As-School-Modell zu nennen, das hierzulande in der Stadt-als-Schule Berlin realisiert wird. Zu nennen ist auch das Konzept des informellen Lernens, das – zum Teil über die Dritte-Welt-Pädagogik bzw. Freires Befreiungspädagogik – heute insbesondere im Bereich der beruflichen Bildung Beachtung findet (vgl. Dehnbostel 2005; Overwien 2014). Dass dort versucht wird, informelles Lernen mittels Portfolios zu fassen (vgl. Kellner 2005), zeigt die Schwierigkeiten einer nicht-formalisierten gesellschaftlichen Organisation von Lernunterstützung.

Konzept des informellen Lernens

Zum anderen führen die Schulkritik und das Postulat der Entschulung keineswegs nur zum Konzept des informellen Lernens im Alltag, sondern auch immer wieder zu Gründungen von Gegenschulen, Freien Schulen, Alternativschulen, d.h. zu Versuchen, die Schule an sich als gesellschaftliche Organisation des Lernens zu erhalten, ihr jedoch eine neue Form zu geben (vgl. Göhlich 1997, S. 127ff.). Tatsächlich hat die Schule, abgesehen davon, dass sie für die Gesellschaft offenkundig die ökonomisch tragfähigste Form der Organisation von Lernen bietet, eine Reihe von Vorteilen sowohl gegenüber der Informalität einer alltäglichen Lerngelegenheit (die nicht ohne weiteres und auf Dauer sichergestellt werden

Gegenschulen

kann) als auch gegenüber der Individualität einer Hofmeistererziehung bzw. eines Hausunterrichts durch die Eltern (dem die Chance der Schule als Gesellschaft im Kleinen entgeht).

Wert der Schule

Schon Quintilian, der Rhetoriklehrer im alten Rom, hat auf diesen Wert der Schule hingewiesen. Der Geist des jungen Menschen würde, wenn er zu Hause unterrichtet würde, einerseits ermatten und einrosten und andererseits von eitlem Eigendünkel aufgeblasen. „[...] wie wäre es auch anders möglich, da der, welcher sich mit niemandem vergleicht, zu viel auf sich selbst hält [...]" (Quintilian 1970, S. 38). Der erste Wert der Schule, auf den Quintilian hinweist, ist also, dass sie dem Schüler vielfältigere Anregungen und genauere Bilder von sich selbst als Wissendem und Könnendem zur Verfügung stellt als etwa der familiäre Kontext.

Der zweite Wert liegt in der Herstellung einer unter Umständen lebenslang haltenden Gemeinschaft durch die Schule. Die Schule stiftet „Freundschaftsbündnisse, welche bis zum Greisenalter von festester Dauer sind und durch das Band einer höheren Weihe zusammengehalten werden. Denn es ist ebenso heilig, in dieselben Studien als in denselben Gottesdienst eingeweiht zu werden" (ebd.). Auch wenn uns die Vorstellung der Heiligkeit des Lernens heute abgehen mag, ist angesichts der bis heute praktizierten Klassen- und Schultreffen ehemaliger Mitschüler/innen die Stiftung von – wenn nicht durchweg Freundschaftsbündnissen, so doch zumindest – Verbindungen durch die Schule nicht zu leugnen.

mimetisches und informelles Lernen

Als weiterer Pluspunkt wird schon von Quintilian die Ermöglichung des mimetischen und des informellen Lernens durch die Schule selbst angedeutet. Zuhause könne man nämlich nur das lernen, was an einen selbst, in der Schule „auch das, was an Andere gerichtet wird" (ebd., S. 39). So bietet der schulische Unterricht Lerngelegenheiten auch über die im engeren Sinne intentionale Lehrer-Schüler-Interaktion hinaus.

pattern variables

Hierbei kann man etwa an die Überlegungen von Talcott Parsons (1951, S. 58ff.) anknüpfen, der herausgearbeitet hat, wie der Übergangsraum Schule die *pattern variables* der Schülerinnen und Schüler verändert: Er konfrontiert die *Affektivität* der Eltern mit der *Neutralität* der schulischen Rolle und deren sachlicher Beurteilung; er erweitert den *Partikularismus* individueller, einzigartiger Beziehungen (Eltern-Kind) im Hinblick auf einen *Universalismus* von Rollenerwartungen, die durch den jeweiligen Status festgelegt sind (Lehrer-Schüler); er bringt die *Generalität* der Elternrolle mit der *Spezifizität* der Lehrerperson in einen Zusammenhang; der Zwischenraum Schule macht es auch möglich, die

Zuschreibungen als vorgegebene und feste Rolle (als Kind) ebenso aufrechtzuerhalten wie die das *Erringen* eines selbsterworbenen Status (als Schüler). Und schließlich wird die *Gemeinschaftsorientierung*, die fordert, individuelle Interessen zugunsten der Gruppe zurückzustellen, wie auch die *Selbstorientierung*, die den eigenen Vorteil sucht, in der Schule deutlich.

Ideale Schule

Wie die Schulkritik der Geschichte der Schule inhärent ist und zu Recht und notwendigerweise immer wieder anschwillt, so ist der Geschichte der Schule auch der Entwurf von idealen Schulen eigen. Wer die oben dargelegte Schulkritik ernst nimmt und dennoch, sei es aus dem referierten Wert der Schule oder aus anderen Gründen, für die Einrichtung von Schule plädiert, zielt auf eine Schule, die Lebensort, Erfahrungsraum und Haus des Lernens ist.

Haus des Lernens

Schule als „Haus des Lernens", so formuliert es etwa die Bildungskommission NRW (1995, S. 86) in ihrem Gutachten zur Schule der Zukunft,

> „ist ein Ort, an dem alle willkommen sind, die Lehrenden wie die Lernenden in ihrer Individualität angenommen werden, die persönliche Eigenart in der Gestaltung von Schule ihren Platz findet,
> ist ein Ort, an dem Zeit gegeben wird zum Wachsen, gegenseitige Rücksichtnahme und Respekt vor einander gepflegt werden,
> ist ein Ort, dessen Räume einladen zum Verweilen, dessen Angebote und Herausforderungen zum Lernen, zur selbsttätigen Auseinandersetzung locken,
> ist ein Ort, an dem Umwege und Fehler erlaubt sind und Bewertungen als Feedback hilfreiche Orientierung geben,
> ist ein Ort, wo intensiv gearbeitet wird und die Freude am eigenen Lernen wachsen kann,
> ist ein Ort, an dem Lernen ansteckend wirkt."

Die Schule – bzw. die an Schule Beteiligten, zuvorderst die professionell in ihr Tätigen – muss es mit den lebendigen, lebensweltlichen und Lebensfragen der Schüler aufnehmen, bevor sie ihr Lernen anregen und zur Lösung ihrer ggf. auftretenden Lernprobleme beitragen kann. Der Aufenthaltsort, der die Schule für einen Großteil der Lebenszeit der Kinder und Jugendlichen ist, muss ihnen auch ein Lebensort sein können, an dem das Leben lebenswert ist. „Und wenn er Lebensort ist, dann muß man in ihm nicht nur wirklich leben können, sondern auch die wichtigsten Lebenserfahrungen machen – mit den Schwierigkeiten und

Lebensort

Versprechungen, die unsere Gesellschaft für uns bereithält", schreibt Hartmut von Hentig und fährt mit einer Bemerkung fort, die wir unterstreichen wollen: „Zur Schule wird man jedoch nur kommen, wenn sie weiterhin auch deutlich ein Lernort ist" (Hentig 1993, S. 191).

Institutionalisierung des Lernens

Die Institutionalisierung des Lernens erscheint damit als heikle Aufgabe. Schon um der Identität der Lernenden und der Authentizität des Lernens willen muss Leben, Alltag, Informelles in der Schule willkommen sein und von ihr gepflegt werden. Andererseits wird sie nur Bestand haben, wenn sie sich unterscheidet vom sonstigen alltäglichen Leben. Der Unterschied, der hier den Unterschied macht (vgl. Bateson 1985, S. 274), ist die permanente Vorhaltung – und damit notwendigerweise bis zu einem gewissen Grade auch Standardisierung und Kanonisierung – von Lerngegenständen, Lernzeit sowie, last not least, Menschen, welche der Gegenstände und möglicher Perspektiven auf sie, Zugangsweisen zu ihnen und Umgangsweisen mit ihnen kundig und für die Besonderheiten der Lernenden, ihre Lebensfragen wie ihre Zugänge zu den Gegenständen sensibilisiert und offen sind.

Schulentwicklung

Grammatik

Nun weist Jürgen Oelkers (1997, S. 785) zu Recht darauf hin, dass Schule sich zwar beliebig kritisieren, aber nicht beliebig verändern lässt. Ihre „Grammatik" (vgl. Tyack/Tobin 1994) steht der Veränderung entgegen. Offenbar, so Oelkers (1997, S. 786), „ist das Schulsystem eher der interessierte Beobachter als wirklich der Adressat dieser Kritik, wenigstens erfolgt der Wandel langsamer als alle Prognosen, geht andere als die vorgeschlagenen Wege und ist doch nicht erfolglos." Die letzte Bemerkung erscheint uns wichtig. Bei allem Beharren auf dem Status Quo gibt es doch Bewegung.

Zu dieser Bewegung tragen die Debatten und ausdrücklichen Bemühungen um Schulentwicklung bei. Zum Teil reflektiert der Schulentwicklungsdiskurs auch die angesprochene Komplexität einer Entwicklung der Schule zu einem lernförderlichen Lebensort.

Programmplanung

In der Praxis vorherrschend sind allerdings Schulentwicklungskonzepte, die diese Komplexität stark reduzieren und auf lineare Planbarkeit und Machbarkeit von Schulentwicklung setzen. Schulentwicklung wird als „Programmplanung" (Rolff 1993, S. 160) vorgestellt: Wenn nur ein Leitbild sowie die Ist-Soll-

Differenz, also die Differenz von Anspruch und Wirklichkeit, präzise genug benannt werden, müsse nur noch eine zu installierende Steuergruppe die Abarbeitung der erkannten Differenz sicherstellen. In diesem Konzept eines Institutionellen Schulentwicklungsprozesses (ISP) (vgl. Dalin u.a. 1996) wird sozialreformerische Motivik in eine Vision organisationaler Technologie überführt. Letztlich liegen dem ISP-Modell fünf Annahmen zugrunde:

Konzept eines Institutionellen Schulentwicklungsprozesses

1. dass Schulentwicklung in Bedürfnisbefriedigung gründet
2. dass die Bedürfnisse (mittels eines skalierten Fragebogens) verbalisiert und gemessen werden können
3. dass die Bedürfnisse rational-planerisch in Handlungsziele überführt werden können
4. dass Handlungsziele das Handeln leiten
5. dass dieses Handeln dann die Schule entwickelt (vgl. Göhlich 2008, S. 270)

Die hier zu erkennende grundlegende Vorstellung eines auf Zweckrationalität gründenden Handelns ist allerdings durch die neuere Handlungs- und Organisationstheorie längst fragwürdig geworden. In der Regel verlaufen weder Handlungsentscheidungen noch Handlungsvollzüge linear oder folgen gar strikt einer Vorabplanung. Dennoch haben in der Schulentwicklungspraxis Modelle großen Zulauf, die die instrumentelle Simplifizierung und Technologisierung noch entschieden weiter treiben als das ISP-Modell. Zu nennen ist hier Klipperts Vorstellung vom „Haus des Lernens“ bzw. der Entwicklung der Schule zu einem solchen, die im Kern aus vorgefertigten Trainingsbausteinen zum Erwerb von Methoden- und Sozialkompetenz sowie der Fähigkeit zum eigenverantwortlichen Arbeiten besteht (vgl. Klippert 2000).

neuere Handlungs- und Organisationstheorie

Wenn die Schule als lebendige, lernunterstützende Einrichtung gewünscht wird, erscheint es sinnvoller, die einzelschulische Praxis als komplexe, spannungsreiche, aber auch stets bereits in Bewegung befindliche kulturelle Wirklichkeit anzuerkennen und ihr ggf. durch Rückspiegelung der bereits in ihr stattfindenden Bewegung Entwicklungsmöglichkeiten aufzuzeigen.

3. Medien

Im Folgenden werden unter Medien Zeichenträger verstanden, die zu Zwecken der Kodierung, Verarbeitung, Information, Kommunikation und Speicherung in sowohl analoger als auch digitaler Form dienen können. Als pädagogische Medien können Medien verstanden werden, die die Ermöglichung, Vermittlung und Veranschaulichung pädagogischer Anspruchserwartungen, d.h. die implizit oder explizit intendierten Veränderungen von Einstellungen, Meinungen, Kenntnissen, Wahrnehmungsformen, Verhaltensweisen etc. betreffen, wozu somit die allbekannten Medien wie Zahl, Schrift, Bild, Bit etc., aber auch diejenigen der Macht, Liebe, des Humors, Takts, Optimismus etc. gerechnet werden können (Treml 2000, S. 183ff.). Dass Medien Lernprozesse initiieren, begleiten, strukturieren, kanalisieren und unterstützen können, kann als evident unterstellt werden. Als ebenso evident kann gelten, dass die differenzierenden Bewertungen von guten und schlechten Medien, bzw. von guten und schlechten Medieninhalten, die auf einer allgemeinverbindlichen Grundüberzeugung ethischer und ästhetischer Normen beruhen, in der zweiten, reflexiven Moderne schwieriger geworden sind. Um Müller-Gerbes *cum grano salis* zu paraphrasieren: Die Medien können pädagogisch nutzen und schaden, doch es könnte auch umgekehrt sein. Insofern ist die Geschichte der Medien auch die Geschichte der Medienkritik.

Medienkritik

So ist die Gewissheit, dass Medien nicht nur zur Promotion von Lernen und Rationalität, sondern auch zu ihrer Destruktion beitragen, in der Geschichte der Pädagogik ein altbekannter Topos, der an dieser Stelle durch einige „Schlaglichter" mit Bezug auf das

Medium Schrift

Medium Schrift beleuchtet werden soll: So findet sich in Platons Schrift (!) *Phaidros* der Hinweis darauf, dass die Schrift (!) das Gedächtnis schwächt und ein fälschliches Wissen nahelegt. In Cervantes *Don Quijote* kämpft der Ritter von der traurigen Gestalt gegen die Windmühlen, weil er, durch die Lektüre von Ritterromanen verwirrt, die Realität mit der Fiktion verwechselt. Rousseaus Kritik am Buchwissen, die später von der Reformpädagogik fortgeschrieben werden wird, lässt sich in seinem Erziehungsroman *Emile* finden; dort wird behauptet, dass die frühzeitige und intensive Lektüre den natürlichen Entwicklungsgang des Zöglings aus der Bahn werfen würde, so dass Emile erst im Jugendalter zu einem einzigen Buch, nämlich dem *Robinson Crusoe* greifen darf. In der pädagogischen Debatte des endenden 19. Jahrhunderts wettert man gegen die Seelenlosigkeit und Oberflächlichkeit der Schundliteratur, die unweigerlich zur Verrohung der Sitten führen soll – eine Diskussionslinie, die sich mühelos in die Bildungsdebatten um das sich im ersten Drittel des 20. Jahrhunderts etablierende Kino und dann in diejenigen um das sich in den 60er und 70er Jahren verbreitende Fernsehen verlängern ließe. In unseren Tagen weisen Kritiker der Computer- und Telekommunikation darauf hin, dass die mit ihr verknüpften Hoffnungen, sich lästige Denkoperationen zu ersparen und einen demokratischen Zugang zum Wissens- und Denkpotential der Menschheit zu erhalten, nichts weiter als Suggestionen seien. Schlussendlich sei hier Werner Sacher zitiert:

> „Wir haben gegenwärtig einen Trend zur Oberflächlichkeit und Flüchtigkeit des Lernens zu verzeichnen: Info- und Edutainment, bloß äußerlich aufgesetzte Animationseffekte, überschätzte Multimodalität mit einer größtmöglichen Vielzahl angesprochener Sinne, die Überschätzung des Lust-Charakters von Lernen und die damit einhergehende Vernachlässigung der mentalen Anstrengung und Verarbeitung beeinträchtigen die Gründlichkeit und Nachhaltigkeit des Lernens in hohem Maße. [Denn zu dieser gehört die] Verknüpfung des ‚Ergriffenen' mit der Person des Lerners, mit seiner Biographie, mit seinem Lebensplan und mit seiner Lebenswelt" (Sacher 2000, S. 145, 147; vgl. Sacher 1989).

Und diese Verknüpfung , so könnte man ergänzen, muss oftmals in einem leidvollen Prozess erworben werden.

Die Fragen, welche Medien welche Lernprozesse initiieren, unterstützen etc. und in welcher Weise diese Lernprozesse durch die Medien tangiert werden, sind weitgehend offene, weil empirisch noch nicht entschiedene Fragen. Oftmals bewegt sich hier der pädagogische Mediendiskurs des Lernens auf programmatischem und hypothetischem Niveau.

Aspirationen im Multimedia-Zeitalter

Die zur Zeit vorherrschende Debatte um ein effizienteres Lernen durch Multimedia oder um eine zukunftsorientierte digitale Bildung, sei es in Form von Übungs-, tutoriellen, Simulations- oder Hypertextprogrammen (vgl. z.B. Schulmeister 1997; Clement/Martens 2000; Weber 2005), verdeutlicht diese Einschätzung. Im Folgenden soll diese Debatte kurz skizziert werden, d.h. es wird nicht auf die oben angesprochenen pädagogischen Medien und nicht auf die Wahrnehmungsmedien (von Raum und Zeit) oder die Kommunikationsmedien (wie Sprache, Schrift, Bild, Musik etc.) eingegangen, sondern vor allem auf die technischen Verbrei-

technische Verbreitungs- und Lernunterstützungsmedien

tungs- und Lernunterstützungsmedien (Internet- und Multimedia-Lernprogramme, seien diese nun auf einem Server, einem Rechner oder einer CD-ROM zugänglich). In diesem Zusammenhang wird, seit den 80er Jahren unterstützt durch Organisationen wie UNESCO, die Europäische Kommission oder die OECD, aufgrund ökonomischer, sozialer, politischer und nicht zuletzt pädagogischer Notwendigkeiten gefordert, die lebenslangen Lernprozesse effizienter und kostengünstiger zu gestalten. Dieser Wunsch nach effizienten, rationalen Lernverfahren entspricht dem umfassenden Wunsch nach einer umfassenden ökonomischen Rationalität von Bildungsprozessen. Gegenläufig zu diesem Prozess lässt sich festhalten, dass formuliertes und zertifiziertes Wissen, isolierte Fähigkeiten und Faktenwissen (knowing that) tendenziell an Bedeutung verlieren, während im Gegenzug nicht kodifiziertes, implizites Wissen, tentatives, umfassendes Expertenwissen (knowing how) an Relevanz gewinnt; dieses Wissen aber erfordert eine methodische und didaktische Öffnung, in der Lernprozesse weniger konstruiert und induziert denn ermöglicht und eröffnet werden, um den Raum für das Erlernen der Selbstorganisation des Lernens zu schaffen.

knowing that

knowing how

In diesem Zusammenhang verweisen die Studien von Brandsford, Franks, Vye und Sherwood (1986, 1989) darauf, dass die Promotion des prozeduralen Wissens (knowing how) sich im Unterschied zum bloßen Faktenwissen (knowing that) konstruktiv durch die Darstellung einer Problemlösung als konkreten narrativen „Anker" bewerkstelligen lässt. „Our most successful and theoretically interesting attempt to facilitate spontaneous access involves the use of problem-oriented acquisitation experiences. [...] We argue that the important similarities to pursue are similarities in *requirements for problem solving*" (Bransford et al. 1989, S. 476, 493). Dieser „Anchored-Instruction-Approach" zielt damit auf die Vergegenwärtigung eines impliziten Wissens (inert knowledge), das zu einem expliziten Wissen (conditionalized knowledge) gemacht werden soll.

Anchored-Instruction-Approach

Quadratur des Kreises

Multimedia verspricht hier die Quadratur des Kreises, insofern unterstellt wird, dass mit der Verwendung der neuen Computertechnologien Effizienz, Ökonomie und Kontrollierbarkeit von Lernprozessen mit an Interaktivität und Selbststeuerung geknüpften offenen Lehr-Lernarrangements einhergehen können, sich mithin die oben beschriebenen Notwendigkeiten mit den individuellen Freiheiten in Einklang bringen lassen:

> „Die – in der Wahrnehmung der Apologeten – schier universale Vielfalt der dargebotenen Informationen, die Realitätsnähe simulierter Lernsituationen, die vernetzte Wissens- und Kommunikationsstruktur sowie die Möglichkeit individualisierter Lernwege, durch die frei navigiert werden kann, all diese potentiellen Freiheitsgrade lassen Lernen mit neuen Medien als autonom, selbstgesteuert und situationsbezogen erscheinen. Gleichzeitig weckt Lernen am Computer die Vorstellung größtmöglicher Kontrollierbarkeit, denn (jedenfalls beim derzeitigen Entwicklungsstand) können in der Regel nur solche Lernwege beschritten werden, die von den Programmentwicklern vorgedacht und konzipiert wurden“ (Clement/Martens 2000, S. 98f.).

Lernen mit – wie auch immer – didaktisierten Medien (das gilt auch für dieses Buch) ist vorprogrammiertes Lernen, das die individuelle Aufnahme und Verarbeitung von Wissen nicht nur ermöglicht, sondern zugleich begrenzt, und das bedeutet, dass auch die viel beschworene Interaktivität multimedialer Angebote oder auch das „Multitasking“ vorab programmiert sind. Damit werden in gewisser Weise die Lernprozesse „en passant“ (vgl. Reischmann 1995) oder auch die wertvollen „Umwege“ des Lernens, d.h. die bedeutsamen Serendipity-Effekte, beschnitten, also die Möglichkeiten, durch Zufälle etwas Wichtiges zu lernen, während man „eigentlich“ etwas anderes sucht oder will.

vorprogrammiertes Lernen

Neu an dieser Konstellation ist nicht der Konnex von Notwendigkeit und Freiheit des Lernens, von Selbststeuerung und Selbsttätigkeit auf der einen und Fremdsteuerung und Kontrolle auf der anderen Seite, ist diese doch schon von Immanuel Kant Anfang des 19. Jahrhunderts mit der paradoxen Formel der Erziehung zur Freiheit durch Zwang auf den Punkt gebracht und dann – medienbezogen – etwa von Maria Montessori in ihren Materialien umgesetzt worden. Neu erscheinen allerdings die mit Multimedia verknüpften immensen Hoffnungen, ein weitgehend selbstorganisiertes Lernen mit einer höchstmöglichen Effizienz, Vernetzung und potentiell unendlichen Offenheit und Vielfalt in Verbindung zu bringen.

immense Hoffnungen

Zur kritischen Einschätzung der Innovationsleistungen neuer Medien

Zunächst ist allerdings zu klären, welche Veränderungen und Innovationen mit den neuen Medien verbunden sind. Mit Mike Sandbothe (2005) lassen sich vier Basisannahmen betrachten, die sich unter Bedingungen des multimedialen Lernens reformieren

vier Basisannahmen

lassen: die geschlossenen Wissensräume, das Primat der Stimme, die mit Omnipotenz ausgestattete Lehrerautorität und die hierarchische Ordnung des Wissens.

1. Mit dem Internet werden die traditionellen (Wissens-)Räumlichkeiten verlassen, als einerseits der physische Raum in Richtung eines virtuellen Raums und andererseits dort ein komplex vernetzter, symbolischer Raum betreten wird.
2. Die traditionelle Face-to-Face-Interaktion wird nicht abgeschafft (in gewisser Weise wird sie sogar nötiger denn je), sondern ergänzt um die synchronen und diachronen Möglichkeiten schriftgestützter Kommunikation, die wiederum dezentrierend und revalidierend auf diese zurückwirkt.
3. Damit ist auch die traditionelle Rolle der Lehrerin und des Lehrers tangiert, da ihr verstärkt kommunikationspragmatische Moderation und kommunikative Navigationsfähigkeiten zukommen müssen.
4. Die vierte Modifikation betrifft den vernetzten, potentiell unendlichen Verweisungszusammenhang von graphischen, piktoralen und akustischen Zeichen, der in die Richtung eines medialen Konzepts stetiger Vernetzung, selbstständiger Bewertung und pragmatischer Rückbindung verweist.

Ohne im Einzelnen die – mit Blick auf die Geschichte der Pädagogik gelinde gesagt strittigen, ja gelegentlich schlicht falschen (z.B. bei der Hypothese einer geschlossenen pädagogischen Räumlichkeit) – Annahmen von Sandbothe zu diskutieren und ohne sie durch die Hinweise auf eine modifizierte Körper- und Leiblichkeit, durch eine Veränderung von Gemeinschaft und Gesellschaft, durch eine geänderte Zeitstruktur etc. zu ergänzen, soll hier lediglich seine Quintessenz für Theorien und Praktiken der Bildung festgehalten werden. Diese lässt sich in einer Interdependenz von (neuen) Wissens- und (neuen) Lernformen sehen. Lassen sich auf der Seite des neuen Wissens – in der Tendenz – weniger hierarchische denn heterarische Wissensbestände, weniger fundamentale Kategorien denn provisorische Begriffsbestimmungen, weniger systematische Sequenzen denn Verweisungszusammenhänge und weniger fundamentales Faktenwissen denn prozedurales Umgangswissen ausmachen, so fordert diese Wissensstruktur weniger ein instruktives denn ein konstruktives, weniger ein überzeitliches denn ein flexibles, weniger ein unilaterales denn ein interaktiv-virtuoses sowie weniger ein Auswendiglernen denn ein stetiges Umlernen: ein reflexives, praktisches, intermodales, problemorientiertes Lernen.

Interdependenz von (neuen) Wissens- und (neuen) Lernformen

stetiges Umlernen

Lerneffekte

Allerdings lassen sich die vermuteten Lerneffekte aufgrund der Komplexität der bei Lernprozessen wirkenden Einflussgrößen empirisch kaum, wenn überhaupt, valide und reliabel den Wirkungen dieser Medien insgesamt zuschreiben. Zum zweiten ist Lernen als innerpsychischer Prozess einer äußeren Beobachtung nie gänzlich zugänglich, mithin jedenfalls schwer rekonstruierbar. Testaufgaben, Anwendungs- und Verhaltenssituationen und Handlungsaufforderungen lassen es gegebenenfalls zu, die Leistung (des Lernens), nicht aber das Lernen selbst zu fokussieren. Drittens erscheint es empirisch zweifelhaft, die Lernprozesse und ihre Ergebnisse mit dem Anwendungswissen in einen Zusammenhang zu bringen, geht doch Lernen nicht unmittelbar auch mit der konkreten Umsetzung des Gelernten einher. Und viertens wird es fraglich, wie man aufgrund der skizzierten Problematiken – Komplexität, Unsichtbarkeit, Anwendungsbezogenheit – Modelle und Formen des medialen Lernens und Lehrens ableiten will, die mit spezifischen (ökonomischen, sozialen, performativen etc.) Zielen verknüpft sind und nicht nur mit der pauschalen Annahme, dass mit und in ihnen „schon etwas gelernt wird“.

Wie lassen sich kausalattribuierte Rückschlüsse auf das Lernen mit Medien ziehen, wenn man von einem prinzipiell offenen Lernprozess ausgeht? Wie lassen sich die Verknüpfungen zwischen den unterschiedlichen Konstrukten von Lernen und Lernerfolgen, wie die Relationen zwischen diesen Konstrukten und den zu messenden Lerngrößen und Indikatoren des Lernens reliabel und valide beschreiben? Denn: „Eine definitive Festlegung der Kriterien und Messgrößen im Rahmen von Testverfahren ist daher – ebenso wie zugrunde liegende Lehrziele und deren Operationalisierungen – prinzipiell verhandelbar [...]“ (Clement/Martens 2000, S. 107) und gerät leicht in einen rekonstruktiven Zirkel, der nur das als „Lernen“ misst, was er vorab als solches definiert. Denn ob und wie der individuelle Lernerfolg zustande kam, kann durch kein „objektives“ Konstrukt überprüft oder erkannt werden.

Differenz zwischen Lehrzielen und Lernzielen

Zudem lässt sich hier mit Klaus Holzkamp (1993, S. 208) die Differenz zwischen Lehrzielen und Lernzielen festhalten: „Der potentielle Lerngegenstand ist nicht zu verwechseln mit dem möglichen Ziel des Lernhandelns: ‚Ziele‘ sind als solches etwas, das das Individuum selbst sich setzt [...]. Lerngegenstände sind dagegen etwas, was dem Individuum auf der Weltseite gegenüber steht, dessen Aufschließung sich das Lernsubjekt zum Ziel machen kann, die aber nicht mit dem Ziel zusammenfallen.“ Und

Nachhaltigkeit von Lernprozessen

schließlich stellt auch die Nachhaltigkeit von Lernprozessen aus empirischer Sicht ein Problem dar, denn ob und wieweit Lernprozesse biographisch reichen, ist ebenso kaum verifizierbar wie die Frage danach, welche Lehrmethoden und Medien die Nachhaltigkeit von Lernen am effektivsten stabilisieren. Zusammenfassend verweist Schulmeister die Ergebnisse der Evaluation von Lernprozessen daher in das „Land der Nullhypothesen" (Schulmeister 1997). Es bleibt noch zu klären, ob wir mit Multimedia tatsächlich besser, schneller und effizienter lernen können, oder ob dazu ein Stapel alter Schulbücher oder ein gemeinsames Projekt nicht sinnvoller sind. Und insofern stellt sich die Frage, ob die mit den neuen Medien in Verbindung gebrachte Entgrenzung der Lernkulturen als größere Steuerung des Lernprozesses, als erweiterndes individuelles wie kommunikatives Lernen, als Steigerung des expliziten wie impliziten Lernens und als Beschleunigung und Effizienzsteigerung des Lernens *per se* behauptet werden kann.

Mediale Bildung

Lerneffekte

Wenn überhaupt, so ergeben sich mediale Lerneffekte dadurch, dass:

1. das entsprechende Equipment überhaupt vorhanden ist (was ja noch immer nicht etwa in allen Schulen der Fall ist)
2. die Medien Akzeptanz finden, weil sie die Vermittlung des Stoffes und der Verfahren verständlich vermitteln, dabei verschiedene Darstellungsformen angemessen einsetzen, einfache und übersichtliche Benutzeroberflächen sowie Orientierungs- und Navigationsmöglichkeiten aufweisen und eine Selbstkontrolle der Lernenden möglich machen (vgl. Vollbrecht 2001, S. 96)
3. die Lernenden selbst gewisse Voraussetzungen mitbringen, etwa ein spezifisches technisches, schriftliches Vorwissen, räumliches Vorstellungsvermögen, bestimmte Lernstile, eine den neuen Medien entgegenkommende Einstellung etc.
4. nicht zuletzt auch die Lehrenden sich „den routinierten Umgang mit der digitalen Lernumgebung, das selbstständige Planen und Gestalten der Lernenden und den Schwerpunktwechsel vom Darstellen zum tutoriellen Betreuen bei den Lehrenden" (Nolda 2002, S. 155) angeeignet haben.

Entwicklung der Lernsoftware

In vielen Fällen wäre es sinnvoll, bei der Entwicklung der Lernsoftware bzw. bei ihrer Didaktisierung nicht nur eine *Top-down-*, sondern eine *Bottom-up*-Strategie zu verfolgen, d.h. die Entwicklung und Didaktisierung gemeinsam mit den Schülern zu erarbeiten.

Ebenso wäre es sinnvoll, dass Lernsoftware und Didaktisierung individuelle Umwege des Lernens möglich machen. Zusätzlich sollte überlegt werden, ob diese Medien in der Lage sind, einerseits den Lernenden individuell zu fördern und sodann den *increasing knowledge gap* nicht noch unnötigerweise zu vergrößern.

Lernstrategien

Für eine pädagogische Theorie und Praxis des Lernens sind nun vor allem zwei Momente interessant: die *Lernstrategien* und das Modell des *situierten Lernens*. Die Lernstrategien werden häufig als Skala von prozeduralen Maßnahmen skizziert, die von generellen Methoden zur Erschließung neuer Gegenstände, zu lokalen Strategien, zur Ausdifferenzierung und zum Rekonfigurieren von Wissensbeständen mit Hinblick auf konkrete Probleme oder komplexere Aufgaben reicht (vgl. Collins/Brown/Newman 1989, S. 479). Mit dem situierten Lernen werden insgesamt fünf Dimensionen verknüpft:

situiertes Lernen

1. das Verstehen und das Anwenden des erlangten Wissens
2. die Koinzidenz von Lernen und Anwendung (learning by doing)
3. das Erlernen diverser Bedingungen von Anwendungsmöglichkeiten
4. das mit dem Lernen in multiplen Kontexten verbundene abstrahierende Wissen
5. der Konnex von „problem finding“ und Lösungsstrategien (ebd., S. 488f.)

Damit hebt das Modell des situierten Lernens auf ein praktisches und pragmatisches Wissen ab, das mit seiner ständigen pragmatischen Rückbindung eine dynamische Vermittlung von sich ausdifferenzierenden Wissensformen und immer wieder neu anstehenden Problematiken schafft. Diesem Modell entspricht das von den Autoren vorgeschlagene Lehrmodell, das mit seinen Charakteristika – „the ready availability of models in expertise-in-use, the presence of clear expectations and learning goals, and the integration of skill improvements and social reward“ (ebd., S. 486) – Lernprozesse motiviert und unterstützt.

kritische Medienbildung

Ein wenig aus dem Blick geraten – aber für mediale Bildung ungemein bedeutsam – ist vor diesem Hintergrund der Aspekt einer kritischen Medienbildung: Die kritische Auseinandersetzung mit Medien mit Blick auf ihre Voraussetzungen, Inhalte, Formen und Ziele. Dass diese Auseinandersetzung unterschiedlich fokussiert sein kann – pädagogisch, technisch, politisch, sozial, ethisch, ästhetisch etc. – soll hier zumindest noch erwähnt werden.

4. Kulturpädagogik

Drei Modelle

Historisch betrachtet lassen sich unter dem Begriff der Kulturpädagogik in Deutschland drei sehr unterschiedliche Formen pädagogischen Denkens und Handelns verstehen. Die ältere Fassung resultiert aus Überlegungen zu Beginn des 20. Jahrhunderts und ist den akademischen Bemühungen einer sich geisteswissenschaftlich verstehenden Pädagogik geschuldet. Kulturpädagogik bezeichnet hier vor allem eine historisch hermeneutische und theoretische Zugangsweise, die sich vor dem Hintergrund von lebensreformerischen Überlegungen um eine Bewältigung der mit den politischen, ökonomischen und technischen Umbrüchen einhergehenden Kultur- und Sinnkrisen bemühte. Der auch heute noch oftmals verwendete Begriff der Kulturpädagogik resultiert dagegen aus den60er und 70er Jahren des letzten Jahrhunderts und ist mit den emanzipativen Demokratie- und Modernisierungstendenzen dieser Zeit verknüpft. Unter Kulturpädagogik wird hier vor allem eine Praxis unterschiedlichster kulturell-pädagogischer Arbeitsfelder verstanden. Die neueste Variante der Kulturpädagogik, die sich seit den 1980er Jahren entwickelt hat, lässt sich als eine weiterführende Synthese aus der systematisch und historisch argumentierenden geisteswissenschaftlichen und aus der empirisch-pragmatisch orientierten Kulturpädagogik verstehen, d.h. sie verknüpft die theoretischen Zugänge der älteren mit den praktischen Konzepten der neueren Kulturpädagogik zu einem reflexiven Modell, das zudem Erkenntnisse der Sozial- und Kulturwissenschaften systematisch einbezieht. Die folgende kurze Darstellung der Kulturpädagogik geht auf Aspekte dieser Pädagogik seit den 60er Jahren ein (vgl. Zirfas 2015).

hermeneutische und theoretische Zugangsweise

Praxis unterschiedlichster kulturell-pädagogischer Arbeitsfelder

reflexives Modell

Emanzipation und Soziokultur

Die mit den emanzipatorischen Bestrebungen neuer Kulturpädagogik verbundenen Anstrengungen zielten zunächst (und zumeist) auf eine *Kultur für alle* (Hoffmann 1981), d.h. auf eine Demokratisierung von Kultur und auf eine Erleichterung der Zugänge zu traditionellen und modernen Formen der Hochkultur mit einem starken Akzent auf der Rezeption von Kultur. Hierbei ging es vielfach nicht um eine Popularisierung von Kultur, sondern um das Bestreben, über ein Angebot für alle den Weg in die

Kultur für alle

Hochkultur zu ebnen. Zum zweiten gibt es in dieser Zeit bereichsspezifische kulturelle Bewegungen in den einzelnen Kunstsparten; hierbei ist die Alternativszene mit ihren freien Künstlergruppen und ihren Geschichtsinitiativen bedeutsam, da sie den Fokus auf die künstlerischen Produktionen richten. Das heißt, hier geht es um eine *Kultur von allen*, die die Autonomie kultureller Eigentätigkeit in den Mittelpunkt rückt. Und da ist schließlich drittens eine gesellschaftlich zugespitzte Kunst- und Kulturkritik, die die kulturelle Affirmativität traditioneller Werke im Namen einer kritischen Legitimität in Frage stellt. Wenn traditionelle Werke nichts anderes verkörpern, als illegitime Herrschaft und Unterdrückung, dann sollten diese zugunsten der Idee *Kultur ist alles* verabschiedet werden, d.h. einer Kultur, die neue Ausdrucks- und Darstellungsformen ohne qualifizierendes Differenzieren generiert und zulässt. Nicht nur die Kunst-Kultur, sondern auch die Sub-Kulturen, die Stadtteil-Kulturen, oder auch die Musik-, Sprach-, Jugend-, Ess-, Trinkkulturen etc. werden im Zuge dieser Entwicklung bedeutsam – und dann noch einmal um den Faktor der Migrationskulturen multipliziert.

Kultur von allen

Kultur ist alles

Zu den wichtigen Arbeitsfeldern der Kulturpädagogik zählen seitdem die Museumspädagogik mit ihren Aufgaben der didaktisch-methodischen Vermittlung von Museumsbeständen und Ausstellungen, die Theaterpädagogik mit der Durchführung von rezeptiven und produktiven Veranstaltungen zur Theaterarbeit, die Spielpädagogik, die – oftmals an romantische Traditionen anschließend – die ganzheitliche Entwicklung des Menschen intendiert, die Musikpädagogik, die vor allem durch die zahlreichen Musikschulen die musikalische Praxis unterschiedlichster Musikstile zu promovieren sucht; zu nennen sind aber auch Bildende Kunst, Tanzpädagogik, Literaturarbeit, Lesezirkel, Schreibwerkstätten, Biographiearbeit, Zirkuspädagogik und (auch) die sich zunehmend etablierende Medienpädagogik, die in den 70er und 80er Jahren vor allem pädagogische Arbeit mit Fernsehen, Fotografie und Film bedeutete.

Arbeitsfelder der Kulturpädagogik

Intendiert wurden in dieser Zeit also im eigentlichen Sinne nicht nur ästhetische und kulturelle, sondern auch soziale und politische Ziele. So ging es um Formen des individuellen und kollektiven kulturellen Lernens, um Fragen der ästhetischen Wahrnehmung, Kommunikation und Produktion, um Prozesse der Darstellung, Gestaltung und Reflexion von ästhetischen und kulturellen Artefakten; und es ging um neue soziale Formen von Kultur, um die Anerkennung von Alltagskultur, um die Abkehr von einer objektiven Werkästhetik, die vor allem durch das Bildungsbürgertum vertreten wurde, um den Umgang mit kulturpolitischen Informationen und Kritikfähigkeit, und um neue soziale, politische und wissenschaftliche Modelle für die Legitimität von Kultur.

therapeutische, sozialisatorische und qualifikationsbezogene Ziele

Darüber hinaus etablierten sich auch kulturpädagogische Ansätze, die therapeutische, sozialisatorische und qualifikationsbezogene Ziele verfolgten. So werden mit den entsprechenden Kunst- und Musiktherapien dezidiert gesundheitspädagogische Anliegen verfolgt, mit Rollenspiel und Psychodrama versucht man – präventiv und intervenierend – deviantem Verhalten zu begegnen und mit diversen kulturpädagogischen Arbeitsformen – vom Filmen bis hin zu Stadtteilaktionen – sollen Schlüsselkompetenzen in personeller, sozialer und methodischer Hinsicht gefördert werden.

soziokulturelle Zentren

Die Bedürfnis- und Interessenorientierung der emanzipativen Kulturpädagogik kommt wohl am ehesten in den sich etablierenden soziokulturellen Zentren und Initiativen zum Ausdruck. Diese Einrichtungen, die sich in den 70er Jahren parallel zur neuen Kulturpolitik entwickelten, waren zunächst überwiegend als Kommunikationszentren konzipiert, die sich durch ein hohes Maß an Eigenaktivität und Selbstreflexivität auszeichneten. Darunter wurden subsumiert: Kommunikationszentren, Medienzentren, Jugendzentren, Kulturläden, Bürgerhäuser, Häuser der Offenen Tür, Stadtteilarbeit und -feste, Bürgerinitiativen und -projekte. Die 1979 in einem Dachverband zusammengeschlossenen Soziokulturellen Zentren betrieben Kulturpolitik „von unten“, indem sie über alle Kultur- und Kunstsparten hinweg verschiedene Altersgruppen, Milieus und Nationalitäten ansprachen. Die hier erprobten Arbeitsformen der Projektmethode, Werkstätten, Kurse, Gemeinwesenarbeit und Begegnung (Gastronomie) u.a. wurden auch in anderen kulturpädagogischen Feldern paradigmatisch bedeutsam. Denn sie intendierten und praktizierten den Abbau von Zugangsbarrieren, eine offene und flexible Planung, eine Berücksichtigung ganzheitlicher Aneignung, ein Höchstmaß an Partizipation in der Durchführung, die Betonung der sozialen und politischen Relevanz und die Entwicklung von personalen und sozialen Handlungskompetenzen. Diese Zentren praktizieren insofern pädagogische Prinzipien, die auch noch heute zum Kernbestand der Kulturpädagogik zu rechnen sind, etwa den Adressatenbezug, die Ganzheitlichkeit, die Partizipation, die kulturelle oder ästhetische Vielfalt sowie die Reflexivität.

Arbeitsformen

Professionalisierung und Empirie

Bis in die 80er Jahre hinein wird unter Kulturpädagogik vor allem eine außerschulische kulturpädagogische Praxis verstanden, in der die soziale und ästhetische Arbeit im Mittelpunkt steht (vgl. Müller-Rolli 1988). Wolfgang Zacharias (2001, S. 77ff.) geht dann von vier Entwicklungen der Kulturpädagogik seit den 1980er Jahren aus: Erstens lasse sich ein expandierendes und sich deutlich professionalisierendes Praxisfeld festhalten (so wurde bspw. 1979 der erste kulturpädagogische Studiengang an der Universität Hildesheim eingerichtet); zweitens etabliere sich eine bundesweit selbstorganisierende Diskursszene (in diesem Sinne fand 1976 die Gründung der „Kulturpolitischen Gesellschaft" statt) und eine sich entwickelnde Organisationsstruktur auf der Ebene von Kommune, Land und Bund (1981 wurde der „Deutsche Kulturrat" als Arbeitsgemeinschaft gegründet, die dann 1995 in einen gemeinnützigen Verein überführt wurde); drittens finde eine theoretisch-konzeptionelle Selbstverortung in den Horizonten der Kulturarbeit, Erziehungswissenschaft und Aus- und Weiterbildung statt und schließlich viertens ließe sich eine kritisch-konstruktive externe Bewertung vor allem durch die allgemeine Erziehungswissenschaft nachzeichnen.

Entwicklungen der Kulturpädagogik

Über diese, bis heute andauernden Entwicklungen hinaus, lassen sich noch weitere Veränderungen in der Kulturpädagogik konstatieren. So können die nach der Wende von 1989 einsetzenden Entwicklungen zunächst unter dem Stichwort Sicherung und Etablierung der Infrastrukturen der Kulturpädagogik (Soziokultur) zusammengefasst werden. Während der Begriff der Kulturpädagogik in der DDR nicht verwendet wurde, kann dennoch davon ausgegangen werden, dass die außerschulische Kinder- und Jugendbildung im hohen Maße als kulturelle, sowie als politische und oftmals auch als leistungsbezogene, Bildung verstanden worden ist und dass großen Bevölkerungsschichten der Zugang zu – wenn auch politisch gefilterten – künstlerisch-kulturellen Angeboten ermöglicht wurde. Bis heute – und durch den neoliberalen Zeitgeist in zunehmendem Maß – stehen viele kulturpädagogische Projekte und Strukturen vor der Frage der Verstetigung bzw. der längerfristigen Etablierung kulturpädagogischer Institutionen.

Die PISA-Debatten des letzten Jahrzehnts haben nicht nur zu einer Stärkung empirischer Forschungen geführt, sondern auch den Legitimationsdruck auf die Kulturpädagogik verschärft, ihre Relevanz durch solche Studien unter Beweis zu stellen (vgl. Peez

empirische Forschungen

2005; Keuchel/Wiesand 2009; Scheunpflug/Prenzel 2013). Bedeutsam wurde hier vor allem die Transferforschung, d.h. Studien, die die Auswirkungen des Umgangs mit den Künsten auf die kognitiven, sozialen und emotionalen Kompetenzen Heranwachsender untersuchen (vgl. Klepacki/Zirfas 2009; Rittelmeyer 2010). Die Entwicklung standardisierter Test- und Evaluationsverfahren geht hier einher mit dem Bestreben der Qualitätssicherung in der Kulturpädagogik und der Anerkennung der in ihrem Rahmen erfolgten Bemühungen der Kinder- und Jugendlichen. In diesen Kontext der Frage nach den durch die Kulturpädagogik vermittelten Kompetenzen gehört auch die Etablierung des „Kompetenznachweises Kultur“ (seit 2001 durch das BKJ), der als Instrument gedacht ist, die künstlerischen, personalen, sozialen und methodischen Kompetenzen festzuhalten, die in der kulturellen Bildungsarbeit gefördert und gefordert werden (vgl. Timmerberg/Schorn 2009). Auch der in seiner systematischen und methodischen Anlage durchaus kritikwürdige, aber angesichts des heterogenen Feldes wiederum zu begrüßende, Bericht über die „Kulturelle/musisch-ästhetische Bildung im Lebenslauf“ (Autorengruppe Bildungsberichterstattung 2012, S. 157ff.) signalisiert das gewachsene wissenschaftliche wie politische Interesse an einer empirischen Grundlage kulturpädagogischer Zusammenhänge.

Kompetenznachweis Kultur

In praktischer Hinsicht kann man in jüngster Zeit sechs Entwicklungen ausmachen, die von der (Wieder)Entdeckung privater Finanzierung (Kultursponsoring) und der Etablierung kulturpädagogischer Netzwerke über die Situierung der Kulturpädagogik in einem Feld zwischen Schulpolitik, Jugendpolitik und Kulturpolitik und der stärkeren Berücksichtigung der kulturellen Bildung im Lebenslauf bis hin zu den Kooperationen zwischen Schulen und kulturellen Einrichtungen (Kulturschule, Kulturagenten) und der Berücksichtigung von unterschiedlichen sozialen Ausgangslagen (Chancengerechtigkeit) reichen (vgl. Braun/Fuchs/Kelb 2010; Braune-Krickau/Ellinger/Sperzel 2013).

Feld zwischen Schulpolitik, Jugendpolitik und Kulturpolitik

Die Kulturpädagogik findet sich in einem heterogenen und durchaus widersprüchlichen Feld wieder: Sie reagiert einerseits auf die neoliberalen Tendenzen mit einer zunehmenden empirischen Forschung auf der einen und einer sich intensivierenden Legitimationsarbeit auf der anderen Seite, d.h. sie fokussiert die Transferforschung, eine Kompetenzorientierung und Qualitätssicherung und bedient somit den aktuellen Zeitgeist. Und es scheint fast so, dass die neoliberale Debatte um den Dienstleistungsfaktor Kultur (Haselbach u.a. 2012) in eine neue Runde eingetreten ist, in der auch der Kulturpädagogik die Aufgabe zukommt, die Kultur

neoliberale Tendenzen

und die kulturelle Bildung gegenüber den Gebildeten unter ihren Verächtern wieder einmal auf unterschiedlichsten Ebenen legitimieren zu müssen. Auf der anderen Seite lässt sich aber auch eine gewisse Widerständigkeit der modernen Kulturpädagogik festhalten, die in einer Fokussierung auf die Künste und die kulturelle und ästhetische Bildung, die Dis- und Afunktionalität kultureller Bildung und damit die Bildung *in* den Künsten – nicht die Bildung *durch* die Künste – betont.

Widerständigkeit

Bildung in den Künsten

Perspektiven

Was die Entwicklung der Kulturpädagogik betrifft, so werden in den nächsten Jahren wohl verschiedene Tendenzen eine gewichtigere Rolle spielen: Die in jüngster Zeit zu beobachtende *Strukturdiskussion* der Kulturpolitik, die angesichts von Finanz- und Wirtschaftskrise, fundamentale Fragen der Finanzierung und Förderung, der Organisation und des Managements, oder der Verbindung von Kunst- und Kulturorganisationen zur Kreativwirtschaft und Tourismus stellt, wird auch für die Kulturpädagogik Auswirkungen zeitigen. Denn die in diesen Debatten geforderte konsequente Entwicklung hin zur lernenden Kulturorganisation und zu einer konsequenten Nachfrage- und Besucherorientierung (*audience development*) wird ohne pädagogische Unterstützung kaum professionalisierbar sein (vgl. Klein 2011).

Strukturdiskussion der Kulturpolitik

Pädagogisch bedeutsam erscheint hier sodann die Annäherung von Kulturpädagogik und *Schule* (bspw. Kulturschule), die mit der Ganztagsschulentwicklung noch einmal an Bedeutung gewinnen wird. Beide pädagogischen Arbeitsfelder scheinen in zunehmender und asymmetrischer Form aufeinander angewiesen: Die kulturellen Einrichtungen brauchen die Schulen, um angesichts erodierender kultureller Milieus ihr eigenes Überleben zu sichern, und die Schulen brauchen die Kultur, um einerseits Traditionen noch vermitteln und andererseits Innovationen anstoßen zu können. Asymmetrisch ist diese Beziehung, weil die Schulen – schon aufgrund ihrer schieren Anzahl und der mit ihnen verbundenen Schulpflicht in Kindheit und Jugend – weniger auf die kulturellen Einrichtungen angewiesen sind als diese auf jene (Fuchs 2012).

Kulturpädagogik und Schule

Kulturpädagogik hat sich seit den 70er Jahren schon und wird sich zunehmend mehr den neuen *Medien* öffnen (müssen). Zwischen kulturkritischem Pessimismus und dem Hinweis auf Konformismus, Marktförmigkeit sowie Manipulation und den

neue Medien

Hinweisen auf die Möglichkeiten kultureller Bildung durch Kreativität, Spiel und Experiment bewegen sich hier die Argumentationen und Aktionen – wohl auch weiterhin. Es ist zu vermuten, dass auch in absehbarer Zukunft die Debatte um das Schnittfeld von Kulturpädagogik und Medienpädagogik weiter gehen wird, zumal alle empirischen Untersuchungen belegen, dass Kinder und Jugendliche zunehmend mehr Zeit mit den neuen Medien verbringen.

Prozesse der Globalisierung

Angesichts fortschreitender Prozesse der *Globalisierung* werden Fragen einer kulturellen Bildung des Inter- und Transkulturellen in Zukunft eine größere Rolle spielen. Mit einem differenzierten Kulturbegriff, der die Kombination, Vermischung und Assimilation von regionalen, nationalen und globalen Kulturmustern rekonstruiert, reagiert die Kulturpädagogik in jüngster Zeit auf Prozesse der Internationalisierung und Globalisierung (vgl. Bamford 2006). Mit den UNESCO-Konferenzen zur Kulturellen Bildung in Lissabon (2006) und Seoul (2011) ist eine Internationalisierung und Transkulturation nicht nur der Diskurse, sondern auch der pädagogischen Felder (bspw. Interkulturelles Museum) an der Tagesordnung (vgl. Liebau/Wagner/Wyman 2013).

demographischer Wandel

Und nicht zuletzt soll auf die Bedeutung der Kulturpädagogik vor dem Hintergrund des *demographischen* Wandels in Deutschland verwiesen werden (Hausmann/Körner 2009). Denn die Zeit einer längeren Lebenserwartung wirft auch die Fragen danach auf, ob und inwieweit man alte Menschen kulturpädagogisch begleiten kann und soll und wie man dann ggf. Teilhabemöglichkeiten im Alter gewährleisten und sicherstellen kann (de Groote/Nebauer 2008). Damit verbunden werden aber auch die Themen einer intergenerativen kulturellen Bildung sowie einer sich ausdifferenzierenden kulturellen Milieulandschaft weiterhin von großer Bedeutung sein (vgl. Glogner-Pilz/Föhl 2011).

Fragen

A. Rekonstruieren und diskutieren Sie zentrale Formen, Funktionen und Problemstellungen des Kindergartens (der Schule etc.).
B. Wie hat sich der Kindergarten zu einer modernen Bildungseinrichtung entwickelt?
C. Welche Bedeutung haben Schulrituale?
D. Inwiefern sind neue Medien didaktisch bedeutsamer als „alte“ Medien?
E. Warum brauchen wir kulturelle Bildung?

Weiterführende Literatur

Aden-Grossmann, Wilma (2002): Kindergarten. Eine Einführung in seine Entwicklung und Pädagogik. Weinheim/Basel: Beltz. – Die umfassende Darstellung der Geschichte des Kindergartens vom ausgehenden 18. Jahrhundert bis in die Gegenwart widmet sich neben dem pädagogischen Alltag auch den theoretischen und curricularen Entwicklungen sowie den Fragen der Professionalisierung.

Apel, Hans Jürgen/Sacher, Werner (Hrsg.) (2005): Studienbuch Schulpädagogik. 3. Aufl. Bad Heilbrunn: Klinkhardt. – In einem theoretisch wie praktisch akzentuierten Überblick werden drei Themenkomplexe in 20 Beiträgen abgehandelt: Es geht zum einen um Schule als Institution und Organisation, dann um Unterricht in Theorie und Praxis und schließlich um Erziehung, Bildung, Förderung und Beratung in der Schule.

Bockhorst, Hildegard/Reinwand, Vanessa/Zacharias, Wolfgang (Hrsg.) (2012): Handbuch Kulturelle Bildung. München: Kopaed. – Umfassender Überblick über die Theorie und Praxis der Kulturellen Bildung in 176 Beiträgen, die die anthropologischen, gesellschaftlichen, ästhetischen und pädagogischen Grundlagen sowie die Komplexität der Praktiken im Dreieck von Jugend-, Bildungs- und Kulturpolitik betreffen.

Braun, Tom/Fuchs, Max/Zacharias, Wolfgang (Hrsg.) (2015): Theorien der Kulturpädagogik. Weinheim/Basel: Beltz Juventa. – Überblick über kulturelle Bildung an unterschiedlichen Orten und in verschiedenen Altersstufen. Der erste Teil bietet historische Darstellungen, der zweite Teil unterschiedliche Ansätze einer Theoriebildung der Kulturpädagogik.

Deckert-Peaceman, Heike/Dietrich, Cornelie/Stenger, Ursula (2010): Einführung in die Kindheitsforschung. Darmstadt: WBG. – Nach einer Darstellung von Kindheitsbildern und der Entwicklung von Kindheit werden theoretische Zugänge zur Kindheit und Forschungsmethoden sowie pädagogische Rahmenbedingungen in Familie, Peer Culture, Kindergarten und Grundschule rekonstruiert und diskutiert.

Hof, Christiane (2009): Lebenslanges Lernen. Eine Einführung. Stuttgart: Kohlhammer. – Das Konzept des Lebenslangen Lernens wird als soziales Phänomen beschrieben, mit empirischen Forschungsergebnissen belegt und in seinen individuellen und institutionellen Auswirkungen beleuchtet; zur Sprache kommen dabei auch pädagogische Forschungs- und Praxisaufgaben.

Jörissen, Benjamin/Marotzki, Winfried (2009): Medienbildung. Eine Einführung. Bad Heilbrunn: UTB. – Vor dem Hintergrund der sozialen und kulturellen Zusammenhänge von Medienkulturen werden Bildungspotenziale von Medien in anthropologischer, biographischer und identitätstheoretischer Perspektive in den Blick genommen; diese Potenziale werden im Bezug auf Film, Fotographie und Internet offengelegt.

Kiper, Hanna/Meyer, Hilbert/Topsch, Wilhelm (2002): Einführung in die Schulpädagogik. Berlin: Cornelsen. – Dieses Buch bietet in 15 Kapiteln Darstellungen einschlägiger Schultheorien und des deutschen Schulsystems, einen Abriss didaktischer Modelle, Texte zu Unterrichtsmethoden, -analysen und -planungen sowie Überlegungen zum Umgang mit Heterogenität, zum Leiten einer Klasse und zur Schulentwicklung.

Krüger, Heinz Hermann/Rauschenbach, Thomas (Hrsg.) (2000): Einführung in die Arbeitsfelder des Bildungs- und Sozialwesens. Opladen: Leske + Budrich. – Darstellung der wichtigsten pädagogischen Praxisfelder für LehrerInnen und Studierende der Erziehungswissenschaft mit historischen Hintergründen, theoretischen Positionierungen, empirischen Forschungen und praxisbezogenen Hinweisen.

Moser, Heinz (2006): Einführung in die Medienpädagogik. 4. Aufl. Wiesbaden: VS Verlag. – Thematisch werden folgende Aspekte aufgearbeitet: das Aufwachsen in der Medien- und Erlebnisgesellschaft, die Verarbeitung von Medienerlebnissen, der Zusammenhang von Fernsehen und Gewalt, die digitale Welt des Computers, die Vermittlung von Medienkompetenz sowie Bildung und Schule in der Mediengesellschaft.

Kapitel 4: Pädagogische Anthropologie

1. Einleitung

Die Pädagogische Anthropologie beschäftigt sich mit Menschen und ihren Erziehungs- und Bildungsverhältnissen. Die Aufgaben einer anthropologischen Betrachtungsweise der Pädagogik sind daher von zweierlei Art: Einerseits geht es darum, den Menschen von der Erziehung, Bildung und Sozialisation her zu verstehen und andererseits darum, Erziehung, Bildung und Sozialisation auf menschliche Aspekte hin zu reflektieren. Die Bemühungen um eine explizite Pädagogische Anthropologie beginnen im 18. Jahrhundert.

In Folge der philosophischen und historischen Reflexionen zur Anthropologie am Anfang des 20. Jahrhunderts wird die Pädagogische Anthropologie nach 1945 bis etwa 1975 zu einem zentralen Arbeitsbereich in der Erziehungswissenschaft. In diesem Zeitraum ist es Ziel der pädagogischen Lehre vom Menschen, die Grundlagen eines Systems zu liefern, das die pädagogischen Ausgangslagen ebenso definiert wie die Ziele, Möglichkeiten und Erfolge pädagogischer Bemühungen. Es folgte eine Phase der kritischen Reflexion der anthropologischen Erkenntnisse, die wegen ihrer Verkürzungen, Ideologisierungen und latenten Gewaltförmigkeiten an Bedeutung verloren; man hatte herausgearbeitet, dass die Pädagogik über lange Zeit ein einziges Menschenbild zur Norm für alle Menschen erhoben hatte – das des weißen, gesunden, vernünftigen und erfolgreichen Mannes. Damit wurden tendenziell alle Menschen abgewertet, die diesen Kriterien nicht entsprachen bzw. entsprechen.

Erst im letzten Jahrzehnt des 20. Jahrhunderts beginnt die Erziehungswissenschaft erneut, sich intensiv mit anthropologischen Fragestellungen auseinanderzusetzen. Seitdem ist in der Pädagogik unumstritten, dass die anthropologischen Ideen der Bildsamkeit und Bestimmung des Menschen explizit oder implizit in die pädagogischen Grundlagen, die erzieherischen Mittel und die Bildungsziele eingehen. Ohne anthropologisches Wissen lassen sich pädagogische Theorien und pädagogische Praxen nur unzureichend verstehen. Nicht jede Pädagogik ist eine Pädagogische Anthropologie, doch jede hat eine.

Neuere Konzepte der Pädagogischen Anthropologie seit den 1990er Jahren bestehen nun auf einer historischen, pluralistischen, kritischen und selbstreflexiven Betrachtung der Menschenbilder der Pädagogik. Sie machen mit dem Begriff der doppelten *Historizität* darauf aufmerksam, dass sich die Bestimmungen des Humanen über die Jahrhunderte hinweg stark verändert haben und dass sich auch die Betrachtungsweisen des Humanen in dieser Zeit in unterschiedliche Richtungen entwickelt haben: So macht es pädagogisch-anthropologisch durchaus einen Unterschied, ob das Wesen des Menschen in seiner Gottähnlichkeit gesehen wird, und ob diese Bestimmung mittels frühneuzeitlicher religiöser Reflexion erfolgt ist, oder ob der Mensch als genetisches Lebewesen begriffen wird, dessen Charakteristika mittels medizinischer Testverfahren des 21. Jahrhunderts bestimmt werden.

verschiedene Aufgaben

Der Pädagogischen Anthropologie kommen in der Erziehungswissenschaft verschiedene Aufgaben zu: Gegen die Möglichkeit des Verlorengehens stiftet sie die Erinnerung an die Spuren des Menschen und seine Erziehungs- und Bildungsformen. Gegen die Festlegung auf eine spezifische Zukunft plädiert sie für eine mit den Human- und Bildungsprozessen verbundene irreduzible Offenheit im Humanen und Pädagogischen. Und gegen das vermeintliche gegenwärtige Wissen bringt sie die anthropologische Unabschließbarkeit, die gebrochene pädagogische Intentionalität und die Unverfügbarkeit des Anderen sowie den Umgang mit differenten Wissenszugängen – von den Natur- bis hin zu Kulturwissenschaften – ins pädagogische Denken und Handeln. Kurz und anders formuliert: Die pädagogische Anthropologie macht auf die immense Bedeutung von Menschenbildern für die Pädagogik aufmerksam.

explizites oder implizites Menschenbild

Dass jede pädagogische Theorie und jegliches pädagogisches Handeln ein explizites oder implizites Menschenbild enthält, erscheint vielleicht trivial. Bedeutsamer wird dieser Sachverhalt, wenn man sich bewusst macht, dass pädagogische Menschenbilder auch deskriptive und vor allem normative Vorstellungen darüber enthalten, wie Entwicklungen verlaufen bzw. verlaufen sollen oder auch, was eine humane Bestimmung ausmacht bzw. ausmachen soll. Sie enthalten damit auch Vorstellungen darüber, was Erziehung ist, wozu sie dient und wie sie umzusetzen ist.

Deutungs-, Orientierungs-, Praxis und Legitimierungsfunktionen

Pädagogischen Menschenbildern kommen im komplexen pädagogischen Geschehen Deutungs-, Orientierungs-, Praxis und Legitimierungsfunktionen zu, weil sie Zuschreibungen ermöglichen, Erwartungen strukturieren, Handlungen präferieren und erzieherische Maßnahmen legitimieren. Pädagogische Menschenbilder sind mit Vorstellungen von wahr und falsch, gut und böse, schön und hässlich, gesund und krank etc. untrennbar verknüpft. Diese Menschenbilder gehören einerseits zu den Tiefenstrukturen pädagogischen Denkens und Handelns und sie sind andererseits von historisch-kulturellen Lebenslagen abhängig. Sie stehen insofern wiederum einerseits in einer sie fundierenden Beziehung zu den historisch-kulturellen Gegebenheiten, wie sie andererseits auch selbst dazu beitragen, den pädagogischen Zeitgeist zu stabilisieren oder zu verändern.

Pädagogische Menschenbilder werden in der Pädagogischen Anthropologie mit der Geschichtlichkeit von Perspektiven, Methoden und Inhalten unter dem Einsatz der Denkmuster und Methoden unterschiedlicher Disziplinen, der Philosophie, Ethnologie, Biologie, Psychologie, Ästhetik, Geschichts-, Literatur- und Kulturwissenschaft etc. analysiert. Sie werden wegen ihrer traditionellen Fixierung auf eine homogenisierende normative Menschenbildpädagogik kategorisch kritisiert. Was der Mensch ist, werden kann oder sein soll, ist historisch und kulturell variabel und insofern nie absolut zu bestimmen. Was ihn ausmacht, findet man nicht hinter, sondern *in* spezifischen historischen, kulturellen und biographischen Ausprägungen; das Besondere des Menschen besteht in seiner Vielfalt und Potentialität. In diesem Zusammenhang geht es darum, wie die Pädagogische Anthropologie ihre Konstruktionen problematisieren und pluralisieren kann, ohne auf der einen Seite die Frage nach dem Menschen zu verabschieden und ohne auf der anderen Seite den Menschen auf ein als zentral gesetztes Merkmal zu verkürzen.

unterschiedliche Disziplinen

Aus einer anthropologischen Perspektive, und darauf ist im letzten Jahrhundert in den geistes- wie natur- und sozialwissenschaftlichen Kontexten Pädagogischer Anthropologie immer wieder hingewiesen worden, ist der Mensch ein *homo educandus*, ein erziehungsbedürftiges Lebewesen. Neben der Erziehungsbedürftigkeit hat die Pädagogische Anthropologie noch ein anderes Moment betont, nämlich die Erziehungsfähigkeit des Menschen (*homo educabilis*). Auf diese beiden konstitutiven Momente ist die Pädagogische Anthropologie gegründet: Nur *wenn* der Mensch erziehungsbedürftig ist, *soll* er auch erzogen werden, und nur dann, wenn er erziehungsfähig ist, *kann* er auch erzogen werden.

homo educandus

homo educabilis

Man kann die pädagogischen Bestimmungen der Anthropologie um folgende Aspekte erweitern und folgenden pädagogischen Grundriss der Anthropologie vorschlagen:

pädagogischer Grundriss der Anthropologie

1. Der Mensch ist ein erzieherisches Wesen, insofern er einerseits erzogen wird (d.h. ein erziehungsfähiges und erziehungsbe-

dürftiges Wesen ist) und anderseits ein Wesen, das selbst erzieht.
2. Der Mensch ist ein lernendes (lernfähiges und -bedürftiges) Wesen.
3. Der Mensch ist ein sich bildendes (bildungsfähiges und -bedürftiges) Wesen.
4. Der Mensch ist ein lehrendes, unterrichtendes Wesen.
5. Der Mensch ist schließlich ein sich sozialisierendes und kultivierendes Wesen.

Wer für *immer, über alle Kulturen und Zeiten hinweg,* über Menschen spricht, muss folgende pädagogische Kategorien unterstellen: Menschen lernen und bilden sich, werden erzogen bzw. erziehen sich selbst, lehren andere und entwickeln sich schließlich im Umgang mit Kultur und Sozialem. Während die Begriffe „Lernen" und „Bildung" stärker auf die Eigenaktivität und Aneignung der einzelnen Individuen abheben, betonen Erziehung und Lehren stärker die an die Educanden gerichteten Anforderungen und Vermittlungsleistungen; der Sozialisationsbegriff wiederum umfasst – zumal in Doppelung seiner transitiven und reflexiven Form – diese beiden Perspektiven in ihren sozialen und kulturellen Dimensionen. Gleichwohl gelten für alle diese pädagogischen Bestimmungen, dass sie für die Pädagogische Anthropologie, ja für die Pädagogik insgesamt konstitutiv sind.

Drei Aspekte sollen in diesem Bereich dargestellt werden: Zunächst erfolgt ein historischer Abriss der Pädagogischen Anthropologie; daran anschließend werden drei bedeutsame Kategorien, nämlich Körperlichkeit, Kulturalität und Historizität exemplarisch eingehender dargestellt. Und schließlich soll auch noch auf die Bedeutung dieser Perspektive für die aktuellen Entwicklungen im Kontext der Interkulturalität und der Globalisierung eingegangen werden.

2. Zur Geschichte der pädagogischen Menschenbilder

ánthropos (Mensch) und *lógos* (Wissen)

Die Geschichte der Pädagogik lässt sich auch als eine Geschichte von Menschenbildern verstehen. Denn sie ist eng verbunden mit dem anthropologischen Denken und seinen Begrifflichkeiten. Doch obwohl in der griechischen Antike das Wort „Anthropologie" nicht vorkommt, sondern lediglich die Begriffe *ánthropos* (Mensch) und *lógos* (Wissen, Rede, Darlegung, Vortrag, Gespräch, Beratung, Definition und Vernunft), finden sich Überlegungen zu Menschenbildern schon in den schriftlich oder auch bildlich überlieferten Mythologien und Philosophien dieses Zeitalters.

Im Folgenden sollen, einer üblichen chronologischen Einteilung der Geschichtswissenschaften in Epochen folgend, die pädagogischen Menschenbilder der griechisch-römischen Antike, der jüdisch-christlichen mittelalterlichen Tradition, des frühneuzeitlichen Subjektivismus, der europäischen Aufklärung und Romantik sowie der pluralistischen und selbstreflexiven Moderne rekonstruiert werden. Im Fokus steht die Frage nach den pädagogisch leitenden Menschenbildern, die den Erziehungs- und Bildungsvorstellungen zugrunde liegen. Dabei werden sowohl explizite wie implizite Menschenbilder in der Pädagogik thematisiert.

Antike

Vorsokratiker

Die sog. Vorsokratiker gelten als die „Entdecker des Geistes" (Snell), d.h. als diejenigen, die einen Freiraum gegenüber Kult, Staat und Tradition reklamierten, um zu einem eigenständigen, prüfenden und kritisierenden Nachdenken zu gelangen, das nicht diesen herkömmlichen Autoritäten oder auch den durch Homer und Hesiod überlieferten mythischen Weltbildern, sondern nur der argumentationsfähigen Logik und der aufgeklärten Vernunft verpflichtet ist. Leitend bleibt für sie, wie für viele andere in der griechischen Antike, die Unterstellung der anthropologischen Fähigkeit, sich aus Einsicht am Wahren, Guten und Schönen orientieren zu können. Auch die im 5. Jahrhundert auftretenden Sophisten sind zu diesen Denkern zu rechnen; sie zentrieren ihre Philosophie in einer Anthropologie, die nach der Stellung des Menschen, nach seinen Normen und seinem Handeln im Kontext erkenntnistheoretischer, ethischer und pädagogischer Sachverhalte fragt. Ist der „Mensch das Maß aller Dinge" (Protagoras), dann erscheinen zwar Konventionen nicht mehr heilig, sondern kulturell produziert und Werte antastbar, weil relativ; doch erscheinen mit diesen Einsichten die Menschen auch in der Lage, ihr Leben selbst bestimmen und nach den ihnen nützlichen Vorstellungen praktizieren zu können. Insofern verfolgen die Sophisten einen alltagsnahen, lebensorientierten und utilitaristischen Unterricht (vgl.: Kapitel 2: Geschichte der Pädagogik).

„Mensch das Maß aller Dinge" (Protagoras)

Sokrates (469-399 v. Chr.)

Gegen diese Positionen bringt Sokrates (469-399 v. Chr.) eine skeptische und ironische pädagogische Anthropologie in Stellung, die vor allem auf die Grenzen des Wissens, die Problematiken sittlichen Verhaltens und die Unsicherheiten einer pädagogischen Vermittlung abhebt. Mit seiner sokratischen Fragemethodik, einer intellektuellen Maieutik, versucht er zu verdeutlichen, dass alle Menschen prinzipiell in der Lage sind, selbst komplexe Sachverhalte nachzuvollziehen und einzuschätzen, und selbst große ethische Anforderungen zu realisieren, wenn sie sich denn zunächst *via* Selbstreflexion oder im Dialog mit anderen um ein deutliches und klares Wissen bemüht haben.

Platon (427-347 v. Chr.)

In dieser Linie argumentiert auch sein Schüler Platon (427-347 v. Chr.). Das Ziel seiner philosophisch fundierten idealistischen Pädagogik ist es, den Einzelnen durch den Gebrauch seiner Verstandes- und Vernunftkräfte zur vollen Entfaltung bis hin zur Einsicht in die ewigen, wahren, unveränderbaren Gegebenheiten der Welt, die Ideen, zu führen. Aus dieser idealistischen, unveränderbaren Ordnung der Welt resultiert auch ein anthropologischer Aufbau der Gesellschaft bzw. des Staates. Dieser ist ein dreigliedriger Ständestaat, der aus Bauern und Handwerkern im ersten, aus Wächtern im zweiten und aus Königen bzw. Philosophen im dritten Stand besteht. Der Makrokosmos Staat wird mit dem Mikrokosmos Mensch in eine exakte Analogie gebracht, zeichnet sich dieser doch durch die Trias: Verstand/Vernunft (Philosoph), Wille/Mut (Wächter) und Begierde/Sinnlichkeit (Bauer/Handwerker) aus.

anthropologischer Aufbau der Gesellschaft

Platon geht davon aus, dass die Menschen von Natur aus zu einer dieser drei anthropologischen Kategorien Philosoph, Wächter oder Bauer/Handwerker gehören. Und der Staat muss sehr penibel darauf achten, dass die anthropologische Ordnung eingehalten wird, was er durch eine staatlich kontrollierte Eugenik umsetzt. Wird diese politisch-anthropologische Ordnung beachtet, können alle Menschen die von der Natur aus für die Gesellschaft prädestinierten und funktionellen Fähigkeiten und Möglichkeiten als Bauer, Krieger oder Philosoph ausüben. Um diesen Funktionalismus zu erkennen, müssen die Menschen sich zwingen, aus der „Höhle" der Meinungen zur wahren philosophischen Ideenerkenntnis aufzusteigen, denn nur diese gewährleistet ein der wahren Erkenntnis, der vollkommenen Tugend und der schönen Erscheinung gewidmetes Leben. Die Geschlossenheit dieses idealistischen und anthropologischen Modells impliziert wiederum auch einen totalen Erziehungsanspruch der Gesellschaft, der letztlich auf einen aristokratischen Menschentypus zielt, dessen oberstes Ziel die Bestheit, die *„areté"* ist – ein guter, wahrer und schöner Mensch, der intellektuell, körperlich und musisch gebildet ist (*kalós kai agathós*).

spartanische Pädagogik

Auch die spartanische Pädagogik sieht den Menschen vor allem als ein staatliches Wesen; und sie praktiziert eine Kollektiverziehung, die einen durchgängigen militärischen Einschlag hat. Politik, Kultur und Pädagogik werden hier zum Mittel der Sicherung eines absoluten Militärstaates. Das pädagogisch-anthropologische Ideal ist der Krieger, der sich durch seine körperliche Leistungsfähigkeit und seinen Gehorsam den Staatsmaximen völlig unterwirft. Erziehung, die sich an diesen Erfordernissen ausrichtet, ist prinzipiell an körperlicher Disziplinierung, Zucht und Drill orientiert.

kalokagathia

vir bonus

War für die Griechen die *kalokagathia* der Inbegriff anthropologisch-politischer Vollkommenheit, so wird dieser Idealtypus im Denken der Römer zur Gestalt des *vir bonus*, des guten und tadellosen Mannes. In ihm gehen das Soziale, das Ethische und das Ästhetische eine enge Verbindung ein. Hier wie da wird eine Beziehung von Körper und Seele angestrebt, in der der schöne Körper äußerlicher Ausdruck der moralisch guten Seele sein soll. Diesen Zusammenhang finden wir etwa bei Marcus Tullius Cicero (106-43 v. Chr.), dessen Ideal des *vir bonus* sich in einer idealen, äußerlich wahrnehmbaren Analogie von körperlicher und charakterlicher Schönheit wieder findet. Nach Cicero sollte der einzelne Mensch ein sittliches Leben ausbilden; dazu muss er seinen Geist und seine Seele kultivieren (cultura animi), wozu vor allem der Umgang mit Politik, Rhetorik, Philosophie und Kunst zu rechnen ist.

Marcus Tullius Cicero (106-43 v. Chr.)

Mittelalter

Augustinus (353-430)

Mit Augustinus (353-430) werden die pädagogischen Menschenbilder nicht nur im christlichen Kontext verortet, sondern auch zunehmend psychologisiert, individualisiert und historisiert. Denn das, was den Menschen ausmacht, lässt sich nicht in der Besinnung auf einen metaphysischen Kosmos oder in den theoretischen Reflexionen der Philosophen, sondern nur im Innnenbezug, in der Selbsterfahrung und im Begehren finden. Die von ihm verfassten *„Confessiones“* dienen somit nicht nur einer biographischen Rückschau, sondern können als ein pädagogisches Modell gelten, das den Menschen an die gläubige Orientierung an einer gottgewollten Ordnung erinnert. Das kurze Erdenleben bekommt heilsgeschichtliches Gewicht, denn es wird zu einer Prüfung, die letztlich auf das Glück des Jenseits bezogen bleibt. Der Mensch ist ein Bürger zweier Welten, der „civitas teranna“, dem diesseitigen Erdendasein, und der „civitas dei“, dem göttlichem Reich: Diese Zerrissenheit erklärt auch seine disharmoni-

anthropologische Sehnsucht nach absoluter Ruhe

sche Existenz und seine Unruhe und sie erklärt die anthropologische Sehnsucht nach einer absoluten Ruhe, die nur im Anblick Gottes gefunden werden kann. Gott erscheint in diesem theologischen Denken nicht nur als Wahrheitszentrum des Menschen, sondern auch als der wahre Menschenbildner: Ohne seine „pädagogischen“ Maßnahmen sind alle menschlichen Anstrengungen obsolet.

Thomas von Aquin (1225-1274)

Mensch als Ebenbild Gottes

Auch der Pädagogischen Anthropologie von Thomas von Aquin (1225-1274) liegt eine theologische Anthropologie zugrunde, die den Menschen als Ebenbild Gottes (imago dei) versteht. Mit ihm wird nicht wie bei Augustinus das der Welt enthobene Begehren der Seele, sondern – im Sinne von Aristoteles – die Welt und in ihr die Seele zu einem wichtigen Bezugspunkt. Als pädagogisch-anthropologisches Ideal gilt ihm der auch intellektuell religiös gebildete, weise Mensch, der ordnen und urteilen gelernt hat. Die Anthropologie ist dabei kaum als eigenständiges Thema bewusst, sondern fast vollkommen in die Theologie integriert. Diese Integrationsform wird noch in einer anderen Perspektive deutlich: Thomas versucht, die beiden Vermögen, den Glauben und die Vernunft, (wieder) zu harmonisieren. Da letztlich beide Vermögen von Gott stammen, können sie sich nicht widersprüchlich zueinander verhalten. Vernunft und Glauben verhalten sich komplementär zueinander, so dass ein vernunftwidriger Glaube und eine glaubenswidrige Vernunft ausgeschlossen werden können. Doch die Komplementarität ist asymmetrisch, da die Wahrheit des Glaubens vollkommener ist als die Wahrheit der Vernunft.

Frühe Neuzeit

Mit dem Humanismus und der Renaissance erhält die anthropologische Betrachtungsweise (wiederum) ein eigenständiges Gewicht. Das Zeitalter der Glaubens- und Bürgerkriege, der politischen und intellektuellen Unruhen sowie der Erfahrungen der Fremden in der „Neuen Welt“ nötigen die Menschen, über ihr Menschenbild nachzudenken. Eine neue wissenschaftliche Disziplin scheint erforderlich, die festzustellen in der Lage ist, was zur *conditio humana* gehört und mit welchen Beobachtungen und Methoden diese Erkenntnisse gewonnen, rekonstruiert, analysiert und gesichert werden können. Das Wort „Anthropologie“ ist eine Neuschöpfung des 16. Jahrhunderts, die sich in den darauf folgenden zwei Jahrhunderten etablieren wird. Hierbei entstehen neuzeitlich-anthropologische Denkfiguren, die vor allem die

Wort „Anthropologie“

Selbstbeobachtung und Selbstreflexivität des Menschen fokussieren. Das anthropologische Leitbild, wie es z.B. in den Schriften von Baldassare Castiglione (1478-1529) oder Michel de Montaigne (1533-1592) zum Ausdruck kommt, ist der *uomo universale*, ein durch Wissenschaft und Künste, Geselligkeit und Politik umfassend gebildeter, sich selbst einschätzender Menschentyp, der nicht nur die schönen, sondern auch die nützlichen Künste des Lebens beherrscht.

uomo universale

Pico della Mirandola (1463-1494) entwickelt das Modell eines dynamischen Menschen. Nach ihm zeichnet sich der Mensch dadurch aus, dass er keiner Bedingung unterliegt, weil sein *Sein* mit seinem *Können* identisch ist. Begreift man mit Pico unter der Natur des Menschen seine permanente Formung und Veränderung, seine Entwicklung und sogar seine Selbsterschaffung, so wird der Begriff der menschlichen Natur selbst dynamisiert. Der Mensch ist der lebendige Proteus, ständig in Entwicklung begriffen, nur abhängig von seinem Willen. Er ist von Natur aus bild- und bestimmungslos; seine nach Pico noch gottgewollte Bestimmung liegt darin, sich ein Bild von sich zu machen und sich eine Bestimmung zu geben. Dazu wurde ihm von Gott die Freiheit als Selbstbestimmungsfähigkeit, als Fundamentalwahl des Willens wie als Bestimmung durch den Willen und eine zentrierte Stellung in der Welt, die eine privilegierte kontemplative Position impliziert, verliehen. Mit Pico wird die schon bei Cicero betonte Kultivierung des Selbst aufgegriffen, die nunmehr einer Selbsterschaffung aus einem vorgegebenen Stoff gleichkommt und die Möglichkeiten der Selbstverfehlung aber auch der Selbstvervollkommnung enthält.

Pico della Mirandola (1463-1494)

Modell eines dynamischen Menschen

Auch das Denken des Erasmus von Rotterdam (1466/69-1536) stellt seine erkenntnistheoretischen, moralischen und ästhetischen Fragen mit deutlichem Bezug auf die Selbstbezüglichkeit und Selbstformung des Menschen. Erasmus kann hier als ein Kronzeuge des „Prozesses der Zivilisation“ (Elias) gelten, der die Perspektive der Selbsterziehung sehr stark am körperlichen Verhalten und seinen Ausdruckformen orientiert. Ziel ist der zivilisierte Mensch. Die Selbstdeutung des Menschen gewinnt einen weiten Rahmen, der über die immer noch bedeutsame Theologie, die Philosophie, die Sprachwissenschaften, Geschichte und die Künste bis hin zu den alltäglichen Umgangsformen reicht. In diesem Rahmen hat auch die Pädagogik ihren Ort, denn sie wird nicht nur theologisch oder alltagspraktisch aufgewertet. Erasmus verteidigt ein christlich-antikes Bildungsmodell, betont das Ausnutzen der Bildungszeit, etabliert eine Sprachdidaktik und fordert immer wieder einen liberalen Umgang mit dem Zögling.

Erasmus von Rotterdam (1466/69-1536)

Selbstbezüglichkeit und Selbstformung des Menschen

Jan Amos Comenius (1592-1670) gottgegebene Menschennatur

Bei Jan Amos Comenius (1592-1670) ist die zentrale anthropologische Figur eine unverdorbene und gute, d.h. letztlich gottgegebene Menschennatur, an die immer wieder (pädagogisch) angeknüpft und die auch immer wieder (pädagogisch) hergestellt werden kann. Da der Mensch mit dem göttlichen Schöpfungsplan in dreifacher Weise, nämlich: vegetativ, animalisch und spirituell, verbunden ist, leitet Comenius daraus auch eine Dreizahl der anthropologischen Bestimmungen und pädagogischen Aufgaben ab: Der Mensch soll Vernunft und Einsicht gewinnen, sich selbst und andere beherrschen und Gottes Ebenbild sein; dazu benötigt er die *eruditio*, die Zivilisierung und Rationalisierung, die *mores* als Tugenden und Sitten und die *religio* (oder pietas) als Nachbildung der Vollkommenheit Gottes.

August Hermann Francke (1663-1727) innere Wiedergeburt des Menschen

Der Pietismus eines August Hermann Francke (1663-1727) ist dagegen zutiefst vom Misstrauen gegenüber der menschlichen Natur geprägt. Francke sieht daher – im Sinne Luthers – die innere Wiedergeburt des Menschen letztlich nur durch eine göttliche Gnade gewährleistet. Dennoch, oder gerade deshalb, lässt sich die innere Erweckung durch echte religiöse Gemütsbildung und die praktische Bewährung im Glauben vorbereiten. Die Betonung des Gefühlslebens (cultura animi) als Erziehung zur „wahren Gottseligkeit" und zur „christlichen Klugheit" bildet den entscheidenden Grundzug einer Bildung, die auf das persönliche Erfülltsein von Gott und die Rettung der einzelnen Seelen abhebt. Das Misstrauen gegenüber den menschlichen Schwächen führt einerseits zu einer sehr rigiden Pädagogik der Aufsicht und Kontrolle, des Unterrichts, der Arbeit und der Zucht. Doch darf man andererseits das von Francke geforderte „Brechen des Eigenwillens" nicht als konsequente Zerstörung der Individualität verstehen, ist doch damit ein stetiges und geduldiges Hinführen der Zöglinge zu Gott gemeint.

Neuzeit

Anthropologie als systematisch betriebene Wissenschaft

Die Herauslösung des Menschen aus kosmologischen und religiösen Kontexten, die die Frage nach dem Menschen erst dringlich werden lässt, vollzieht sich über mehrere Jahrhunderte und wird im Zeitalter der Aufklärung zu einem Kristallisationspunkt für die unterschiedlichsten medizinischen, philosophischen, psychologischen, literarischen, ethnographischen etc. Diskurse, in denen sich dann die „Wissenschaft vom Menschen" etabliert. Die Anthropologie als systematisch betriebene Wissenschaft ist mithin eine Schöpfung des sich selbst zur Frage werdenden Menschen der frühen Neuzeit, die dann in der Aufklärung in vielfacher Hinsicht eine (diskursive) Institutionalisierung erfährt. Dafür gibt es zwei prägnante Indizien, nämlich die Verkündigung der Menschenrechte 1789 und die Gründung der *Société des Observateurs de l'Homme* in Paris im Jahre 1799.

John Locke (1632-1704)

John Lockes (1632-1704) anthropologische Überlegungen schließen einerseits an die empiristische und utilitaristische Tradition der Antike und anderseits an die humanistische Perspektive der Renaissance an. Der Mensch wird als ein „wasted paper“ verstanden, auf das man mittels von durch den Erzieher arrangierten Erfahrungen die richtigen theoretischen Kategorien und praktischen Einstellungen „einschreiben“ kann. Idealbild dieser Überlegungen ist der Gentleman, der sich durch Tugend (virtue), Lebensklugheit (wisdom), eine gute Lebensart (good breeding) und Wissen (learning, d.h. Fertigkeiten aller Art, vom Lesen und Schreiben bis hin zum Tanzen und Fechten) auszeichnet. Wichtig ist der Aufbau von Gewohnheiten (habits), die dem Gentleman ein gutes Leben im Beruf, in der Gesellschaft und im Staat ermöglichen.

wasted paper

Gentleman

Jean-Jacques Rousseau (1712-1778)

Jean-Jacques Rousseaus (1712-1778) Menschenbild ist durchgängig durch das Motiv eines kritisch-historischen Selbstverstehens gekennzeichnet. Deutlich wird in Rousseaus (hypothetischer) Zivilisierungsgeschichte, dass der Mensch nicht nur als vernünftiges, sondern auch als leidenschaftliches Wesen gelten muss. Er kritisiert vor allem die bürgerliche Gesellschaft des 18. Jahrhunderts, die es dem Menschen unmöglich macht, eine Identität zu wahren, da diese im Gegenteil die innere Widersprüchlichkeit der Individuen erst konstituiert. Rousseau macht deutlich, dass die zweite Natur, die die Menschen durch ihre Sozialität und Kultur erworben haben, der ursprünglich verstandenen guten Natur und ihren Zielen der Harmonie und Authentizität fundamental entgegensteht. Er sieht dabei zwei Auswege: einen politischen, und zwar eine vollkommene Denaturierung des Menschen, die diesen zu einem reinen Bürger macht; und einen pädagogischen, im Sinne einer radikal individuellen Erziehung, die außerhalb jeder sozialen Einflussnahme in der pädagogischen Provinz stattfinden soll. Rousseau hat mit diesem Modell die pädagogische Ausrichtung an der Natur des Menschen propagiert, und er gilt daher als Entdecker der Kindheit (und – dies sollte man hinzufügen – auch der Jugend), weil er seine indirekte und doch stark lenkende Erziehungsmethode konsequent an der Ontogenese orientiert. Er zeigt einerseits, dass der Mensch erst Kind sein muss, um Erwachsener werden zu können und anderseits, dass

ursprünglich verstandene gute Natur

es in der Erziehung stets darum gehen muss, Wollen und Können in einem Gleichgewicht zu halten.

Immanuel Kant (1724-1804)

eine physiologische, eine pragmatische und eine transzendental-praktische Anthropologie

Immanuel Kants (1724-1804) anthropologisches Denken umfasst insgesamt drei Ansatzpunkte, insofern man eine physiologische, eine pragmatische und eine transzendental-praktische Anthropologie unterscheiden kann: Während die physiologische die Natur des Menschen, seine physischen und physikalischen Dimensionen fokussiert und die pragmatische die vernünftige Gestaltung des Lebens propagiert, verfolgt die transzendentale Anthropologie die Grenzfestlegungen des Humanen. Liest man Kants anthropologische Überlegungen mit einem pädagogischen Blick, so muss die Pädagogik zunächst die physischen Dimensionen beachten, d.h. die physikalischen, körperlichen, rasse- und geschlechtsbezogenen Momente des Menschen. Sie muss darüber hinaus den Mensch im pragmatischen Sinne in den Blick nehmen, d.h. den Menschen in den Raum des konkreten Allgemeinen einer Menschen- und Weltkenntnis stellen, die einen nützlichen Umgang mit dem Gebrauch der humanen Natur nahelegt, um so seine technischen Geschicklichkeiten, praktischen Klugheiten und moralischen Weisheiten auszubilden und dem einzelnen Orientierungs- und Handlungswissen zu vermitteln. Und schließlich muss die Pädagogik sich auch mit der transzendentalen Idee des Menschen und seinem Autonomiepotential auseinandersetzen, was in das Dilemma führt, einerseits die Würde der Selbstbestimmungsfähigkeit unbedingt anzuerkennen und andererseits dennoch den Menschen disziplinieren, kultivieren, zivilisieren und moralisieren zu wollen: Denn der Mensch gelangt zu seiner Bestimmung nur durch Erziehung, die aber wiederum diese Bestimmung selbst nicht hervorbringen kann und soll.

Autonomiepotential

Johann Heinrich Pestalozzi (1746-1827)

Die Pädagogische Anthropologie von Johann Heinrich Pestalozzi (1746-1827) ist durch einen grundsätzlichen Realismus gekennzeichnet, der den Menschen immer in (sozialen) Beziehungen, etwa zu Gott, zu sich selbst, zur Familie, zum Beruf und Stand oder auch zur Nation und zum Staat denkt. Ist der Mensch in diesen Perspektiven immer als je unterschiedlich anzusehen, so bleibt sein Wesen, das durch die Trias von Natur-, Gesellschafts- und sittlichem Zustand bestimmt ist, im Grunde gleich.

drei Seinsweisen

Diese drei Seinsweisen, die die bedürftige Leiblichkeit, die soziale Konventialität und die selbstbestimmte Moralität des Menschen bezeichnen, sind zudem verschränkt mit drei Erziehungsformen, nämlich der Ausbildung einer emotionalen Grundbefindlichkeit (Herz), die vor allem im frühen Kindheitsalter durch die Mutter gewährleistet wird, einer praktischen Tüchtigkeit (Hand), die auf den Beruf und die Mitmenschen zielt, und einer theoretischen Reflexion (Kopf), die die ethischen und politischen Maximen zu rekonstruieren in der Lage ist.

Wilhelm von Humboldt (1767-1835) schließt an ein humanistisches Verständnis des Menschen und an eine Kräfteanthropologie an. Bildung versteht er als eine möglichst umfassende und ausgewogene Ausbildung von menschlichen Dispositionen hin zu einer individuellen Form von Menschlichkeit. Interessant erscheint hierbei, dass die Bildung des Menschen zugleich die Bildung der Welt impliziert, durch die und in der sich der Mensch bildet. Als Bildungsmedium dienen Humboldt vor allem Sprache, Geselligkeit und Kunst. Diese müssen dem Menschen zunächst fremd und unbekannt erscheinen, damit er sich an ihnen weiterentwickeln kann. Die Entwicklung geschieht durch eine Auseinandersetzung, mit dem Fremden, das in eine eigene, individuelle Form aufgehoben wird.

Wilhelm von Humboldt (1767-1835)

Kräfteanthropologie

Auch die Position von Friedrich Nietzsche (1844-1900) pointiert mit seiner Figur des elitären „Übermenschen" im Grunde eine ästhetisch-vitalistische Perspektive. Wie schon vor ihm Arthur Schopenhauer (1788-1860) verweist Nietzsche sowohl auf die immense Bedeutung des Körpers wie auch auf die der Ästhetik für die Pädagogik. Es gilt, das Leben in seiner ganzen schöpferischen Potentialität mit seinen (apollinischen) Form- und Harmoniemomenten, seiner Sublimation und maßvollen Rationalität, aber auch mit seinen (dionysischen) Schreckens- und Leidensmomenten sowie Verschmelzungs- und Rauscherfahrungen zur Geltung zu bringen. Der Übermensch bezeichnet das Endstadium einer Metamorphose, die über die von Charles Darwin (1809-1882) populär gemachte Entwicklung vom Tier zum Menschen hinaus verläuft. Der Übermensch ist ein „Mensch", der sich durch eine heroische Annahme des Schicksals (*amor fati*), eine radikale Hinwendung zur Gegenwart (ewige Wiederkehr des Gleichen), eine Überwindung der christlichen Tugenden durch einen ästhetisch vitalistischen Lebensstil (Umwertung aller Werte) und einen fundamentalen Willen zur Selbstgestaltung (Wille zur Macht) auszeichnet.

Friedrich Nietzsche (1844-1900)

Übermensch

Moderne

Zu Beginn des 20. Jahrhunderts nimmt die Anthropologie vor allem in der Philosophie die Bedeutung einer Grundlagendisziplin ein, die die *conditiones humanae* im Zusammenhang mit der

Stellung des Menschen zu sich, zum anderen, zur Welt und zum Kosmos zu fassen versucht. Aber auch in der Völkerkunde und Ethnologie, der Biologie, Medizin und Ethologie sowie in den Geschichts- und Kulturwissenschaften gewinnen anthropologische Überlegungen zunehmend an Bedeutung. Moderne Menschenbildentwürfe in der Pädagogik zeichnen sich sowohl durch eine unbestimmt-bestimmte Fassung, einen differentiellen Pluralismus als auch durch eine hohe Selbstreflexivität aus, d.h. dass die Menschenbilder offener werden, sich zunehmend unterschiedlichen (wissenschaftlichen) Perspektiven verdanken und zudem die Konstruktivität und Kontextualität dieser Bilder immer mitbedacht wird.

Otto Friedrich Bollnow (1903-1991)

So charakterisiert Otto Friedrich Bollnow (1903-1991) die Frage nach dem Menschen als eine offene Frage und die Pädagogische Anthropologie dementsprechend als eine Betrachtungsweise ohne systematischen Anspruch. Er verweist damit auf die Unmöglichkeit eines geschlossenen Menschenbildes auf der einen und auf die Unerschöpflichkeit der anthropologischen Perspektiven – etwa durch die unterschiedlichen Disziplinen – auf der anderen Seite. Bollnow betont den wechselseitigen hermeneutischen Zusammenhang von Mensch und Erziehung, in dem ein Verständnis des Menschen ohne Erziehung ebenso wenig sinnvoll ist wie Erziehung ohne ein Verständnis vom Humanen. Allerdings lässt sich in seinen Schriften implizit dennoch ein Menschenbild herausarbeiten, das um die Momente der Gefährdung, der Fragilität und der Sorge zentriert ist. Dieses Menschenbild ist zutiefst der existentialistischen Philosophie und den diktatorischen Erfahrungen des 20. Jahrhunderts verpflichtet.

wechselseitiger hermeneutischer Zusammenhang

Heinrich Roth (1906-1983)

Bildsamkeit und Bestimmung

Heinrich Roths (1906-1983) pädagogisches Menschenbild ist zwischen Bildsamkeit und Bestimmung situiert. So wird einerseits deutlich, dass Erziehung ohne Bildungsmöglichkeit (homo educabilis) unmöglich erscheint, und dass diese Bildsamkeit zugleich auf Erziehung angewiesen bleibt, um ihre Möglichkeiten auch entfalten zu können (homo educandus); andererseits zeigt sich, dass die zentrale Bestimmung des Menschen, seine Mündigkeit, in einer Selbstbestimmung besteht, die wiederum ohne pädagogische Reflexion und Praxis nicht realisiert werden kann. Roth betreibt eine integrative Pädagogische Anthropologie und fragt nach der pädagogischen Relevanz der Fülle des geistes- und naturwissenschaftlichen Wissens in Bezug auf Bildsamkeit und Bestimmung des Menschen. Hierbei zielt er auf das theoretisch konsistente, empirisch abgesicherte und praktisch evaluierte Menschenbild eines reifen und mündigen Menschen, der sich

integrative Pädagogische Anthropologie

durch die Vollständigkeit seiner körperlichen und seelischen Entwicklungsmöglichkeiten, durch Identität und Selbstreflexivität sowie durch Ausgeglichenheit im Verhältnis zu sich und der Welt auszeichnet.

Für viele zeitgenössische Entwürfe Pädagogischer Anthropologie stellt sich nicht mehr die Frage nach dem leitenden pädagogischen Menschenbild, sondern die Frage nach den historisch-apriorischen Momenten, die für die Erziehungs- und Bildungsprozesse des Menschen als konstitutiv betrachtet werden müssen. Das heißt, die Pädagogische Anthropologie rekonstruiert und diskutiert die Perspektiven der Grenzen des Menschen, seiner zeitlichen und räumlichen Verfasstheit, seiner körperlich-leiblichen Struktur, seiner sozialen und kulturellen Verortung sowie seiner subjektiven und individuellen Gestaltung. Damit soll die Komplexität und Rätselhaftigkeit des menschlichen Lebens (*homo absconditus*) einerseits betont und andererseits durch einen interdisziplinären, kritischen und interkulturellen Zugang aufzuschließen versucht werden. Für diesen Zugang wird pädagogische Anthropologie selbstreflexiv, d.h. der Forscher und seine Gegenwart gehen immer in die pädagogisch-anthropologische Forschung mit ein. Und der Mensch ist – auch und gerade in anthropologischen Reflexionen, die den forschend Reflektierenden notwendigerweise einbeziehen – immer auch sich selbst verborgen.

historisch-apriorische Momente

In vielen neueren Ansätzen der Pädagogischen Anthropologie, die dem Ansatz aus Historizität, Pluralität, Kritik und Selbstreflexivität verpflichtet sind, erscheint „der" Mensch als *homo absconditus*. Der Mensch wird in dieser Perspektive zu einer nicht lösbaren Frage, zu einer negativen und heuristischen Kategorie, die die Reflexion über anthropologische Grundphänomene historisch, interkulturell und transdisziplinär möglich macht. Gerade die paradoxale Fassung moderner pädagogischer Anthropologie – das man nicht weiß, was das Wesen des Menschen ist – macht die Betonung des fragmentarischen Charakters und der Negativität von Menschenbildern möglich, d.h. die Unabgeschlossenheit, das Nichtwissen, das Nichtwissenkönnen und das Rätselhafte des Humanen. Nur wenn der Menschen offen, ja unerkennbar bleibt, können seine Bildungs- und Bestimmungsmöglichkeiten untersucht werden.

Mensch als *homo absconditus*

Insofern kritisieren neuere Ansätze die traditionellen Modelle einer Wesensanthropologie, die den Menschen in einer ganz spezifischen Sicht gefasst hat. So wurde der Menschen mit seiner Natürlichkeit, seiner Sozialität, seiner Vernunft oder auch seiner Göttlichkeit identifiziert. In der neueren Geschichte des anthro-

Wesens-anthropologie

Un-wesentlichkeit

pologischen Denkens ist allerdings darauf verwiesen worden, dass das „Wesen" des Menschen in seiner „Un-wesentlichkeit" besteht. Dabei ist unter „Wesen" die Eigenheit, die Natur, die Substanz, der Sinn, der Kern oder auch das Wirkliche verstanden worden. Und unter „Unwesentlichkeit" wurden Freiheit, Bildsamkeit, Plastizität und Selbstbestimmungsfähigkeit subsumiert. Eine Pädagogische Anthropologie des *homo absconditus* enthält sich jeder Wesensbestimmung des Menschen. Sie ist daher eine reiche, vielfältige Anthropologie. Ein Ergebnis anthropologischer Forschungen zeigt sich immer wieder: Der Versuch, die Universalien des Menschen zu bestimmen, führt zur Erkenntnis, dass die einzige Bestimmtheit des Menschen seine Unbestimmtheit ist. Zwar kann man deutlich machen, dass es viele Universalien gibt – z.B. alle Menschen werden geboren, sind sterblich, nehmen Nahrung zu sich, lernen etwas etc. –, doch „unterhalb" dieser bloß faktischen Feststellungen (die im Einzelnen weniger „faktisch" und weniger trivial sind, als man glaubt) zeigen sich zahlreiche bestehende oder mögliche Bestimmungen dieser Universalien.

Die moderne Pädagogische Anthropologie stellt sich nicht mehr die Frage nach *dem* Menschen, sondern die Frage nach den je spezifischen, historisch-apriorischen Dimensionen, die für die Erziehungs- und Bildungsprozesse des Menschen als konstitutiv betrachtet werden. Nunmehr geht man davon aus, dass man ohne die Aspekte der menschlichen Grenzen, der Zeit- und Räumlichkeit, der Körper- und Leiblichkeit, der Kulturalität und Sozialität sowie der Subjektivität und Individualität den Menschen in der Pädagogik nicht angemessen verstehen kann. Diese Kategorien dienen der Pädagogik als Deutungs-, Orientierungs-, Praxis- und Legitimierungshorizonte.

3. Der Körper als zentrale pädagogisch-anthropologische Kategorie

Dominanz des Intellektuellen

Bis in das 20. Jahrhundert hinein lässt sich eine Dominanz des Intellektuellen, des Geistes, des Verstandes und der Vernunft in den Menschenbildern ausmachen. Erst in jüngerer Zeit werden die pädagogischen Menschenbilder stärker in Bezug auf den Körper, die Mimesis, das Performative, das Ritual, die Geburt und den Tod, die Gefühle und die Imagination diskutiert. Es ist wohl an der Zeit, diesen, für das anthropologische Denken des Abendlandes konstitutiven, Dualismus von Geist und Körper zugunsten von komplexeren, nicht dichotomischen Modellen, wenn man so will: integrativen Modellen von Körper und Geist zu verabschieden (vgl. Rittelmeyer 2002).

Der Körper soll im Anschluss an Helmuth Plessners Differenzierung von *Körper haben* und *Leib sein*, an Günther Bittners Trias des menschlichen Sinnen-, Werkzeug- und Erscheinungsleibes und an Jürgen Funke-Wienekes Erweiterung durch die Kategorien des Symbol- und des Sozialleibes in den Blickwinkel der musikalischen Bildung kommen (vgl. Plessner 1970; Bittner 1990; Funke-Wieneke 1995). Die hierbei thematisierten Körper- bzw. Leibkategorien sind als analytisch-heuristische, teilweise ergänzende und teilweise sich überschneidende Kategorien zu verstehen, die immer einen bestimmten Aspekt des Körpers beleuchten.

Körper haben und Leib sein

Dabei wird im Folgenden die (plessnersche) Differenzierung von Körper (haben) und Leib (sein) nicht ganz trennscharf durchgeführt. Mit dem Begriff „Körper" ist in den einschlägigen Diskursen i.d.R. das dingliche Phänomen einer begreifenden Außenwahrnehmung und mit dem Begriff „Leib" das Phänomen einer spürenden Innenerfahrung verbunden.

Sinnenleib

Mit Blick auf den Sinnenleib konzentriert sich die Pädagogische Anthropologie auf den Zusammenhang zwischen der sinnlichen Erfahrung, der Entwicklung der Sinne, der Ausdifferenzierung von Selbst- und Weltverständnissen und der Bildung von Bedeutungs- und Sinndimensionen. Hierbei spielen alle Sinne – und nicht nur etwa das Sehen und Hören – eine wichtige Rolle.

Aisthesis

Von sinnlicher Bildung lässt sich mit Bezug auf den griechischen Begriff der *Aisthesis* als sinnliche Wahrnehmung oder Sinnesempfindung, bzw. als Einheit und Zusammenspiel aller Sinne, zunächst in einem recht einfachen und einschränkenden Sinn von der Entwicklung der Sinneswahrnehmung sprechen (vgl. Zirfas 2000). Aisthesis zielt auf das, was die Sinne beschäftigt, was den Menschen mit Empfindungen und Gefühlen verknüpft und mit Bewusstsein – nicht als reflexive Durchdringung eines Sachverhaltes, sondern – als eine Form des Beteiligtseins erfüllt (vgl. Jütte 2000; zur Lippe 2000). Von einer aisthetischen Bildung abzugrenzen wäre eine ästhetische Bildung, die eine Reflexion des sinnlichen Wechselspiels zwischen Mensch und Welt betrifft (vgl. Mollenhauer/Wulf 1996).

Die Sinne vermitteln zwischen äußerer und innerer Welt und sind daher bildungstheoretisch enorm bedeutsam. Blickt man auf pädagogische Programme und Modelle, die von einer Erziehung, Bildung oder Kultivierung der Sinne sprechen, so trifft man in der Neuzeit vor allem auf den (reform-)pädagogischen, fast gebetsmühlenartigen Standarddiskurs der sog. „Bildung mit allen Sinnen“. Obgleich diese Bildungsform legitimatorisch, erkenntnistheoretisch, anthropologisch und bildungstheoretisch absolut sinnvoll ist, findet sich in vielen kulturellen Praktiken bis heute eine Engführung, die die Bildung mit allen Sinnen auf die Bildung von Auge und Ohr reduziert (vgl. Kamper/Wulf 1984; Bilstein 2011). Den Nahsinnen Riechen, Tasten und Schmecken scheinen die für die kulturellen Belange so wichtigen symbolischen Dimensionen weitgehend zu fehlen, da sie nur begrenzt intersubjektiv anschlussfähig erscheinen. Die Nahsinne werden so auf die Selbstwahrnehmung, auf die Schnittstelle von Ich und Welt oder auf die von Natur und Kultur bezogen, ohne dass sie für die Fremdwahrnehmung, für die Welt oder die Kultur eine bedeutsame Relevanz reklamieren könnten. Sie bilden zwar das aisthesiologische Fundament der Bildung, haben aber für deren Entwicklung und Ausdifferenzierung kein großes Gewicht. Natürlich lässt sich hier festhalten, dass die Nahsinne im Kontext der kulturellen Evolution ihre enorme Bedeutung für die Lebenserhaltung und für die Sozialität weitgehend eingebüßt haben. Dennoch sind sie, gerade auch im kulturellen Kontext, immer noch unverzichtbar. Ihre Habitualisierungen und ihre Reiz-Reaktion-Schemata erscheinen eben wegen ihrer Nähe und Unmittelbarkeit zu den Dingen „natürlicher“ und schwerer bildbar.

Nahsinne

Eine umfassende sinnliche Bildungstheorie hätte die sinnliche Verschränkung und die Bewegung von Außen und Innen, von (Kunst-)Gegenstand und Wahrnehmung, Bewusstwerdung, Reflektion und Urteil in *allen* Sinnlichkeiten zu rekonstruieren (vgl. Mollenhauer 1988; Serres 1994). Auch die interessanten sinnlichen Zwischen-Phänomene wie Atmosphäre, Rhythmus, Aroma, Aufmerksamkeit, Idiosynkrasie, Aura u.v.a.m. lassen sich nur im Wechselspiel zwischen der Sinnesphysiologie und den sozialen und kulturellen Kodierungen klären (vgl. Hauskeller 1995).

Versucht man die Leistungen der Sinne als eine eigenständige Wahrnehmungs- und Denkleistung anzuerkennen und die mit ihr verbundenen sinnlichen Phänomene als Einsichten und Erkenntnisse zu bewerten, so bietet sich dafür die Differenz von *propositionalem* und *nichtpropositionalem* Wissen an. Sinnliche Wahrnehmungen enthalten nichtpropositionales Wissen, insofern in sie Eindrücke, Empfindungen, Intuitionen, Erinnerungen, Imaginationen und Ahnungen eingehen. Das propositionale Wis-

propositionales und nichtpropositionales Wissen

sen ist ein Wissen, das in Form von Aussagen und Sätzen repräsentiert wird, die – mehr oder weniger eindeutig – festlegen, was der Fall ist, und die daher auch wahr oder falsch sein können, weil mit ihnen Mitteilbarkeit und Überprüfbarkeit verbunden sind. Dagegen ist das nichtpropositionale Wissen der sinnlichen Wahrnehmung metaphorischer und bildhafter, nicht unbedingt auf Kommunikativität und Falsifizierbarkeit angelegt, somit wesentlich individueller und stärker leiblich gebunden. Das nichtpropositionale Wissen der Sinne ist durchzogen von individuellen Bedeutsamkeiten und Prägnanzen, es ist fragmentarischer, pointierter und ereignishafter als das propositionale Wissen und es weist diesem gegenüber auch ein höheres individuelles Maß an ästhetischen Präferenzen sowie ungeschützten normativen Orientierungen auf. Die Sinne können daher den Ursprung von Täuschungen wie auch von Erkenntnissen bieten; und die Diskussionen darüber, welchen Sinn und welche Funktion die Sinne in der Wahrheitsfindung (Epistemologie der Ästhetik) und der Bestimmung der Moral (Ethik der Ästhetik) haben, finden in den Wissenschaften seit der Antike immer wieder in sehr ambivalenter und kontroverser Form statt.

Die Sinne machen also immer schon Sinn: Sie verleihen Bedeutungen, schreiben Werte zu, konstituieren Strukturen und etablieren Ordnungen. Dabei haben diese Bedeutungen aber eine leibliche, emotionale tentative und offene Grundierung. Sie reklamieren einen Eigensinn, der nicht in den kulturellen, artifiziellen und kognitiven Codierungen des propositionalen Wissens aufgeht. Andererseits ist die Bedeutung der Sinne „natürlich" abhängig vom historisch-kulturellen Umfeld; und sie (re-)präsentieren dementsprechend eine je historisch-kulturelle Sichtweise, Hörweise, Riechweise etc. von Selbst und Welt (vgl. Bourdieu 1979). Denn die Kinder lernen i.d.R. genau jene Wahrnehmungs- und Geschmacksmuster, die in ihrer individuellen sozio-kulturellen Umwelt Gültigkeit besitzen (Meyer-Drawe 1987; Liebau 2007).

Eigensinn

Werkzeugleib

Beim Werkzeugleib geht es um das praktische Tun, um die Verkörperung eines Könnens. Der Körper soll intentional verfügbar werden; er muss daher geübt werden (Bollnow 1978). Intendiert wird eine souveräne, spielerische Geschicklichkeit im Umgang mit dem Körper oder auch mit einem bestimmten Gegenstand. Das *Können lernen* lässt sich hier mit einer *Alltagspragmatik* oder auch

Können lernen

mit *artistischen Techniken* in einen Zusammenhang bringen. Damit folgt die Pädagogische Anthropologie der Idee, dass sich das Umgehen mit sich und der Welt in hohem Maße körperlichen Fähigkeiten und auch Verkörperungen verdankt. Fragen nach der Intellektualität von Gestik und Mimik, nach den verkörperten (Handlungs-)Schemata und nach einem Körperwissen rücken in den Fokus der Betrachtung. Der Körper wird in diesem Sinne nicht zum Erkenntnisobjekt oder zum Vehikel des Geistes, sondern zum zentralen Ort der Erfahrung, der Handlung und der Hervorbringung. Und pädagogisch betrachtet werden hier Übungs- und Trainingsprozesse, mimetisches, leibliches und imaginatives Lernen, Spielen, Experimentieren, Suchen etc. relevant.

Steigerungslogik einer körperbezogenen Pragmatik

Hierbei kann man – durchaus leistungs- und kompetenzbezogen – von einer immanenten Steigerungslogik einer körperbezogenen Pragmatik sprechen, von dem (durchaus mechanischen) Einstudieren von Praktiken, etwa von grundlegenden Bewegungsübungen über das ordentliche Beherrschen von Techniken und Werken, bis hin zum spielerischen, kreativen und experimentellen Umgang mit diesen selbst. Letztlich zielt das körperliche Lernen wohl auf eine Virtuosität, in der nicht nur eine natürliche Selbstverständlichkeit, sondern auch die spielerische Leichtigkeit zum Ausdruck kommt. Nehmen wir das Singen: Singen macht (gelegentlich) Arbeit, braucht Übung, muss mithin gelernt werden. Dieses übende Lernen betrifft nicht nur den Gegenstand, oder den Lernenden selbst, sondern auch im Besonderen die Methode des Lernens. Und Singen ist dann wirklich gekonnt, wenn es mühelos erscheint.

Genauer muss man hier unterscheiden zwischen einem Können Lernen *für* das Singen, einem Können Lernen *im* Singen und einem Können Lernen *durch* das Singen. Das bedeutet, dass man, um singen zu können, zunächst einige körperliche Übungen vollzogen und internalisiert haben muss: Hier lernt man *für* das Singen etwa Atmen, Intonieren, Stehen usw. Wenn man dann singt, muss man ggf. gemeinsames Singen vor Zuschauern proben und einstudieren und lernt somit *im* Singen Formen des inszenierten (Mit-)Singens mit den SangeskollegInnen und Formen der Kommunikation mit den Zuhörern. Und schließlich kann man *durch* das Singen etwas für das Leben lernen, etwa sich im Alltag und Beruf besser zu präsentieren oder gemeinsam ein Projekt zu verwirklichen.

Mit dem Werkzeugleib sind sinnlich-leibliche, sozio-rituelle, technisch-regelhafte sowie stilistisch-inszenatorische Dimensionen verknüpft, die gelernt werden müssen und insofern mit

Übungs- und Bildungsprozessen einhergehen. In Übungs- und Bildungsprozessen geht es zentral um Leibesübungen, d.h. um eine verkörperlichte Handlungsfähigkeit, um einen artistischen Habitus (Brinkmann 2012). Hierbei kann man das Training von Übung unterscheiden: Während das Training einen verordneten, fremdbestimmten Charakter hat, gehorchen Übungen einem autonomen Bedürfnis. Insofern haben diese einen unendlichen Steigerungscharakter, der sich sowohl auf die spielerischen Wahrnehmungen als auch auf die spielerischen Aktivitäten und Techniken beziehen lässt. Dass beim Üben und Trainieren die Zurichtungs- und Disziplinierungstechniken des Körpers in der Pädagogik eine sehr bedeutende Rolle spielen, soll hier zumindest Erwähnung finden. Die Vulnerabilitäten des Körpers wäre ebenso ein Thema wie die Frage nach den spielerischen körperlichen Entfaltungs- und Gestaltungsmöglichkeiten sowie die Frage nach den je spezifischen Erfahrungen der eigenen Bewegungsqualitäten und -gesetzmäßigkeiten oder auch der Frage nach den je spezifischen Sinnlichkeiten, Wahrnehmungen und Aufmerksamkeiten im praktischen Üben und Spielen.

Leibesübungen

Zurichtungs- und Disziplinierungstechniken

Erscheinungsleib

Der Erscheinungsleib fokussiert die performative und darstellerische Seite. Hier geht es um die Wirkungen und Effekte, die mit dem Erscheinungsbild und dem Auftreten des Menschen verknüpft sind.

performative und darstellerische Seite

Anthropologisch verstanden, ist der Mensch ein Lebewesen, dass für andere (und für sich selbst) in Erscheinung tritt und das weiß, dass sein In-Erscheinung-Treten für andere (und für es selbst) Effekte hat. Insofern meint der Begriff der Erscheinung nicht primär die narzisstische Selbstdarstellung und auch nicht die betrügerische Verführung des anderen, sondern die Notwendigkeit und Möglichkeit, etwas von sich in Erscheinung zu bringen, etwas für andere zur Schau zu stellen, ein Selbstverständnis für andere zu präsentieren. Menschen präsentieren sich selbst, d.h. sie inszenieren sich als „etwas", als sich selbst oder als jemand, der sie sein möchten.

Man denke hier etwa an den Gebrauch des Handys, das in vielen Fällen nicht unmittelbar mit der Funktion betraut ist, Medium der kommunikativen Verbindung oder Arbeitserleichterung zu sein, sondern wesentlich stärker als ein Imagesymbol wirkt. Wer seine private Kommunikation vor Zuschauern inszeniert, betont den Lifestyle stärker als die intime Kommunikation oder auch den argumentativen Gedankenaustausch. Man könnte sogar das Handy als bloße Requisite verwenden, mit dem man weder hören noch sprechen kann, und würde sich trotzdem auf einer sozialen Bühne imagegerecht inszenieren, wenn man denn beim entsprechenden Klingelton die richtige Pose einzunehmen in der Lage ist.

Die Perspektive des Erscheinungsleibes zielt also auf das leibliche Verkörpern von zu transportierenden Bedeutungen, auf den Ereignis- bzw. Aufführungscharakter einer Situation, auf rituelle oder inszenierten Momente, auf ästhetische Aufladungen, die wiederum auf symbolische Sachverhalte verweisen, auf konkrete Effekte, die mit dem Erscheinen verbunden sind, sowie auf subjektive Anähnlichungen an (objektive, vorbildhafte) Körperbilder. Die Perspektive des Erscheinungsleibes fokussiert den sich ereignenden Praxisvollzug und damit die Frage nach dem *modus operandi* der Handlungen. Die Momente der Körperlichkeit bzw. der Leiblichkeit, der Referentialität, der Flüchtigkeit, der Kreativität, der Darstellung, der Emergenz sowie die Frage nach der Wiederholbarkeit sind dann verstärkt von Interesse für eine Beschreibung der performativen Situativität. Ausgehend von einer Pädagogik des Performativen (Wulf/Zirfas 2007) können nunmehr Situationen unter drei Aspekten betrachtet werden: erstens unter dem Aspekt der leiblichen Gebundenheit des Geschehens, zweitens unter den Aspekten des Inszenatorischen und des Präsentativen, und drittens unter dem Aspekt der mimetischen Aneignung kulturell-sozialer Wirklichkeiten (vgl. Göhlich 2007).

modus operandi der Handlungen

Pädagogik des Performativen

Mit Bezug auf die Inszenierung geht es dann pädagogisch um *Performance-Bildung*, d.h. um die Ausbildung im Hinblick auf die Darstellung von Praktiken vor Zuschauern und Zuhörern. Damit ist auch schon eine grundlegend soziale Dimension von leiblicher Bildung angesprochen. Es geht aber auch um *Ereignisbildung* als Anknüpfung und Wiederholung an vergangene performative Voraussetzungen und Traditionen, um die Etablierung einer gegenwartsbezogenen Präsenz im Auftreten und um eine zukunftsbezogene Erprobung von anderen Darstellungsformen. Es geht drittens im strengen Sinne um *Inszenierungsbildung* als eine Auseinandersetzung mit der Semiotisierung und Performierung der Darstellung. Hierbei kann der Einzelne gegenüber den anderen veranschaulichen, zu welchen Gruppen, zu welchen Milieus und zu welchen sozialen Schichten er gehört bzw. gehören möchte. Dazu benötigt er eine Deutungs-, Interpretations- und Darstellungskompetenz, um sich selbst in Gestik und Mimik, in Klei-

Performance-Bildung

Ereignisbildung

Inszenierungsbildung

dung, Accessoires und Verhalten adäquat inszenieren, um die Zugehörigkeit anderer richtig interpretieren und um die Symbolisierung der diversen territorialen und milieuspezifischen Grenzziehungen angemessen identifizieren zu können:

> „Immer mehr Menschen verbringen immer mehr Zeit und verwenden immer mehr Geld auf den Kultus ihrer selbst, auf das Entwerfen, Pflegen und permanente Korrigieren der Bilder, in denen sie sich selbst und anderen erscheinen möchten [...]. Jugendliche investieren vermutlich am meisten Zeit und ‚Traumenergie' in die Positionierung ihrer selbst in einer immer feiner ausdifferenzierten Welt ästhetisch-affektiver Valeurs, die von der Mode angeboten werden" (Menninghaus 2003, S. 264).

Und man könnte hier auch die *Spielbildung* als individuelles und gemeinsames Experimentieren im Umgang mit Formen, Stilrichtungen, Präsentationsweisen usw. noch hinzunehmen. Spielbildung

Menschen gewinnen ein handlungsleitendes performatives Wissen von Praktiken und Situationen durch mentale und körperliche Aneignungsprozesse, deren mimetischer Charakter im körperlichen Verhalten, in Bewegungen, in Mimik und Gesten seinen Ausdruck findet. Musikalische Praxis ist insofern mimetisch-performativ, als sie in ihrem Vollzug auf ihre Herkunft verweist, als sie eine körperliche Durch-, Aus- und Aufführung ist und als sie schließlich die musikalisch-körperliche Wirklichkeit in einer spezifischen Form hervorbringt und gestaltet (vgl. Wulf/Göhlich/Zirfas 2001, S. 20).

Die performativen Handlungsvollzüge basieren daher auf einem praktischen Wissen, das im Kern mittels mimetischer Lernprozesse erworben wird. Dabei geht Mimesis weit über bloße Aneignung und Reproduktion hinaus. Vielmehr handelt es sich um Abläufe einer kreativen Anähnlichung an andere (Körper-) Welten (Wulf 2007). Mimetische Prozesse sind sinnlich-körperliche Prozesse der kreativen Anverwandlung, die als Bewegungen auf andere Bewegungen Bezug nehmen, dabei einen darstellenden und zeigenden Aufführungscharakter haben und sowohl eigenständige als auch als Bezugnahmen auf andere Akte oder Intentionen ermöglichen. Das Resultat ist damit keine Form der blanken Imitation, sondern etwas inszenatorisch Neues, und es ist auf diese Weise nicht nur anthropologisch, im Sinne der herausgehobenen menschlichen Fähigkeit zur Nachahmung, geprägt, sondern vor allem auch ästhetisch-darstellerischen Kriterien geschuldet. „Mimesis [darf] nicht als bloße Nachahmung im Sinne der Herstellung von Kopien verstanden werden. Vielmehr bezeichnet Mimesis eine kreative menschliche Fähigkeit, mit de-

praktisches Wissen

mimetische Prozesse

ren Hilfe Neues entsteht" (Wulf 2014: 247). Insofern müsste eine Betrachtung des Körpers etwa im pädagogischen Setting der Schule auch den Erscheinungsleib des Lehrers bzw. der Lehrerin mit thematisieren.

Symbolleib

Der symbolische Leib betrifft zentral die Möglichkeit, sich als Ausdrucksorgan von Gedanken und Empfindungen zu präsentieren und somit Inneres äußerlich zu machen aber auch Symbolisch-Äußerliches zu verinnerlichen. Dabei sind körperlich-mimetische Prozesse von entscheidender Bedeutung.

Inneres äußerlich machen aber auch Symbolisch-Äußerliches verinnerlichen

Schon von früher Kindheit an artikuliert der Mensch seinen Körper in den unterschiedlichsten Situationen, etwa um Gefühle zum Ausdruck zu bringen, um seine Intentionen zu verfolgen oder um mit anderen zu kommunizieren. Bei diesen Artikulationen kann es sich um ganz unterschiedliche Artikulationen handeln, die vom Informieren über das Auffordern bis hin zum Teilen reichen. Menschen wachsen in kulturell symbolischen Zusammenhängen auf und sie entwickeln und bilden sich in ihnen. Dazu gibt es Sprachen, Bilder, Töne und Symbole einer Kultur, die zwischen Individuum und Gesellschaft, zwischen Innen und Außen, aber auch zwischen Vergangenheit, Gegenwart und Zukunft vermitteln. Das zentrale Prinzip der Kultur ist Symbolisierung.

Artikulationen

So können wir etwa in musikalischen Zusammenhängen von ästhetischen Zeichen als bedeutungsvollen symbolischen Zeichen sprechen. Tonfolgen, Tanzschritte, Opernszenen lassen sich als mediale Formen musikalischer Zeichen verstehen, die für die Produzenten Dokumente ihrer ästhetischen Erfahrungen und für die Rezipienten Anlässe für ästhetische Erfahrungen sind (vgl. Mollenhauer 1993, S. 22). Mollenhauer fasst den Zusammenhang von musikalischen Verweisungszusammenhänge mit dem, was sie bezeichnen, als problematischer auf als konventionelle Symbollogiken, die – wie etwa Piktogramme – mehr oder weniger eindeutige Bestimmungsrelationen aufweisen. Er schlägt vor, die Bedeutung eines ästhetischen Symbols so zu verstehen: Dieses bringe „die leib-seelische Erfahrung eines Menschen auf dem Weg über die Konzentration auf die dabei sich einstellende Empfindung zum Ausdruck [...], und zwar auf eine vorbegrifflich, irrationale Weise" (Mollenhauer 1988, S. 450).

musikalische Zusammenhänge

Mimesis

Auch hierbei spielt die Mimesis eine große Rolle als Prinzip für die Kontexte der Hervorbringung und des Ausdrucks. Mimesis kennzeichnet – anthropologisch, aber auch ästhetisch betrachtet – eine doppelte Bewegung: eine von innen nach außen, in der z.B. Phantasien zum Ausdruck gebracht werden, und eine Bewegung von außen nach innen, in der man sich etwa die Eigenschaften einer Musik oder ihre Bedeutung zu eigen macht. Neben diesen Anpassungsbewegungen – des Körpers an die Musik und der Musik an den Körper – gibt es noch eine Bewegung zwischen Performativität und Semiotik.

doppelte Prägung von körperlichen Praktiken

Die doppelte Prägung von körperlichen Praktiken durch eine performative Handlungs- und eine semiotische Bedeutungsdimension liegt im Sachverhalt des schwellenhaft-oszillierenden Handelns begründet. Die physischen Praktiken kann nur der Handelnde selbst vollziehen. Diese sind immer real. Die mit den körperlichen Bewegungen einhergehenden leiblichen Bedeutungserzeugungen können sich jedoch tendenziell davon ablösen und eine eigene artifizielle Wirklichkeit konstituieren. Praktiken verweisen also aufgrund ihrer artifiziellen symbolischen Inszeniertheit auf etwas, das jenseits ihrer Tatsächlichkeit angesiedelt ist. Dies führt zu einem ganz besonderen Modus der Selbst-Wahrnehmung und der Selbst-Konzeption. Richtet man seinen Blick auf den Symbolleib, so beginnt man unweigerlich, sich gedoppelt wahrzunehmen: Als Körper, der die physischen Bewegungen trägt, und als artifizieller Leib, der soziale oder kulturelle Bedeutungen hervorbringt. Insofern kann man von einer Differenz zwischen den real vollzogenen Körperbewegungen und der leiblich grundierten Bedeutung ausgehen, bzw. die These aufstellen, dass diese Differenz für die Sinnerzeugung enorm bedeutsam ist.

Blicken wir noch einmal auf die symbolischen Dimensionen des Musikerleibes. Dann wird deutlich: Erst wenn der Musiker sich körperlich anders verhält und leiblich anders erfährt als im Alltäglichen, entsteht ein Sinn für die Musik; man muss sich auf Musik „einstellen". Mollenhauer (1996, S. 243) spricht hier im Hinblick auf den Leib von einer „Differenzerfahrung" und im Hinblick auf das musikalische Entstandene von einer „Sinnerfahrung", von einer durch den Leib vermittelten Erfahrung musikalischen Sinns.

Sinnhaftigkeit und Symbolik

Die von der Musik verkörperte Sinnhaftigkeit und Symbolik steht wiederum mit körperlichen Vorgängen von Ruhe und Bewegung, Spannung und Entspannung, Nüchternheit und Rausch in einer engen Wechselbeziehung. Hierzu schreibt Susanne Langer:

> „Die Sinnbeilegung ist ein immer wechselndes, kaleidoskopisches Spiel, das vermutlich unterhalb der Bewusstseinsschwelle, sicherlich außerhalb der diskursiven Vernunft vonstatten geht. Die von der Musik respondierende Imagination ist persönlich, assoziativ und logisch, gefärbt mit Affekten, durchdrungen vom Rhythmus des Körpers und von Träumen. [...] [Die bleibende Wirkung der Musik besteht darin, JZ], daß Dinge begreifbar, nicht daß Aussagen gespeichert werden. Nicht zur Kommunikation, sondern zur Einsicht verhilft uns die Musik, zum Wissen darum, was es, schlicht gesagt, ‚mit den Gefühlen auf sich hat'" (Langer 1984, S. 239).

Dabei haben wir es wohl vor allem mit den Basisgefühlen: Freude und Traurigkeit, Angst und Zorn sowie Liebe und Mitleid zu tun. Im Symbolleib kommen Emotionen, Phantasien und Träume zum Ausdruck.

Sozialleib

Beziehungen zu anderen

Und schließlich lässt sich auch noch die sozialleibliche Körperlichkeit benennen, die mit den Beziehungen zu anderen und der Durchlässigkeit des eigenen Körpers mit Bezug auf den anderen verbunden ist.

Folgt man den Hinweisen aus verschiedenen Sozial- und Humanwissenschaften, dann wird deutlich, wie wichtig die leiblich-sozialen Beziehungen für Menschen sind. Dies wiederum hängt damit zusammen, dass die sozialen Erfahrungen lebensgeschichtlich ursprünglich sind. Denn die Beziehungen beginnen schon vor der Geburt und sie enden erst mit dem Tod.

Säuglingsforschung

So wird etwa von der Säuglingsforschung schon seit einigen Jahrzehnten konstatiert, dass Säuglinge im hohem Maße Interaktionen initiieren und aktivieren, dass sie verschiedene affektive Zustände und Aufmerksamkeiten gezielt im Hinblick auf wechselnde Umwelten verwenden und schon recht früh eine aktive, intelligente, und durchaus lustvolle und nicht nur durch Versagung gekennzeichnete Beschäftigung mit der Umwelt pflegen. Zum anderen konnte diese Forschungsperspektive auch nachweisen, dass die sich entwickelnde Selbstbeziehung fundamental von sozial-leiblichen Beziehungen abhängig ist; hierbei geht es um elementare Erfahrungsgehalte, die ein späteres Selbstverhältnis überhaupt erst ermöglichen. So lernen Säuglinge etwas über das eigene Selbst, indem sie etwas über ihre eigenen Möglichkeiten und Grenzen „erfahren", etwa in den Situationen, in denen die Mitmenschen (oder die Welt) ihnen nachgeben oder sich ihnen widersetzen, indem sich ihr Verhalten an der Umwelt also in vielfältiger Weise „bricht". Eine ursprüngliche gelungene soziale Beziehung, so implizieren diese Forschungen, legen auch weniger enttäuschende und unglückliche Lebenserfahrungen nahe.

zoon politikon

Der Mensch ist, und darauf hat schon die Antike – etwa Aristoteles – eindringlich hingewiesen, ein *zoon politikon*, ein soziales Wesen; und Bezugstheoretiker wie Buber, Levinas, Honneth oder auch Tomasello haben dieser anthropologischen Grundposition in ihren Werken unterschiedliche Geltung verschafft. Auch Tzvetan Todorov erinnert in seinem Buch über die *Abenteuer des Zusammenlebens*, das im Untertitel als „Versuch einer Allgemeinen Anthropologie" angekündigt wird, an diesen elementaren Sachverhalt: Menschen sind von Anfang an soziale Wesen, die auf die Fürsorge und Anerkennung anderer fundamental angewiesen sind (Todorov 1996). Dabei konzentrieren sich soziale Beziehungen nicht primär um Egoismus, Kampf, Beherrschung, Macht und Ausbeutung, sondern um die Begriffe der Bindung, der Achtung und Wertschätzung, der Toleranz und Gerechtigkeit, die konstitutiv für menschliches Zusammenleben sind.

Kontext geteilter Aufmerksamkeiten

So agieren Kinder schon mit neun Monaten in ein einem dyadisch-leiblichen Kontext geteilter Aufmerksamkeiten, die einen Zusammenhang von Selbst (Kind), Anderem (Mutter) und Gegenstand (Welt) herstellen, durch: „gemeinsame Beschäftigung, Verfolgen des Blicks, Verfolgen einer hinweisenden Geste, Imitation instrumenteller Handlungen, Imitation willkürlicher Handlungen, Reaktion auf soziale Hindernisse, Verwendung von Befehlsgesten und Verwendung von hinweisenden Gesten" (Tomasello 2002, S. 79f.; während im Alter von 9-12 Monaten das Prüfen der Aufmerksamkeit erfolgt, lässt sich im Alter von 11-14 Monaten das Verfolgen und im Alter von 13-15 Monaten das Lenken der Aufmerksamkeit beobachten).

Man kann diese Vielfalt von Verhaltensweisen, die alle im Alter von etwa neun Monaten auftauchen dadurch erklären, dass Kleinkinder nunmehr in der Lage sind, andere Menschen als intentionale Akteure zu verstehen. Das wiederum setzt voraus, dass sie andere Akteure als sich ähnlich verstehen, d.h. diejenigen Vorgänge, die sie selbst betreffen, anderen zuzuschreiben und sich in dieser Zuschreibung zugleich zu vergegenwärtigen, ob diese „funktioniert", was bedeutet, dass sie überprüfen, ob diese den anderen zugeschriebene Intention in deren Handeln tatsächlich zum Ausdruck kommt: „Personen [...] sind [...] höchstwahrscheinlich die ersten vergegenständlichten Quellen der Kausalität und dies, weil es dem Subjekt dank der Imitation einer anderen Person schnell möglich ist, der Handlung seiner Modelle eine Wirkungsmächtigkeit ‚allein durch ihre Ausübung' analog seiner eigenen Handlung zuzuschreiben" (Piaget 1974, S. 307). Menschen erschaffen durch diese Imitation sozusagen Zonen einer Inter-Leiblichkeit, die die Körper miteinander verschränken. Insofern lässt sich von einer leiblich „primären Intersubjektivität" (Trevarthen 1979) sprechen, die sich in verschiedenen Modularitäten, sei es als Regulierungsbeziehung (self-with-a-self-regulationg-another), Resonanzbeziehung (self-resonating-with-another) oder als einfaches Zusammensein (self-in-the-presence-with-another) ausbuchstabieren lässt.

Inter-Leiblichkeit

Bildungstheoretisch gewendet erscheint hier von Bedeutung, dass sich das werdende Selbst von Beginn an in sozialen Interaktionen und in weltbezogenen Aktionen konstituiert. Im Bildungsgeschehen geht es nicht um eine einseitige Subjekt-Objekt-Relation, um die Erfahrungen des einen mit dem anderen, sondern um die Erfahrungen, die man im wechselseitigen Austausch miteinander macht. Im Bildungsgeschehen ist das Subjekt nicht der Mensch, sondern die leibliche Interaktion und die Reziprozität. Die Zuwendung zu anderen und zur Welt ist nicht nur durch ein Trieb- oder auch ein Kommunikationsbedürfnis motiviert, sondern dadurch, dass der Mensch in der körperlichen Interaktion und im sprachlichen Dialog erst zu sich selbst kommt. Und erst wenn ein solcher in unzähligen gestischen Interaktionssequenzen, im Rahmen einer solchen relativ konsistenten sozialen körperlichen oder „zwischenleiblichen" (Meyer-Drawe) Handlungspraxis entstandener Vorrat an gemeinsam geteilten Bedeutungen existiert, können sprachliche Interaktionen beginnen zu funktionieren. Dabei kann man zeigen, dass impliziten körperlichen Interaktionen, die nur zu einem sehr geringen Teil sprachlich vermittelt sind, desto stärker die psychischen und leiblichen Strukturen bilden.

wechselseitiger Austausch

Gerade am Anfang des Lebens lässt sich das zeigen: Der Säugling lernt in den ersten Tagen und Wochen vor allem in relationalen Erfahrungen und generiert somit Beziehungswissen. Er muss (Strategien) lernen, Kontakt aufzunehmen und zu halten, Situationen und Gegenstände zu vermeiden, Interaktionen auszugestalten, Geschmackspräferenzen auszudrücken, Menschen und Gegenstände nachzuahmen etc. In diesem Bildungsprozess gehen Leiblichkeit (Sinnlichkeit, Erlebnisse, Erfahrungen), Intersubjektivität (Erfahrungen anderer Menschen), Objektivität (Realität, Welt) und Entwicklung eine komplexe Beziehung ein.

relationale Erfahrungen

Für Bildungsprozesse höchst bedeutsam erscheint die mit den und in den körperlichen Interaktionen verbundene Resonanz, die schon in frühen Entwicklungsstadien die Erfahrung eines ge-

Resonanz

meinsam geteilten Verhaltens oder auch eines gemeinsam geteilten Rhythmus sowohl im nonverbalen als auch im sprachlichen Modus vermittelt. Man könnte hier von einer Anerkennung der Bildungsprozesse durch eine primäre Sozialleiblichkeit sprechen. Grundlage dieser Anerkennung ist ein schon frühes wechselseitiges leibliches Einstimmen auf und Anpassen an den jeweilig anderen. Grundlegend für diesen Anerkennungsprozess ist die menschliche Fähigkeit, symmetrisch ähnlich auf den anderen zu reagieren, sich auf ihn einzustellen und sich selbst im anderen zu sehen. Das bedeutet, dass schon kleine Kinder nicht nur in der Lage sind, Subjekte und Objekte, sondern auch Objektbeziehungen zu internalisieren (Dornes 1998, S. 65).

4. Transkulturalität und Globalisierung

Noch einmal: Der Mensch ist ein erziehungsfähiges und erziehungsbedürftiges, ein lernfähiges und lernbedürftiges, ein bildungsfähiges und bildungsbedürftiges sowie ein lehrendes und ein sich sozialisierendes Wesen.

Um die Bedeutung des Pädagogischen für den Menschen und die Bedeutung humaner Aspekte für diese Pädagogik in den Blick zu nehmen, sind fünf Paradigmen für die Pädagogische Anthropologie besonders wichtig. Die beiden ersten zielen auf die Erforschung dessen, was Menschen gemeinsam ist; die anderen drei betonen die historische und kulturelle Vielfalt und Differenz der Kulturen, Menschen und Gesellschaften und sehen in der Erforschung dieser Vielfalt die zentrale Aufgabe der Anthropologie. Bei den ersten beiden Paradigmen handelt es sich um die Evolution bzw. Hominisation und die Philosophische Anthropologie, bei den anderen drei um die Paradigmen der Historischen Anthropologie, der Ästhetischen Anthropologie und der Kulturanthropologie. In begrifflicher und methodischer Hinsicht enthalten alle fünf Paradigmen wichtige Elemente für ein komplexes Verständnis von Pädagogischer Anthropologie in der globalisierten Welt (Wulf 2009). Geht es in der evolutionären Perspektive vorrangig um den Menschen als Ergebnis eines irreversiblen Evolutionsprozesses, so fokussiert die Philosophische Anthropologie häufig auf eine Wesensbestimmung des Menschen. Sind Ansätze der Historischen Anthropologie auf die Entfaltung eines diachronen Blicks der geschichtlich vielfältigen Ausdrucksmöglichkeiten des Humanen fokussiert, so steht im Mittelpunkt einer Ästhetischen Anthropologie die Rekonstruktion von humanen Darstellungsfor-

fünf Paradigmen

men (etwa in Bildern) und ihrer unterschiedlichen Voraussetzungen und Effekte, während in der interkulturellen (ethnographischen) Kulturanthropologie die synchron orientierte Erforschung verschiedener Kulturen der leitende Gesichtspunkt ist. Aus Raumgründen soll im Folgenden nur das letzte Paradigma näher in den Blick gerückt werden.

Kulturanthropologie

Nach einer in der Kulturanthropologie verbreiteten Auffassung ist es „außerordentlich schwer, zwischen dem Natürlichen, Universellen und Dauerhaften im Menschen und dem Konventionellen, Lokalen und Veränderlichen eine Grenze zu ziehen. Ja mehr noch, es liegt nahe, dass eine solche Grenzziehung die menschlichen Verhältnisse verfälscht oder zumindest fehlinterpretiert" (Geertz 1992, S. 59). Die These lautet daher: Man findet den Menschen nicht „hinter" der Vielfalt seiner historischen und kulturellen Ausprägungen, sondern „in" ihnen. Deshalb reicht es auch nicht aus, z.B. „Generation", „Familie", „Erziehung" als kulturelle Universalien zu identifizieren; vielmehr bedarf es der Untersuchung dieser Institutionen in verschiedenen Kulturen (Wulf/Suzuki/Zirfas u.a. 2011). Aus den unterschiedlichen Ausprägungen dieser „Universalien" ergibt sich die außerordentliche Vielgestaltigkeit von Kultur. Gerade diese liefert Aufschluss über den Menschen. Allerdings kommt es weniger darauf an,

kulturelle Universalien

> „die empirischen Gemeinsamkeiten seines [des Menschen, JZ] von Ort zu Ort und Zeit zu Zeit so unterschiedlichen Verhaltens hervorzuheben, als vielmehr die Mechanismen, mittels derer die ganze Bandbreite und Unbestimmtheit seiner angeborenen Vermögen auf das eng begrenzte und hochspezifische Repertoire seiner tatsächlichen Leistungen reduziert wird [...]. Ohne die Orientierung durch Kulturmuster – organisierte Systeme signifikanter Symbole – wäre das Verhalten des Menschen so gut wie unbezähmbar, ein vollkommenes Chaos zielloser Handlungen und eruptierender Gefühle, seine Erfahrung nahezu formlos. Kultur, die akkumulierte Gesamtheit solcher Muster, ist demnach nicht bloß schmückendes Beiwerk, sondern – insofern sie die Grundlage seiner Besonderheit ist – eine notwendige Bedingung menschlichen Daseins" (Geertz 1992, S. 70).

Wissenschaft vom Fremden

Als Wissenschaft vom Fremden hat die Kulturanthropologie die Erforschung anderer Kulturen zur Aufgabe. Die dabei gewonnenen Erkenntnisse haben nachhaltige Wirkungen auf das Verständnis des Fremden in der eigenen Kultur und auf den Kulturbegriff. In Folge der neueren epistemologischen Entwicklungen wird in der ethnologischen Forschung von einem differenzierten Kulturbegriff ausgegangen, in dessen Rahmen die Bearbeitung von Differenz eine zentrale Rolle spielt. Angesichts der Globalisierung von Politik, Wirtschaft und Kultur kommt es zur Überlappung, Durchmischung und kulturellen Assimilation von Globalem, Nationalem, Regionalem und Lokalem (Wulf/Merkel 2002; Wulf 2006). In der Folge werden neue Formen des Umgangs mit dem Fremden, d.h. mit den Angehörigen anderer Kulturen erforderlich. Dabei entsteht die Frage nach dem Verstehen des Nichtverstehens fremder Kulturen.

Lernen des Umgangs mit kultureller Vielfalt und kultureller Differenz

Angesichts des Zusammenwachsens der Länder der Europäischen Union und der tiefgreifenden Globalisierungsprozesse gehört das Lernen des Umgangs mit kultureller Vielfalt und kultureller Differenz zu den zentralen Aufgaben der Erziehung. Mehr denn je ist Bildung in Europa heute eine interkulturelle oder sogar transkulturelle Aufgabe (Göhlich u.a. 2006). Dabei geht es um das Verhältnis zwischen einer uniformierenden und einer die kulturelle Vielfalt fördernden Globalisierung. Die wechselseitige Verschränkung von Globalisierung, Regionalisierung und Lokalisierung erscheint heute als eine wichtige Aufgabe.

Globalisierung

Die Globalisierung entwirft neue, uneindeutige Räume des Eigenen und des Fremden – ob man nun unter Globalisierung die Internationalisierung der Wirtschaft und der kapitalistischen Machtverhältnisse, den Prozess der Vermittlung zwischenstaatlicher Kontakte und der Entwicklung einer globalen Politik, die zunehmende Intensität weltweiter sozialer Kontakte durch Migration und Fremdenverkehr, die kulturelle Vereinheitlichung und globale technische Kommunikation oder den Versuch einer globalen Geschichte versteht. Globalisierung meint primär eine Reflexion kontingenter, komplexer, permissiver, transitorischer und pluraler Räume in nationaler, kultureller, ökonomischer und ökologischer Perspektive und die Reflexion der damit verbundenen Problematiken der Identität des Individuums, des Sozialen, des Staatlichen, des internationalen Systems von Gesellschaften und des Transstaatlichen, der Menschheit. Der scheinbar sichere und feste Bezugspunkt des „Eigenen" wird durch den Begriff der Globalisierung zugunsten einer räumlichen Dialektik verabschiedet, die im Lokalen globale Phänomene und auf Ebene globaler Zusammenhänge die Bedeutung des Lokalen wiederfindet; die Intensität und die Größenordnung globaler und regionaler Interdependenzen sind enorm gewachsen. Globalisierung als Enträumlichung bedeutet unter bestimmten Vorzeichen Regionalismus, Lokalismus und Fundamentalismus. Die Globalisierung ist charakterisiert durch Spannungen zwischen Globalem und Lokalem, Universellem und Singulärem, Tradition und Modernität, Geistigem und Materiellem, langfristigen und kurzfristigen Überlegungen, notwendigem Wettbewerb und Chancengleichheit, einer starken Ausweitung des Wissens und einer begrenzten Fähigkeit des Menschen, damit umzugehen.

Kultur

In Folge der neueren epistemologischen Erkenntnisse in den Geistes- und Sozialwissenschaften erscheint Kultur heute als fragmentierte, als hohe und niedere, als transversale und transkulturelle Kultur. Kultur bezeichnet ein sich inkonsistentes Gebilde, das sich als Feld von diversen symbolischen Bezügen, sozialen Lebenswelten und ideologischen Zusammenhängen verstehen lässt. Kultur ist nicht mehr monolithisch und eindeutig, sondern fragil und flexibel mit ständig sich wandelnden Bedeutungen, mit unterschiedlichen Akteuren und unterschiedlichen Dynamiken und Entwicklungsprozessen, seien es konkurrierende, komplementäre, schismogenetische, transversale, kongruierende etc. Man spricht in diesen Zusammenhängen vom „third worlding at home“ (Koptiuch), vom „postmodern hyperspace“ (Jameson) oder einfacher von „Zwischenwelten“ (Bielefeldt), und im sozialen Bereich von „global democracy – beyond borders“ (McGrew), von „global neighborhood“ (UNPD) oder von „global citizenship“ (Shaw), und verweist insgesamt auf die Notwendigkeit einer interkultureller Kompetenz, die auf weltweit anerkannte Werte sowie Rechte und Pflichten sich ebenso beziehen lässt wie auf institutionelle Reformen und individuelle moralische Haltungen.

Transkulturation

Angesichts der Ausdifferenzierung von Kulturen in modernen Gesellschaften stellt sich aber auch die Frage, ob man nicht generell von Transkulturation, d.h. von einem Austausch nach beiden Seiten hin, statt von Akkulturation, von einer einseitigen kulturellen Einflussnahme sprechen muss (vgl. Burke 2000). Somit verschiebt sich die Problematik der kulturellen Bewegungen hin zu den Fragen: Wie wird die jeweils andere Kultur aufgenommen und angeeignet, nach spezifischen Maßgaben des Empfängers, als mimetischer Prozess, als Plünderung oder nach Maßgabe und Vorgabe der gebenden Kultur, als Zwangsumtausch und Gewaltprozess? Wie lassen sich die Ergebnisse transkultureller Prozesse beschreiben: als Synkretismus, als Vermischung ohne innere Einheit, als Hybridisierung, als kulturelle „Aufpfropfungen“, Neukalibrierung und -konstituierung von kulturellen Gegebenheiten, als kulturelle Übersetzung oder auch als Homogenisierung und Standardisierung, als globaler integrierender Prozess, als desintegrierender Vorgang, oder als Rekonstituierung und Kreolisierung der Welt? Entscheidend wird es in der Pädagogik darum gehen, Kompetenzen und Fähigkeiten zu entwickeln, die mit Spannungen, Aushandlungsprozessen, Hybridisierungen etc. umzugehen in der Lage sind. Und in diesem Sinne müssen über das Modell interkultureller Kompetenz hinaus transkulturelle und transversale Kompetenzen pädagogisch vermittelt werden.

Vergleich menschlicher Äußerungen

Der Vergleich menschlicher Äußerungen in unterschiedlichen Kulturen macht deutlich, wie sehr die Untersuchung kultureller Phänomene neue Unsicherheiten und Fragen aufwerfen kann. Die anthropologische Erforschung multikultureller Lebensbedingungen kann dazu beitragen, die Offenheit kultureller Entwicklungen zu erhalten und einen Beitrag zur Bewahrung des Möglichen zu liefern. Ethnographische Methoden sensibilisieren nicht nur für das Fremde anderer Kulturen, sondern auch für das Fremde der eigenen Kultur. Daher trägt der Rückbezug der kulturanthropologischen Perspektive auf die Kulturen Europas zu einer erheblichen Ausweitung der anthropologischen Forschung bei.

Differenz wahrzunehmen und zu akzeptieren

Angesichts einer auf Angleichung zielenden Globalisierung ist die Fähigkeit, Differenz wahrzunehmen und zu akzeptieren, besonders wichtig und kann auch dazu beitragen, Gewalt zu reduzieren. Die Akzeptanz kultureller Diversität stößt an eine Grenze, die durch die Menschenrechte und durch eine globale Ethik markiert wird. Konflikte, die mit den Angehörigen anderer Kulturen entstehen, müssen ausgehalten und (möglichst) gewaltfrei ausgetragen werden.

Formen der Erziehnung und Bildung

Statt einer die Homogenisierung fördernden ist eine reflexive, kritische, die Heterogenität einbeziehende Globalisierung erforderlich. Es gilt die Herausforderung des Anderen und die anthropologische Reflexion historischer und kultureller Unterschiede in die Globalisierungsdynamik einzubeziehen. Dies führt nur zu einer bedingten Angleichung der Lebenswelten. Aufgrund des kontingenten Charakters gesellschaftlicher und kultureller Entwicklungen entstehen auch unvorhersehbare Formen von Synkretismus und Hybridität. Diese bewirken neue Formen von Hybridität und kultureller Diversität, deren historischer und kultureller Hintergrund zu unterschiedlich ist, als dass diese Formen, selbst wenn sie sich in ihren Erscheinungen ähneln, in ihren Tiefenstrukturen gleich wären. Durch das Gewahrwerden von Differenz, Alterität und durch die Anerkennung kultureller Diversität und Hybridität entsteht auch die Möglichkeit, Gemeinsamkeiten wahrzunehmen und sich einander anzunähern.

Erziehung, Bildung und Sozialisation in den unterschiedlichen Regionen der Welt

Wie Erziehung, Bildung und Sozialisation in den unterschiedlichen Regionen der Welt verstanden werden, ist für das Zusammenleben der Menschen eine wichtige Frage, für deren Bearbeitung es historisch und kulturell unterschiedlichen Wissens und seiner Reflexion bedarf. In diesem Prozess ist es wichtig, die historische und kulturelle Bedingtheit des philosophischen, historischen und kulturanthropologischen Wissens wahrzunehmen, zu reflektieren und konstruktiv mit ihr umzugehen. Ein kritisches und selbstkritisches Bewusstsein trägt dazu bei, die Geltungsansprüche des in unterschiedlichen Kontexten gewonnenen Wissens zu relativieren und die anthropologische Forschung für selbstreflexive inter- bzw. transkulturelle Kooperation zu öffnen. Die politischen, wirtschaftlichen und kulturellen Entwicklungen in Europa und in der Welt machen es erforderlich, transkulturelle Formen des Wissens zu schaffen, die den universellen, partikularen und subjektiven Aspekten anthropologischen Wissens gerecht werden. In der Zukunft bedarf es einer Ausweitung und Intensivierung dieses Wissens, das sich in der Spannung zwischen den genannten Aspekten bildet. In diesem Prozess entstehen die Vielfalt und die Komplexität anthropologischen Wissens.

Aufgabe transkultureller Kooperation

Wenn es Aufgabe transkultureller Kooperation ist, neue Formen des Wissens zu schaffen, die auf die Herausforderungen der Globalisierung antworten können, dann ist dafür ein kontinuierlicher Umgang mit kultureller Diversität erforderlich, in dessen Verlauf es auch erforderlich wird, die Voraussetzungen des eigenen Forschens in Frage zu stellen.

unterschiedliche Formen von Erziehung und Bildung in der globalisierten Welt

Eine zentrale Aufgabe pädagogisch-anthropologischer Forschung besteht darin, die unterschiedlichen Formen von Erziehung und Bildung in der globalisierten Welt zu untersuchen. In ihnen spielen asymmetrische Macht- und Austauschbeziehungen sowie transkulturelle Dynamiken eine wichtige Rolle. In diesen Prozessen stoßen traditionelle Identitäts- und Erziehungsvorstellungen in globalen Interaktionsprozessen aufeinander. Transkulturalität dient als ein heuristischer Begriff dazu, reale, symbolische und imaginäre, soziale und kulturelle Entwicklungen in der globalisierten Welt konzeptuell und methodisch neu zu untersuchen. Dazu bedarf es auch der Untersuchung und Reflexion der impliziten Voraussetzungen und der kulturell bedingten methodischen Setzungen der Pädagogischen Anthropologie. Ziel ist die Entwicklung neuer Konzeptualisierungen und methodischer Zugänge in einer transkulturellen pädagogisch-anthropologischen Forschung. Die Dynamiken der kulturellen Strömungen, die Einfluss auf Erziehung, Bildung und Sozialisation nehmen, sind asymmetrisch. Lokale, regionale und globale Forschungen sind erforderlich, um deren diachrone und synchrone Dimensionen zu erforschen. Diese kulturellen Strömungen vollziehen sich nicht linear; sie verzweigen sich, machen Umwege, drängen in die entgegengesetzte Richtung. Gegenstände, Bedeutungen, Bilder werden übersetzt und erscheinen in neuen Kontexten. Neue soziale und erzieherische Praktiken, neue Formen des Wissens und der ästhetischen Gestaltung entstehen. Diese Veränderungen zeigen sich in Politik, Wirtschaft, Verwaltung und Bildung; sie durchdringen Literatur, Künste, Religion und Alltagsleben. Viele Prozesse in Erziehung, Bildung und Sozialisation lassen sich nur angemessen erklären, wenn ihre Geschichte analysiert wird; andere werden mithilfe ethnographischer Forschung identifiziert, analysiert und verstanden. In wieder anderen Fällen werden beide methodischen Ansätze verbunden oder können zum Ausgangspunkt weiterer Untersuchungen werden.

transkulturelle Phänomene

Transkulturelle Phänomene entstehen aus der Spannung zwischen Identität, Alterität und mimetischer Anähnlichung in Prozessen der Transformation von Bildern, Texten und Begriffen. Dabei mischen sich traditionelle und fremde Elemente und erzeugen neue transkulturelle Phänomene. Angesichts dieser vielschichtigen Prozesse lassen sich Erziehung, Bildung und Sozialisation nicht als in sich ruhende, sprachlich homogene Einheiten, sondern vielmehr als dynamische, relationale und veränderliche Begriffe verstehen. Transkulturalität ist ein heuristischer Begriff, der zu neuen Perspektiven und entsprechenden methodischen Verfahren in der pädagogisch-anthropologischen Forschung führt. In diesen Transformationen spielt der relationale Charakter von Raum und Zeit eine wichtige Rolle. Simultaneität und Ubiquität der neuen Medien sind für die Genese transkultureller Phänomene wichtig. Diese tragen zur Veränderung von Raum und Zeit bei. Es entstehen Kontaktzonen mit neuen raumzeitlichen Qualitäten. Zu diesen Zonen des Kontakts gehören z.B. Internet, Weltausstellungen, Olympische Spiele und innerstädtische Schulen (Wulf 2010). In ihnen sind die Grenzen zwischen Kulturen osmotisch und polyvalent. Begriffe wie „Metissage" und Hybidität dienen auch dazu, die Dynamik dieser neuen kulturellen Phänomene zu beschreiben, deren komplexe innere Strukturen durch Assimilation und Adaptation entstehen.

Zonen des Kontakts

Migrationsbewegungen

In den zahlreichen Migrationsbewegungen der globalen Welt und in den sich in ihnen vollziehenden Prozessen der Erziehung, Bildung und Sozialisation entstehen in mimetischen Bewegungen vielfältige transkulturelle Phänomene und Referenzrahmen. Diese Prozesse stoßen auf Widerstand und Abwehr; sie sind konfliktreich und antagonistisch. Für Forschungen, die in der Anthropologie und der Pädagogischen Anthropologie auf eine historische, ethnographische und philosophische Untersuchung der

Welt zielen, führt der Fokus auf den transkulturellen Charakter vieler pädagogischer und sozialer Phänomene zu neuen konzeptuellen, empirischen und methodologischen Fragen.

Fragen

A. Welche Bedeutung haben Menschenbilder in der Pädagogik?
B. Vergleichen Sie die Menschenbilder in der Geschichte der Pädagogik miteinander. Wo gibt es Gemeinsamkeiten und Differenzen? Wie sind diese heute einzuschätzen?
C. Erläutern Sie die fünf Dimension der Leiblichkeit aus pädagogischer Perspektive.
D. Welche Aufgaben hat das kulturanthropologische Paradigma in der Pädagogischen Anthropologie?

Weiterführende Literatur

Bollnow, Otto Friedrich (1965): Die anthropologische Betrachtungsweise in der Pädagogik. Essen: Neue deutsche Schule Verlagsgesellschaft. – Sehr kurzer Einführungstext, der zunächst die anthropologische Frage, die Bedeutung von Menschenbildern und den Ertrag anderer Disziplinen, insb. der Philosophie für die Pädagogik klärt; anhand von Beispielen (Geborgenheit, Wohnen) und Modellen wird die anthropologische Betrachtungsweise dann erläutert.

Rathmayer, Bernhard (2013): Die Frage nach dem Menschen. Eine Historische Anthropologie der Anthropologien. Opladen/Berlin/Toronto: Verlag Barbara Budrich. – Das Spektrum des Buches umfasst Positionen der philosophischen, natur- und kulturwissenschaftlichen, psychoanalytischen und pädagogischen Anthropologie. In den Blick kommen auch (pädagogische) Fragen der Verhaltensforschung und Soziobiologie, der Humangenetik und der Hirnforschung.

Roth, Heinrich (1966/71): Pädagogische Anthropologie. 2 Bände. Hannover: Hermann Schroedel. – Integrative pädagogische Zusammenfassung der anthropologischen Forschungen diverser Disziplinen (von der Biologie bis hin zur Theologie) mit Blick auf Erziehungsvorstellungen, Erziehungsbedürftigkeit und Erziehungsziele, die zum Konzept des reifen und mündigen Menschen führt.

Scheuerl, Hans (1982): Pädagogische Anthropologie. Eine historische Einführung. Stuttgart: Kohlhammer. – Die Darstellung folgt dem Wandel der Menschenbilder vor dem Hintergrund ihrer geistes- und sozialgeschichtlichen Voraussetzungen von den antiken Ansätzen (Platon) über die christlichen (Augustinus) und aufklärerischen Modelle (Rousseau) bis hin zu modernen Positionen (Nietzsche, Portmann).

Wulf, Christoph (Hrsg.) (1997): Vom Menschen. Handbuch Historische Anthropologie. Weinheim/Basel: Beltz. – Das Handbuch widmet sich in fast 100 Beiträgen den sieben Themenfeldern Kosmologie, Welt und Dinge, Genealogie und Geschlecht, Körper, Medien und Bildung, Zufall und Geschick, Kultur. Herausgearbeitet wird die Vielgestaltigkeit und Partikularität der Menschen in ihren historischen und kulturellen Kontexten.

Wulf, Christoph (2001): Einführung in die Anthropologie der Erziehung. Weinheim/Basel: Beltz. – Das Buch thematisiert die Vervollkommnung des Menschen, die soziale Mimesis und das Ritual, globale und interkulturelle Erziehung sowie Fragen der Geschichtlichkeit, Kulturalität und Transdisziplinarität einer historisch-pädagogischen Anthropologie.

Wulf, Christoph (2009): Anthropologie. Geschichte, Kultur, Philosophie. 2. Aufl. Köln: Anaconda. – Das Buch enthält zwei große Themenkomplexe: Zunächst die Paradigmen der Anthropologie (biologische, philosophische, historische, kulturelle und historisch-kulturelle Anthropologie) und sodann die Themenfelder einer historisch-kulturellen Anthropologie, die vom Körper und der Mimesis über Performativität, Ritual und Bild bis hin zu Geburt und Tod reichen.

Wulf, Christoph/Zirfas, Jörg (Hrsg.) (1994): Theorien und Konzepte der pädagogischen Anthropologie. Donauwörth: Auer Verlag. – Der Band liefert anhand von 15 Quellentexten einen Überblick und eine kritische Reflexion der wichtigsten Positionen der pädagogischen Anthropologie von 1950 bis 1990, d.h. über phänomenologische, philosophische, integrative und reflexive-historische Ansätze.

Wulf, Christoph/Zirfas, Jörg (Hrsg.) (2014): Handbuch Pädagogische Anthropologie. Wiesbaden: Springer VS. – In diesem Handbuch werden folgende Themenfelder behandelt: Menschenbilder, Körper, Soziales, Zeit, Raum, Kultur, Subjekt, Grenzen, wissenschaftliche Zugänge zu und Perspektiven der Pädagogischen Anthropologie. Diese Themen werden aus historischen, philosophischen und kulturwissenschaftlichen Blickwinkeln erläutert.

Zirfas, Jörg (2004): Pädagogik und Anthropologie. Eine Einführung. Stuttgart: Kohlhammer. – Systematische Einführung in die Pädagogische Anthropologie, die die Vervollkommnungsfähigkeiten und Grenzen des Humanen, das Lernen und die Zeit, den Körper und seine Gefühle, die Fremdheitserfahrung und das Generationenverhältnis sowie die Selbstbestimmung und die Identitätsentwicklung thematisiert.

Zitierte Literatur

Aden-Grossmann, Wilma (2002): Kindergarten. Eine Einführung in seine Entwicklung und Pädagogik. Weinheim/Basel: Beltz.

Ariès, Philippe (1985): Geschichte der Kindheit. 7. Aufl. München: dtv.

Autorengruppe Bildungsberichterstattung (2012): Kulturelle/musisch-ästhetische Bildung im Lebenslauf. In: Dies.: Bildung in Deutschland 2012, Bielefeld: Bertelsmann, S. 157-198.

Bamford, Anne (2006): The WoW Factor. Global research compendium on the impact of the arts in education. Münster/New York: Waxmann.

Bateson, Gregory (1985): Ökologie des Geistes. Frankfurt/M.: Suhrkamp.

Baumert, Jürgen u.a. (2001): PISA 2000. Bildungskompetenzen von Schülern und Schülerinnen im internationalen Vergleich. Opladen: Leske + Budrich.

Baumgart, Franzjörg (2000): Theorien der Sozialisation. Erläuterungen – Texte – Arbeitsaufgaben. 2. Aufl. Bad Heilbrunn/Obb.: Klinkhardt.

Benner, Dietrich (1997): Pädagogischer Takt und das Theorie-Praxis-Problem. In: Ders. (Hrsg.): Johann Friedrich Herbart: Systematische Pädagogik. Bd. 2: Interpretationen. Weinheim: Juventa, S. 11-15.

Benner, Dietrich (2001): Hauptströmungen der Erziehungswissenschaft. 4. Aufl. Weinheim/Basel: Beltz.

BEP (2006): Der Bayerische Bildungs- und Erziehungsplan für Kinder in Tageseinrichtungen bis zur Einschulung. Hrsg. v. Bayerischen Staatsministerium für Arbeit und Sozialordnung, Familie und Frauen, Staatsinstitut für Frühpädagogik München. Weinheim/Basel: Beltz.

Bildungskommission NRW (1995): Zukunft der Bildung, Schule der Zukunft. Neuwied: Luchterhand.

Bilstein, Johannes (Hrsg.) (2011): Anthropologie und Pädagogik der Sinne. Opladen: Barbara Budrich.

Bittner, Günther (1990): Erscheinungsleib – Werkzeugleib – Sinnenleib, in: Duncker, Ludwig et al. (Hg.): Kindliche Phantasie und ästhetische Erfahrung, Langenau-Ulm: Vaas, S. 63-78.

Blankertz, Herwig (1982): Die Geschichte der Pädagogik. Von der Aufklärung bis zur Gegenwart. Wetzlar: Büchse der Pandora.

Bollenbeck, Georg (1996): Bildung und Kultur. Glanz und Elend eines deutschen Deutungsmusters. Frankfurt/M.: Suhrkamp.

Bollnow, Otto Friedrich (1978): Vom Geist des Übens. Eine Rückbesinnung auf elementare didaktische Erfahrungen, Freiburg i.Br.: Herder.

Bourdieu, Pierre (1979): La distinction. Critique sociale du jugement, Paris: Minuit.

Bourdieu, Pierre (1982): Les rites comme actes d'institution. In: Actes de la recherche en sciences sociales 43, S. 58-63.

Bourdieu, Pierre/Passeron, Jean-Claude (1971): Die Illusion der Chancengleichheit. Stuttgart: Ernst Klett.

Bransford, J. D./Franks, Jeffery J./Vye, Nancy J./Sherwood, Robert D. (1986): Teaching thinking and problem solving: Suggestions from research. In: American Psychologist 41, S. 1078-1089.

Bransford, J. D./Franks, Jeffery J./Vye, Nancy J./Sherwood, Robert D. (1989): New approaches to instruction: Because wisdom can't be told. In: Vosniadou, Stella/Ortony, Andrew (Eds.): Simularity and analogical reasoning. Cambridge: Cambridge University Press, S. 470-497.

Braun, Tom/Fuchs, Max/Kelb, Viola (2010): Auf dem Weg zur Kulturschule. Bausteine zu Theorie und Praxis der Kulturellen Schulentwicklung. München: kopaed.

Braune-Krickau, Tobias/Ellinger, Stephan/Sperzel, Clara (Hrsg.) (2013): Handbuch Kulturpädagogik für benachteiligte Jugendliche. Weinheim: Beltz.

Brinkmann, Malte (2012): Pädagogische Übung. Praxis und Theorie einer elementaren Lernform, Paderborn: Schöningh.

Brumlik, Micha/Holtappels, Heinz-Günter (1987): Mead und die Handlungsperspektive schulischer Akteure. Interaktionistische Beiträge zur Schultheorie. In: Tillmann, Klaus-Jürgen (Hrsg.): Schultheorien. Hamburg: Bergmann + Helbig, S. 89-103.

Burckhardt, Jacob (1988): Die Kultur der Renaissance in Italien. 11. Aufl. Stuttgart: Kröner.

Burke, Peter (1984): Die Renaissance in Italien. Sozialgeschichte einer Kultur zwischen Tradition und Erfindung. Frankfurt/M./Olten/Wien: Büchergilde Gutenberg.

Burke, Peter (2000): Kultureller Austausch. Frankfurt/M.: Suhrkamp.

Clement, Ute/Martens, Bernd (2000): Effizienter Lernen durch Multimedia? Probleme der empirischen Feststellung von Ursachen des Lernerfolgs. In: Zeitschrift für Pädagogik 46, H. 1, S. 97-112.

Collins, Allen/Brown, John S./Newman, Susan E. (1989): Cognitive apprenticeship: Teaching the crafts of reading, writing and mathematics. In: Resnick, Lauren B. (Ed.): Knowing, learning, and instruction. Hillsdale (N.J.): Erlbaum, S. 453-494.

Dalin, Per/Rolff, Hans-Günter/Buchen, Herbert (1996): Institutioneller Schulentwicklungsprozeß. Ein Handbuch. 3. Aufl. Bönen: Verlag für Schule und Weiterbildung.

de Groote, Kim/Nebauer, Flavia (2008): Kulturelle Bildung im Alter (Institut Bildung und Kultur). München: kopaed.

Dehnbostel, Peter (2005): Informelles Lernen in betrieblichen und arbeitsbezogenen Zusammenhängen. In: Künzel, Klaus (Hrsg.): Internationales Jahrbuch der Erwachsenenbildung. Band 31/32: Informelles Lernen – Selbstbildung und soziale Praxis. Köln u.a.: Böhlau, S. 143-164.

Dolch, Josef (1965): Lehrplan des Abendlandes. Zweieinhalb Jahrtausende seiner Geschichte. 2. Aufl. Ratingen: Aloys Henn.

Dornes, Martin (1998): Der kompetente Säugling. Die präverbale Entwicklung des Menschen. 8. Aufl. Frankfurt/M.: DTV.

Ellwein, Thomas (1992): Die deutsche Universität. Vom Mittelalter bis zur Gegenwart. Frankfurt/M.: Anton Hein.

Erikson, Erik H. (1997): Identität und Lebenszyklus. Drei Aufsätze. Frankfurt/M.: Suhrkamp.

Fend, Helmut (1980): Theorie der Schule. München/Wien/Baltimore: Urban & Schwarzenberg.

Flasch, Kurt (1986): Das philosophische Denken im Mittelalter. Stuttgart: Reclam.

Fuchs, Max (2012): Die Kulturschule. München: kopaed.

Funke-Wieneke, Jürgen (1995): Sportpädagogik heute: Ansatz, Lehre, Forschung, in: Dietrich, Knut (Hrsg.): Bewegungskultur als Gegenstand der Sportwissenschaft, Hamburg: Mimeo, S. 89-98.

Geertz, Clifford (1992): Kulturbegriff und Menschenbild. In: Habermas, Rebekka/Minkmar, Nils (Hrsg.): Das Schwein des Häuptlings. Sechs Aufsätze zur historischen Anthropologie. Berlin: Wagenbach, S. 56-82.

Geulen, Dieter/Hurrelmann, Klaus (1980): Zur Programmatik einer umfassenden Sozialisationstheorie. In: Hurrelmann, Klaus/Ulich, Dieter (Hrsg.): Handbuch der Sozialisationsforschung. Weinheim/Basel: Beltz, S. 51-67.

Glogner-Pilz, Patrick/Föhl, Patrick S. (Hrsg.) (2011): Das Kulturpublikum, Fragestellungen und Befunde der empirischen Forschung. 2. Aufl. Wiesbaden: VS Verlag.

Göhlich, Michael (1997): Offener Unterricht, Community Education, Alternativschulpädagogik, Reggiopädagogik. Die neuen Reformpädagogiken. Geschichte, Konzeption, Praxis. Weinheim: Beltz.

Göhlich, Michael (2007): Kindliche Mimesis und pädagogisches Muster. Zum Performativen als Ebene der Praxis pädagogischer Institutionen. In: Wulf, Christoph/Zirfas, Jörg (Hrsg.): Pädagogik des Performativen. Theorien, Methoden, Perspektiven. Weinheim/Basel: Beltz, S. 137-148.

Göhlich, Michael (2008): Schulentwicklung als Machbarkeitsvision. Eine Re-Vision im Horizont professioneller Ungewissheit. In: Helsper, Werner u.a. (Hrsg): Pädagogische Professionalität in Organisationen. Neue Verhältnisbestimmungen am Beispiel der Schule. Wiesbaden: VS Verlag, S. 263-275.

Göhlich, Michael/Leonhard, Hans-Walter/Liebau, Eckart/Zirfas, Jörg (Hrsg.) (2006): Transkulturalität und Pädagogik. Interdisziplinäre Annäherungen an ein kulturwissenschaftliches Konzept und seine pädagogische Relevanz. Weinheim/München: Juventa.

Göhlich, Michael/Wulf, Christoph/Zirfas, Jörg (Hrsg.) (2014): Pädagogische Theorien des Lernens. 2. Aufl. Weinheim/Basel: Beltz.

Göhlich, Michael/Zirfas, Jörg (2007): Lernen. Ein pädagogischer Grundbegriff. Stuttgart: Kohlhammer.
Grunert, Cathleen (2006): Erziehungswissenschaft – Pädagogik. In: Krüger, Heinz-Hermann/Grunert, Cathleen (Hrsg.): Wörterbuch Erziehungswissenschaft. 2. Aufl. Opladen/Farmington Hills, S. 152-157.
Hansmann, Otto/Marotzki, Winfried (Hrsg.) (1988/1989): Diskurs Bildungstheorie I: Systematische Markierungen; II: Problemgeschichtliche Orientierungen. Weinheim: DSV.
Haselbach, Dieter/Klein, Armin/Knüsel, Pius/Opitz, Stephan (2012): Der Kulturinfarkt: Von Allem zu viel und überall das Gleiche. Eine Polemik über Kulturpolitik, Kulturstaat, Kultursubvention. München: Knaus.
Hauskeller Michael (1995): Atmosphären erleben. Philosophische Untersuchungen zur Sinneswahrnehmung. Berlin: Akademie Verlag.
Hausmann, Andrea/Körner, Jana (Hrsg.) (2009): Demografischer Wandel und Kultur: Veränderungen im Kulturangebot und der Kulturnachfrage. Wiesbaden: VS Verlag.
Helmer, Karl (1997): Bildungswelten des Mittelalters. Baltmannsweiler: Schneider Verlag Hohengehren.
Helsper, Werner (1996): Antinomien des Lehrerhandelns in modernisierten pädagogischen Kulturen. In: Combe, Arno/Helsper, Wernger (Hrsg.): Pädagogische Professionalität. Frankfurt/M.: Suhrkamp, S. 521-570.
Helsper, Werner (2000): Antinomien des Lehrerhandelns und die Bedeutung der Fallrekonstruktion. In: Cloer, Ernst/Klika, Dorle/Kunert, Hubertus (Hrsg.): Welche Lehrer braucht das Land? Weinheim/München: Juventa, S. 141-178.
Helsper, Werner (2002): Lehrerprofessionalität als antinomische Handlungsstruktur. In: Kraul, Margret/Marotzki, Winfried/Schweppe, Cornelia (Hrsg.): Biographie und Profession. Bad Heilbrunn: Klinkhardt, S. 64-102.
Hentig, Hartmut von (1993): Die Schule neu denken. Eine Übung in praktischer Vernunft. München: Hanser.
Herbart, Johann Friedrich (1982): Die ersten Vorlesungen über Pädagogik. In: Ders.: Kleinere pädagogische Schriften. Hrsg. v. Walter Asmus. 2. Aufl. Stuttgart: Klett Cotta, S. 121-131.
Herrmann, Ulrich (1993): Aufklärung und Erziehung. Studien zur Funktion der Erziehung im Konstitutionsprozeß der bürgerlichen Gesellschaft im 18. und frühen 19. Jahrhundert in Deutschland. Weinheim: DSV.
Hoffmann, Hilmar (1981): Kultur für alle. Frankfurt/M.: Fischer.
Holzkamp, Klaus (1993): Lernen. Subjektwissenschaftliche Grundlegung. Frankfurt/M.: Campus.
Humboldt, Wilhelm v. (1985): Bildung und Sprache. Hrsg. v. Claus Menze. 4. Aufl. Paderborn: Schöningh.
Hurrelmann, Klaus/Grundmann, Matthias/Walper, Sabine (Hrsg.) (2008): Handbuch Sozialisationsforschung. 7. Aufl. Weinheim/Basel: Beltz.
Illich, Ivan (1983): Entschulung der Gesellschaft. München: Kösel.
Im Hof, Ulrich (1993): Das Europa der Aufklärung. München: Beck.
Jackson, Philip W. (1968): Life in Classrooms. New York: Holt, Rineheart and Winston.
Jaeger, Werner (1937-47): Paideia. Die Formung des griechischen Menschen. 3 Bände. Berlin/Leipzig: Walter de Gruyter & Co.
Jütte, Robert (2000): Geschichte der Sinne. München: C.H. Beck.
Kamper, Dietmar/Wulf, Christoph (Hrsg.) (1984): Das Schwinden der Sinne. Frankfurt/M.: Suhrkamp
Kant, Immanuel (1982): Über Pädagogik (1803). In: Ders.: Werkausgabe Band VII. Hrsg. v. Wilhelm Weischedel. Frankfurt/M.: Suhrkamp.
Kant, Immanuel (1992): Beantwortung der Frage: Was ist Aufklärung? In: Bahr, Ehrhard (Hrsg.): Was ist Aufklärung? Thesen und Definitionen. Stuttgart: Reclam, S. 9-17.
Kellermann, Ingrid (2008): Vom Kind zum Schulkind. Die rituelle Gestaltung der Schulanfangsphase. Opladen/Farmington-Hills: Barbara Budrich.
Kellner, Wolfgang (2005): Freiwilligenarbeit, Erwachsenenbildung und das informelle Lernen – das Kompetenz-Portfolio für Freiwillige des Rings Österreichischer Bildungswerke. In: Künzel, Klaus (Hrsg.): Internationales Jahrbuch der Erwachsenenbildung. Band 31/32: Informelles Lernen – Selbstbildung und soziale Praxis. Köln u.a.: Böhlau, S. 207-221.

Keuschel, Susanne/Wiesand, Andreas, Johannes (Hrsg.) (2009): Das 1. Jugend-KulturBarometer „Zwischen Eminem und Picasso…“. (Zentrum für Kulturforschung). Bonn: ARCult Media Verlag.

Klafki, Wolfgang (1989): Gesellschaftliche Funktion und pädagogischer Auftrag der Schule in einer demokratischen Gesellschaft. In: Braun, Karl-Heinz u.a. (Hrsg.): Subjekt, Vernunft, Demokratie. Weinheim: Beltz, S. 4-33.

Klafki, Wolfgang (1996): Neue Studien zur Bildungstheorie und Didaktik. Zeitgemäße Allgemeinbildung und kritisch-konstruktive Didaktik. 5. Aufl. Weinheim/Basel: Beltz.

Klein, Armin (2011): Der exzellente Kulturbetrieb. 3. Aufl. Wiesbaden: VS Verlag.

Klepacki, Leopold/Zirfas, Jörg (2009): Ästhetische Bildung: Was man lernt und was man nicht lernt. In: Liebau, Eckart/Zirfas, Jörg (Hrsg.): Die Kunst der Schule. Über die Kultivierung der Schule durch die Kunst. Bielefeld: transcript, S. 111-139.

Klippert, Heinz (1993): Pädagogische Schulentwicklung. Weinheim: Beltz.

Koller, Hans Christoph (2012): Bildung anders denken. Einführung in die Theorie transformatorischer Bildungsprozesse. Stuttgart: Kohlhammer.

König, Eckard/Zedler, Peter (1998): Theorien der Erziehungswissenschaft. Einführung in Grundlagen, Methoden und praktische Konsequenzen. Weinheim: DSV.

Kraus, Anja/Budde, Jürgen/Hietzge, Maud/ Wulf, Christoph (Hrsg.) (2017): Handbuch Schweigendes Wissen. Weinheim/Basel: Beltz Juventa.

Langer, Susanne K. (1984): Philosophie auf neuem Wege. Das Symbol im Denken, im Ritus und in der Kunst, Frankfurt M.: Fischer.

Langewand, Alfred (1994): Bildung. In: Lenzen, Dieter (Hrsg.): Erziehungswissenschaft. Ein Grundkurs. Reinbek bei Hamburg: Rowohlt, S. 69-98.

Liebau, Eckart (1999): Erfahrung und Verantwortung. Werteerziehung als Pädagogik der Teilhabe. Weinheim/München: Juventa.

Liebau, Eckart (2007): Leibliches Lernen. In: Göhlich, Michael/Wulf, Christoph/Zirfas, Jörg (Hrsg.): Pädagogische Theorien des Lernens. Weinheim/Basel: Beltz, S. 102-112.

Liebau, Eckart/Wagner, Ernst/Wyman, Max (Eds.) (2013): International Yearbook for Research in Arts Education. Münster u.a.: Waxmann.

Liebau, Eckart/Zirfas, Jörg (Hrsg.) (2008): Ungerechtigkeit der Bildung – Bildung der Ungerechtigkeit. Opladen: Barbara Budrich.

Marrou, Henri Irénée (1977): Geschichte der Erziehung im klassischen Altertum. München: dtv.

McLaren, Peter (1993): Schooling as a ritual performance. 2nd ed. London: Routledge.

Menninghaus, Winfried (2003): Das Versprechen der Schönheit. Frankfurt/M: Suhrkamp.

Meyer-Drawe, Käte (1987): Leiblichkeit und Sozialität. 2. Aufl. München: Fink.

Mollenhauer, Klaus (1988): Ist ästhetische Bildung möglich? In: Zeitschrift für Pädagogik 34 (1988), S. 443-461.

Mollenhauer, Klaus (1993): Über die bildende Wirkung ästhetischer Erfahrung, in: Lenzen, Dieter (Hrsg.): Verbindungen. Weinheim: Juventa, S. 17-36.

Mollenhauer, Klaus (1994): Vergessene Zusammenhänge. Über Kultur und Erziehung. 4. Aufl. Weinheim/München: Juventa.

Mollenhauer, Klaus u.a. (1996): Grundfragen ästhetischer Bildung. Weinheim/München: Juventa.

Mollenhauer, Klaus/Wulf, Christoph (Hrsg.) (1996): Aisthesis/Ästhetik. Zwischen Wahrnehmung und Bewußtsein. Weinheim: DSV.

Montessori, Maria (1992): Kinder sind anders. 7. Aufl. München: dtv.

Müller-Rolli, Sebastian (Hrsg.) (1988): Kulturpädagogik und Kulturarbeit. Weinheim: Juventa.

Neuweg, Hans-Georg (1999): Könnerschaft und implizites Wissen. Zur lehr-lerntheoretischen Bedeutung der Erkenntnis und Wissenstheorie Michael Polanyis. Münster/New York: Waxmann.

Nolda, Sigrid (2002): Pädagogik und Medien. Eine Einführung. Stuttgart: Kohlhammer.

Oelkers, Jürgen (1997): Schule. In: Wulf, Christoph (Hrsg.): Vom Menschen. Handbuch Historische Anthropologie. Weinheim: Beltz, S. 780-787.

Overwien, Bernd (2014): Informelles Lernen. In: Göhlich, Michael/Wulf, Christoph/Zirfas, Jörg (Hrsg.): Pädagogische Theorien des Lernens. 2. Aufl. Weinheim: Beltz Juventa.

Parson, Talcott (1951): The social system. New York: Free Press.
Paulsen, Friedrich (1919): Geschichte des gelehrten Unterrichts auf den deutschen Schulen und Universitäten. Vom Ausgang des Mittelalters bis zur Gegenwart. Mit besonderer Berücksichtigung auf den klassischen Unterricht. 2. umgearbeitete und sehr erweiterte Aufl. Leipzig: Veit.
Peez, Georg (2005): Evaluation ästhetischer Erfahrungs- und Bildungsprozesse. München: kopaed.
Piaget, Jean (1974): Der Aufbau der Wirklichkeit beim Kinde. Stuttgart: Klett-Cotta.
Plessner, Helmuth (1970): Lachen und Weinen. In: Der.: Philosophische Anthropologie. Frankfurt/M.: Fischer, S. 11-171.
Quintilian (1970): Ausschnitte aus der Anleitung zur Beredsamkeit. In: Flitner, Wilhelm (Hrsg.): Die Erziehung. Pädagogen und Philosophen über die Erziehung und ihre Probleme. Bremen: Sammlung Dieterich, S. 36-41.
Rabe-Kleberg, Ursula (1997): Öffentliche Kindererziehung: Kindergrippe, Kindergarten, Hort. In: Krüger, Heinz-Hermann/Rauschenbach, Thomas (Hrsg.): Einführung in die Arbeitsfelder der Erziehungswissenschaft. 2. Aufl. Opladen: Leske + Budrich, S. 89-105.
Reischmann, Jost (1995): Lernen „en passant" – die vergessene Dimension. In: Grundlagen der Weiterbildung 6, H. 4, S. 200-204.
Rittelmeyer, Christian (2002): Pädagogische Anthropologie des Leibes. Biologische Voraussetzungen der Erziehung und Bildung. Weinheim: Juventa.
Rittelmeyer, Christian (2010): Warum und wozu ästhetische Bildung? Über Transferwirkungen künstlerischer Tätigkeiten. Ein Forschungsüberblick. Essen: Athena.
Rolff, Hans-Günter (1993): Wandel durch Selbstorganisation. Theoretische Grundlagen und praktische Hinweise für eine bessere Schule. Weinheim: Juventa.
Rutschky, Katharina (1977): Schwarze Pädagogik. Quellen zur Naturgeschichte der bürgerlichen Erziehung. Frankfurt/M./Berlin: Ullstein.
Sacher, Werner (1989): Computer und die Krise des Lernens. Eine pädagogisch-anthropologische Untersuchung zur Zukunft des Lernens in der Informationsgesellschaft. Bad Heilbrunn: Klinkhardt.
Sacher, Werner (2000): Deformation des Wissens und Lernens in der Informationsgesellschaft. In: Kleber, Hubert (Hrsg.): Spannungsfeld Medien und Erziehung. Medienpädagogische Perspektiven. München: kopaed, S. 135-149.
Sandbothe, M. (2005): Lehren und Lernen im Zeitalter des Internet. In: http://www.sandbothe.net/46.html.
Scheibe, Wolfgang (1994): Die reformpädagogische Bewegung. Eine einführende Darstellung. 10. Aufl. Weinheim/Basel: Beltz.
Scheunpflug, Annette/Prenzel, Manfred (Hrsg.) (2013): Zeitschrift für Erziehungswissenschaft. Sonderheft 21: Kulturelle und ästhetische Bildung. Wiesbaden: VS Verlag.
Schleiermacher, Friedrich Daniel Ernst (1983): Ausgewählte pädagogische Schriften. Besorgt von Ernst Lichtenstein. 3. Aufl. Paderborn: Schöningh.
Schulmeister, Rolf (1997): Grundlagen hypermedialer Lernsysteme. Theorie. Didaktik. Design. 2. Aufl. München: Oldenbourg.
Schwenk, Bernhard (1996): Geschichte der Bildung und Erziehung von der Antike bis zum Mittelalter. Weinheim: DSV.
Serres, Michel (1994): Die fünf Sinne. Eine Philosophie der Gemenge und Gemische. 2. Aufl. Frankfurt/M.: Suhrkamp.
Tillmann, Klaus Jürgen (1999): Sozialisationstheorien. Eine Einführung in den Zusammenhang von Gesellschaft, Institution und Subjektwerdung. 9. Aufl. Reinbek: Rowohlt.
Timmerberg, Vera/Schorn, Brigitte (Hrsg.) (2009): Neue Wege der Anerkennung von Kompetenzen der kulturellen Bildung. München: kopaed.
Tippelt, Rudolf (2000): Stichwort: Wandel pädagogischer Institutionen. In: Zeitschrift für Erziehungswissenschaft, 3 (2000) 1, S. 7-20.
Todorov, Tzevtan (1996): Abenteuer des Zusammenlebens. Versuch einer allgemeinen Anthropologie. Berlin: Wagenbach.
Tomasello, Michael (2002): Die kulturelle Entwicklung des menschlichen Denkens. Frankfurt/M. Suhrkamp.

Treml, Alfred K. (2000): Allgemeine Pädagogik. Grundlagen, Handlungsfelder und Perspektiven der Erziehung. Stuttgart: Kohlhammer.

Trevarthen, Colwyn (1979): Communication and cooperation in early infancy: A description of primary intersubjectivity. In Bullowa, Margaret (Ed.): Before Speech: The beginning of interpersonal communication. New York: Cambridge University Press, S. 321-347.

Tyack, David/Tobin, William (1994): The Grammar of Schooling. Why has it been so hard to change? In: American Educational Research Journal. Vol XXXI (3), S. 453-479.

Veith, Hermann (2001): Das Selbstverständnis des modernen Menschen. Theorien des vergesellschafteten Individuums im 20. Jahrhundert. Frankfurt/M./New York: Campus.

Vogel, Peter (1999): Der Theorie-Praxis-Konflikt in der Pädagogik als Deutungsmuster im Studienalltag – oder: Was lernt man eigentlich im erziehungswissenschaftlichen Studium? In: Der pädagogische Blick 7, H. 1, S. 34-40.

Vollbrecht, Ralf (2001): Einführung in die Medienpädagogik. Weinheim/Basel: Beltz.

Wagner-Willi, Monika (2005): Kinder-Rituale zwischen Vorder- und Hinterbühne. Der Übergang von der Pause zum Unterricht. Wiesbaden: VS Verlag.

Weber, Peter J. (2005): E-Learning – die missverstandene Lernkultur. In: Zeitschrift für Pädagogik 51, H. 1, S. 45-60.

Weinert, Franz E. (1999): Konzepte der Kompetenz. Gutachten zum OECD Projekt „Definition and Selection of Competencies: Theoretical and Conceptional Foundations (DeSeCo). Neuchâtel.

Wellendorf, Franz (1973): Schulische Sozialisation und Identität. Zur Sozialpsychologie der Schule als Institution. Weinheim/Basel: Beltz.

Weniger, Erich (1952): Theorie und Praxis in der Erziehung. In: Ders.: Die Eigenständigkeit der Erziehung in Theorie und Praxis. Weinheim: Beltz, S. 7-22.

Wiater, Werner (2002): Theorie der Schule. Donauwörth: Auer.

Wulf, Christoph (1983): Theorien und Konzepte der Erziehungswissenschaft. 3. Aufl. München: Juventa.

Wulf, Christoph (2006): Anthropologie kultureller Vielfalt. Interkulturelle Bildung in Zeiten der Globalisierung. Bielefeld: transcript.

Wulf, Christoph (2007): Mimetisches Lernen, in: Göhlich, Michael/Wulf, Christoph/Zirfas, Jörg (Hrsg.): Pädagogische Theorien des Lernens, Weinheim/Basel: Beltz, S. 91-101.

Wulf, Christoph (2013): Das Rätsel des Humanen. Eine Einführung in die Historische Anthropologie. München: Fink.

Wulf, Christoph (2014): Mimesis. In: Ders./Zirfas, Jörg (Hrsg.): Handbuch Pädagogische Anthropologie, Wiesbaden: Springer VS, S. 247-257.

Wulf, Christoph (Hrsg.) (2010): Paragrana. Internationale Zeitschrift für Historische Anthropologie: Kontaktzonen. Band 19 (2). Berlin: Akademie Verlag.

Wulf, Christoph/Göhlich, Michael/Zirfas, Jörg (Hrsg.) (2001): Grundlagen des Performativen. Eine Einführung in die Zusammenhänge von Sprache, Macht und Handeln. Weinheim/München: Juventa.

Wulf, Christoph/Merkel, Christine (Hrsg.) (2002): Globalisierung als Herausforderung der Erziehung. Theorien, Grundlagen, Fallstudien. Münster/New York: Waxmann.

Wulf, Christoph/Suzuki, Shoko/Zirfas, Jörg/Kellermann, Ingrid/Inoue, Yoshitaka/Ono, Fumio/Takenaka, Nanae (2011): Das Glück in der Familie. Ethnographische Studien in Deutschland und Japan. Wiesbaden: VS Verlag.

Wulf, Christoph/Zirfas, Jörg (Hrsg.) (2004): Zeitschrift für Erziehungswissenschaft (2. Beiheft): Innovation und Ritual. Jugend, Geschlecht und Schule. Wiesbaden: VS Verlag.

Wulf, Christoph/Zirfas, Jörg (Hrsg.) (2007): Pädagogik des Performativen. Theorien, Methoden, Perspektiven. Weinheim/Basel: Beltz.

Zacharias, Wolfgang (2001): Kulturpädagogik. Kulturelle Jugendbildung. Eine Einführung. Opladen: Leske + Budrich.

Zinnecker, Jürgen (1978): Die Schule als Hinterbühne oder Nachrichten aus dem Unterleben der Schule. In: Reinert, Gert-Bodo/Zinnecker, Jürgen (Hrsg.): Schüler im Schulbetrieb. Berichte und Bilder vom Lernalltag, von Lernpausen und vom Lernen in den Pausen. Reinbek: Rowohlt, S. 29-121.

Zirfas, Jörg (2000): Aisthesis. In: Der Blaue Reiter 12: Schön Sein. Journal für Philosophie. Stuttgart: Omega, S. --70-72.
Zirfas, Jörg (2008): Leben lernen. Anthropologische Anmerkungen zu einem pädagogischen Thema. In: Wulf, Christoph/Zirfas, Jörg (Hrsg.): Paragrana. Internationale Zeitschrift für Historische Anthropologie. Band 17. Heft 2: Leben. Berlin: Akademie Verlag, S. 78-91.
Zirfas, Jörg (2015): Zur Geschichte der Kulturpädagogik. In: Braun, Tom/Fuchs, Max/Zacharias, Wolfgang (Hrsg.): Theorien der Kulturpädagogik. Weinheim/Basel: Beltz Juventa, S. 20-43.
zur Lippe, Rudolf (2000): Sinnenbewußtsein. Grundlegung einer anthropologischen Ästhetik. 2 Bände. Baltmannsweiler: Schneider Verlag Hohengehren.

Antworten zur Orientierung

Da – wie im Einleitungskapitel vermerkt – ein Studium in der selbstständigen Aneignung eines wissenschaftliches Sachverhaltes und dieser wiederum in seiner kritischen theoretischen Weiterentwicklung besteht, sollen die folgenden Anmerkungen auch nicht durchgängig konkrete Antworten auf die oben gestellten Fragen, sondern lediglich Orientierungen enthalten. Mit Orientierungen sind Spielräume und Markierungen des Denkens gemeint – sozusagen Anhaltspunkte, die für die obigen Fragen von Belang sind. Sie fordern bewusst dazu auf, das rekapitulierende rekonstruktive Wissen mit innovativen kritischen Überlegungen in Verbindung zu bringen oder schlicht dazu, selbst pädagogische Forschung zu betreiben, eigenen Fragen nachzugehen und die pädagogischen Dinge *anders* als bislang zu denken. Das ist leichter gesagt als getan und erfordert – wie sollte es anders sein – ein gehöriges Maß an Übung.

1. Theorien und Modelle der Erziehungswissenschaft

A. Machen Sie sich zunächst deutlich, dass es keine theoriefreie Praxis gibt. Mit Erich Weniger lassen sich die unterschiedlichen Formate, in denen theoretisches und praktisches Wissen miteinander in Verbindung stehen, als praktisches Wissen der Mutter, als praktisch-theoretisches Wissen des Lehrers und als theoretisches Wissen der Wissenschaftlerin verstehen. Die Differenzen zwischen der Abstraktheit eines theoretischen und der Involviertheit eines praktischen Wissens sind einerseits mit Objektivität, Systematisierung und Legitimation und andererseits mit Situativität, Erfahrung und Intuition verbunden.

B. Man kann den pädagogischen Takt als eine pädagogische Problemformel verstehen, die einerseits auf die Vermittlung von pädagogischen Grundfragen abhebt – der Vermittlung von abstrakter Theorie und individuellem Einzelfall, von Allmacht und Ohnmacht, von Erhaltung und Verbesserung etc. Man kann ihn andererseits auch als Diskussion der Antinomien gerade des LehrerInnenhandelns verstehen, etwa der Nähe-Distanz-Problematik, der Erziehung zur Selbstständigkeit u.a. Der pädagogische Takt macht keine konkreten Vorschläge für die Praxis, er schlägt Aspekte vor, die der pädagogische Praktiker im Blick behalten muss.

C. Machen Sie sich – ggf. anhand des Glossars – noch einmal die vier Begriffe bewusst. Verdeutlichen Sie sich auch, dass diese Begriffe eine deskriptive und eine normative Seite haben.

   „Sozialisation“ zielt auf die Entwicklung des Menschen in Abhängigkeit von seiner Umwelt mit dem Ziel der Handlungsfähigkeit; „Erziehung“ teilt dieses Ziel und bildet einen Teil dieser Umwelt, indem sie Sachverhalte so vermittelt,

dass diese von den Kindern und Jugendlichen angeeignet werden können. Sozialisation dauert prinzipiell ein Leben lang; Erziehung wird i.d.R. mit Erreichen der Selbstständigkeit als abgeschlossen betrachtet.
„Bildung" betrifft die individuelle Auseinandersetzung mit einem Sachverhalt und zielt auf eine Bereicherung des Menschen in theoretischer, praktischer und ästhetischer Hinsicht; „Lernen" teilt diese Ziele und bezieht sich auf die Erlangung spezifischen Wissens und Könnens in häufig sehr kleinschrittigen Veränderungsprozessen. Generell sind beide Begriffe schwer voneinander zu trennen, da beide mit reflexiven, den ganzen Menschen betreffenden lebenslangen Veränderungsprozessen zu tun haben: Bildung wird häufig mit (hoch-)kulturellen Inhalten, Lernen mit Inhalten unterschiedlicher Formate in Verbindung gebracht; Bildung hat häufig einen emphatischen, ja utopischen Charakter, Lernen häufig den der Übung und der Arbeit.

D. Machen Sie sich – ggf. anhand des Glossars – noch einmal die drei pädagogischen Zugänge bewusst.
Die Geisteswissenschaftliche Pädagogik will (theoretisch) Erziehungswirklichkeiten verstehen und präferiert eine Praxis der Kulturpädagogik; dabei bleiben Fragen der kritischen Einschätzung hinsichtlich ihrer Normen und Werte oder auch sozialer und pädagogischer Institutionen offen.
Die Empirische Erziehungswissenschaft will (theoretisch) Erziehungswirklichkeiten objektiv und werturteilsfrei erläutern und präferiert (praktisch) das Erforschung von Gesetzmäßigkeiten; dabei bleiben normative und handlungsbezogene Fragen offen.
Die Kritische Erziehungswissenschaft will (theoretisch) Erziehungswirklichkeiten im Blick auf Emanzipation verändern und präferiert eine pädagogische Praxis der Kommunikation und Partizipation; dabei bleiben Fragen der Widersprüchlichkeiten des pädagogischen Alltags (Stichwort: Scheinpartizipation) sowie der pädagogischen Operationalisierung der Ziele offen.

2. Geschichte der Pädagogik

A. Dafür gibt es eine Reihe von Gründen – auch wenn man nicht erwarten kann, dass sich aus der Geschichte der Pädagogik unmittelbar Antworten auf aktuelle theoretische oder praktische Fragen generieren lassen: Wir können unsere pädagogischen Gegenwart nicht verstehen ohne ein Verstehen der Entwicklung zu dieser Gegenwart; wir können diese besser verstehen, wenn wir uns verdeutlichen, dass und wie bestimmte pädagogische Grundfragen und Grundprobleme immer wieder auftauchen und inwieweit sie veränderte Antworten erfahren haben; und wir können die pädagogische Gegenwart vor dem Hintergrund historischer Fragen und Antworten aus der Pädagogik kritisch reflektieren, einordnen und bewerten. Das Vergangene ist nicht vorbei, es ist nicht einmal vergangen und hilft uns daher, die Gegenwart zu begreifen und die Zukunft zu gestalten.

B. Zunächst sollte man festhalten, wie bedeutsam die historischen Rahmenbindungen für Bildung, Erziehung und Unterricht in den jeweiligen Epochen sind: Politische, ökonomische, soziale, weltanschauliche etc. Rahmenbedingungen sind maßgeblich für pädagogische Vorstellungen und Praktiken – die wiederum auf diese Rahmenbedingungen i.d. R. reproduktiv zurückwirken. Es gibt fundamentale Unterschiede in den Rahmenbedingungen der jeweiligen Epochen; die hier stichwortartig benannt werden sollen: Die (griechische und römische) Antike ist geprägt durch Stadtstaaten, naturalistisch-kosmologische Vorstellungen und kriegerische, demokratische oder bäuerliche Kulturen; das Mittelalter ist durch den religiösen, christlichen Rahmen, die Ständegesellschaft sowie durch Klöster, Höfe und Städte gekennzeichnet. In der frühen Neuzeit werden – immer noch im religiösen Rahmen – Wissenschaft (Universitäten), Ökonomie (Manufakturen), Kultur (Entdeckung Amerikas) Technik, (Buchdruck) und Kunst (Akademien) – als Ausdruck menschlicher Fähigkeiten bedeutsamer; in der Neuzeit finden wir den Übergang in die bürgerliche Gesellschaft, die sich, von Politik und Religion emanzipiert, um politische, sozialökonomische und vor allem pädagogische Reformen bemüht; und in der Moderne lässt sich eine „Risikogesellschaft" (Beck) konstatieren, die sich durch die Widersprüchlichkeiten von Individualisierung und Standardisierung, Regionalisierung und Globalisierung, Be- und Entschleunigung, Kurzfristigkeit und Nachhaltigkeit etc. auszeichnet.

C. In der Antike geht es im Kern um eine politisch-soziale Bildung mit unterschiedlichen Ausprägungen in Sparta, Athen und Rom; im Mittelalter finden wir im Kern eine religiös-christliche Bildung, die sich an den Klöstern, den Höfen und dann schließlich an den Städten orientiert; in der frühen Neuzeit konzentriert sich die Bildung als wissenschaftlich-kulturelle um die Höfe, die Städte und die Universitäten; in der Neuzeit dominiert die emanzipatorische Bildung mit ihren ökonomischen und aufklärerischen Aspekten; und in der Moderne finden wir die kompetenzorientierte Bildung, die sich auf durch empirische Testverfahren nachweisbare Fähigkeiten und Fertigkeiten konzentriert. Im Laufe der Geschichte wechseln sich ab: eine schulisch unterstützte Gemeinschafserziehung; eine klösterliche Erziehung durch Beten, Lesen und Arbeiten; eine immer wissenschaftlicher und kulturell werdende Bildung, die in Schreib- und Rechenschulen, Universitäten und Kunst- und Ritterakademien vermittelt wird; eine Bildung durch Teilnahme an einer (politischen und kulturellen) Öffentlichkeit und einem immer bedeutender werdenden Schulwesen und schließlich ein lebenslanges Lernen in vielfältigen pädagogischen Institutionen mit formalen, non-formalen und informellen Aspekten.

D. Die Antike regt an, über Fragen der Gemeinschafts- und Gewohnheitserziehung, über das Verhältnis von körperlicher und intellektueller Bildung oder auch über die Bedeutung der utilitaristischen und rhetorischen Bildung nachzudenken. Das Mittelalter problematisiert den Bildungswert der Arbeit, Fragen einer standesbezogenen Bildung (Elitebildung) und die Bedeutung einer religiösen Bildung. Aus der frühen Neuzeit können Modelle einer wissenschaftlichen, einer humanistischen oder kulturellen Bildung, aber auch der Zusammenhang von Bildung und Herkunft bedeutsam werden. In der Neuzeit können die Fragen nach einer Allgemeinbildung – einer inklusiven Bildung für alle, eines inhaltlichen oder formalen Kanons der Bildung und einer Didaktisierung von Bildung – wichtige Anregungen sein. Aktuelle pädagogische Fragestellungen sind mit Fragen der Ökonomisierung, der Standardisierung und der Evaluierung von Bildung verknüpft.

3. Arbeitsfelder der Pädagogik

A. Schon in der Antike lässt sich bei Aristoteles (in seinem Buch *Metaphysik*) eine vierfache Bestimmung von Sachverhalten finden, die diese – wenn man so will – prinzipiell klären. In Fragestellungen formuliert: Warum gibt es etwas – z.B. den Kindergarten etc.? Das ist die Frage nach der *Ursache* oder der Begründung. Wozu gibt es etwas – z.B. die Schule etc.? Das ist die Frage nach dem *Zweck* oder dem Ziel. Was ist das Wesen einer Sache – z.B. der Medien? Das ist die Frage nach der *Form*. Und schließlich: Was ist der Stoff eines Sachverhalts – z.B. der Kulturpädagogik? Das ist die Frage nach dem *Inhalt*. Wenn Sie Antworten auf diese vier Fragen nach dem Warum, dem Wozu, dem Wie und dem Was finden, so werden Sie – nicht nur bei den Arbeitsfeldern der Pädagogik – ein gründliches Verständnis der Dinge erwerben.

B. In der noch nicht einmal 200-jährigen Geschichte des Kindergartens lassen sich bis heute immer wieder zwei Motive finden: eine kompensatorische Funktion als Ergänzung oder als Ersatz familiärer Erziehung und einen allgemeinen Bildungs-, Erziehungs- und Sozialisationsauftrag – der unterschiedlich ausformuliert wurde, als religiös, moralisch, sozial, individuell, ökonomisch etc. Langfristig hat sich der Kindergarten von einer Bewahranstalt, einer Nothilfeeinrichtung für Kinder, deren Mütter arbeiteten, zu einer Bildungseinrichtung entwickelt, die fast jedes Kind besucht und fast jedes Bildungsziel verfolgt. In der Moderne avanciert der Kindergarten zu einer Institution, in der Grundlagen der Lernfähigkeiten, -motivationen und Lernerfolge gelegt werden sollen. Dabei werden folgende Probleme aufgeworfen: die Ausstattung und Qualität dieser Einrichtungen, die Professionalisierung der Kindergärtnerinnen, die unterschiedlichen sozialen und familiären Ausgangslagen der Kinder sowie die praktische Arbeit, die in jüngster Zeit mit einer Fülle an Kompetenzerwartungen konfrontiert ist.

C. Unter einem Ritual wird eine immer wiederkehrende, relativ homogene, symbolische Inszenierung verstanden, deren Praktiken mit diversen Ordnungskonstituierungen und -bearbeitungen zu tun haben. Rituale sind interaktive Handlungsmuster, die aufgrund körperlich-sinnlicher Mimesis, hervorgehobener Gestik und szenischer Arrangements für das Schulleben, für den Unterricht und für den Einzelnen enorme Bedeutung haben. Denn in Schulritualen werden Identitäten festgelegt (denken Sie an Einschulungs- und Prüfungsrituale) sowie Wahrnehmungs-, Aufmerksamkeits-, Denk- und Verhaltensmuster geprägt (Unterrichts-, Pausen- und Prüfungsrituale). Rituale und Ritualisierungen machen Unterricht als geregelten didaktischen Ablauf möglich und nicht zuletzt sind sie auch für die Atmosphäre in der Schule und die Schulkultur verantwortlich (Schulfeste, Projekte). Rituale sind für alle pädagogischen Arbeitsfelder unverzichtbar.

D. Unter „alten“ Medien werden Tafel, Buch, Bild verstanden, unter „neuen“ Medien Computer und Internet. Ganz allgemein kann man konstatieren, dass für Lehr- und Lernprozesse und für das Erreichen von Lernzielen neue Medien nicht didaktisch wertvoller sind als alte. Informationen kann man auch aus Büchern gewinnen, eine kritische Medienkompetenz auch im Umgang mit Bildern entwickeln und der Unterricht lässt sich auch mit einem Tafelanschrieb sinnvoll gestalten. Zu unterscheiden ist zwischen den neuen Medien als Gegenstand und als Form von Unterricht. Und ob die neuen Medien den Unterricht und das Lernen durch ihre Form effektiver und effizienter machen, hängt von Bedingungen ab, einerseits von schul-technischen, schüler-habituellen und professionellen Voraussetzungen der Lehrpersonen und andererseits von Unterrichts- und Bildungszielen sowie von der konkreten Gestaltung der Lehr-Lernprozesse.

E. Die Begründungen für Kulturelle Bildung sind vielfältig; sie reichen von anthropologischen, bildungstheoretischen, kulturgenerativen über sozialkompensatorische und transferpolitische bis hin zu ästhetischen oder kunstspartenbezogenen Argumentationen. Oder anders: Kulturelle Bildung ist nötig, weil sie menschliche Wahrnehmungs-, Ausdrucks- und Gestaltungsmöglichkeiten fördert; die Auseinandersetzung des Menschen mit der „Welt“ jenseits einer theoretisch-wissenschaftlichen und eine praktisch-technischen Beschäftigung anleitet; Traditionen vermittelt und Zukünfte öffnet; Partizipationsmöglichkeiten erschließt; Kompetenzen entwickelt, die man für das Leben brauchen kann; ästhetische Geschmacks-und Urteilsbildungen ermöglicht und schließlich auch, weil in der Beschäftigung mit dem Theater das Auftreten, im musikalischen Üben das Hören und Spielen, im Lesen und Schreiben von Literatur Lese- und Schreibfähigkeiten, etc. entwickelt werden. Damit ist die Liste der Begründungen aber nicht abgeschlossen.

4. Pädagogische Anthropologie

A. Versuchen Sie zunächst für sich zu klären, warum es keine Pädagogik ohne Menschenbild gibt. Woher kommen die pädagogischen Menschenbilder – nur aus der Pädagogik, oder auch aus der Politik, den Medien, den Wissenschaften, alltäglichen Erfahrungen etc.? Gehen Sie der Frage nach, warum es wichtig ist, sich implizite pädagogische Menschenbilder explizit zu machen. Menschenbilder differenzieren häufig nach dem, was Menschen *sind*, sein *können* oder sein *sollen*. Aber es erscheint problematisch, einfach aus dem „Sein" oder dem „Können" ein „Sollen", eine normative Forderung abzuleiten. Denn: Menschen sind oder können auch „böse" sein. Umgekehrt erscheinen normative Forderungen ohne Rekurs auf anthropologische Möglichkeiten auch nicht sinnvoll. In der Pädagogik brauchen wir Menschenbilder, um Menschen zu verstehen, um sie zu bewerten, um unser pädagogisches Handeln zu orientieren und um es zu legitimieren. Dennoch gibt es auch die Forderung, dass wir uns kein Bild vom anderen machen sollen, weil damit Gefahren der Projektion, der Festlegung und der Stigmatisierung verbunden sind.

B. Zunächst sollte man sich noch einmal vergegenwärtigen, dass Menschenbilder immer deskriptive wie normative Anteile haben: Verstehen wir mit Platon den Menschen (deskriptiv) als vernünftiges, politisches Wesen wird der Philosophenkönig (normativ) das pädagogische Ideal; Locke favorisiert als Bildungsideal den Gentleman, weil er den Menschen eher als soziales Wesen versteht; usw. Zweitens lässt sich bis in die Neuzeit hinein eine Dominanz des Intellektuellen, des Verstandes und der Vernunft in den pädagogischen Menschenbildern festhalten. Das ändert sich erst im 19. Jahrhundert, etwa mit Nietzsche. Der Dualismus von Geist und Körper, bzw. die Unterordnung des Körpers unter den Geist, sollte wohl zugunsten komplexerer, nicht einfach dualistischer Modelle verabschiedet werden: wir können von einer körperlichen Rationalität oder von einem vernünftigen Leib sprechen. Und drittens kann man über die Geschichte der Menschenbilder hinweg immer drei Aspekte festhalten (die natürlich unterschiedlich verstanden worden sind): Im Ausgang von einem *Sein* bzw. einer Natur des Menschen als göttliches, natürliches, soziales etc. Wesen findet man auf der einen Seite das selbstständige *Lernen*, Üben und Arbeiten; und auf der anderen Seite die *Erziehung* und den *Unterricht*. Das ist das pädagogische Ternar, das die Alten *physis* (Anlage), *askesis* (Übung) und *didaskalia* (Belehrung) nannten. Dieses Ternar gibt es auch heute noch – mit anderen Begriffen.

C. Der Körper (bzw. der Leib) ist zentraler Ausgangspunkt moderner Überlegungen der Pädagogischen Anthropologie. Fragen der Sinnlichkeit, der Emotionalität, des körperlichen Lernens und Lehrens, der Habitualisierung und der Gewohnheitsbildung verweisen auf die enorme Bedeutung des Körpers in der Pädagogik. Schon länger wird darüber debattiert, ob wir vor dem Hintergrund der gestiegenen Bedeutung der Medien eine sinnliche Bildung brauchen, die „Erfahrungen erster Hand" möglich macht. Für den Sinnenleib erscheint eine ästhetische Bildung durch die Künste (der Musik, der bildenden Kunst, des Theaters etc.) als besonders bedeutsam. Gerade in der Moderne, die häufig als Inszenierungsgesellschaft betrachtet wird, kommt dem Erscheinungsleib eine große Bedeutung zu. Brauchen wir ein Konzept der *dramatic literacy*, des gekonnten Sich-in-Szene-Setzens? Beim Werkzeugleib geht es vor allem um die intentionale Verfügbarkeit des Körpers, die wir zum Beispiel in Spiel und Sport und im Erlernen von körperlichen Techniken erlangen können. Das Symbolische bildet den Kern der Kultur; kulturelle Bildung des Symbolleibes bedeutet zugleich Artikulation des Individuellen und Verkörperung symbolischer kultureller Gehalte. Der Perspektive des Sozialleibs kann uns darüber belehren, wie viel wir von anderen Menschen (und ihren Körpern) lernen. Die heutigen *soft skills,* Kommunikations- und Kooperationsverhalten, Teamfähigkeiten, Feedbackverhalten, Beziehungs- und Bindungsfähigkeiten etc. haben eine Fülle körperlicher Aspekte.

D. Wenn wir Menschen verstehen wollen, reichen naturwissenschaftliche, philosophische, historische etc. Zugänge nicht aus. Wir brauchen auch einen kulturanthropologischen Zugang in der Pädagogischen Anthropologie, der die Frage nach dem Anderen und Fremden aufwirft. Perspektiven auf das Fremde ergeben sich in intra-, inter- und transkulturellen Zusammenhängen. Man kann das Fremde in der eigenen Kultur (auch als Selbstfremdheit), im Kontext der Begegnung mit einer anderen Kultur oder auch mit Blick auf kulturelle Überlagerungsprozesse in den Blick nehmen. Hierbei stellen sich pädagogische Fragen nach Toleranz, Anerkennung und Wertschätzung des Anderen, aber auch nach Grenzen und Kritik des Fremden. Nicht zuletzt: Wir blicken immer von einem spezifischen kulturellen Hintergrund auf den fremden Menschen. Vergessen wir die Reflexion auf unseren eigenen ethnozentrischen Blick nicht.

Glossar

Bildung: In der Bildung geht es ganz allgemein um die Auseinandersetzung von Menschen mit spezifischen Bildungsgegenständen (etwa Sprachen, Körperpraktiken etc.) mit dem Effekt, dass sich nicht nur die Menschen, sondern auch die Bildungsgegenstände ändern. Zum Beispiel: Der Mensch wird durch den Spracherwerb ein „reicherer" Mensch, insofern er besser kommunizieren und interagieren kann; und die Sprache wird insofern „bereichert", als sie durch das individuelle Sprechen ausdifferenziert wird. Unter Bildung lassen sich sowohl die Prozesse selbst, die Resultate dieser Prozesse, aber auch spezifische Bildungsstoffe sowie notwendige Voraussetzungen von Fähigkeiten und Vermögen verstehen. *Bildungsprozesse* kennzeichnen eine strukturelle transformatorische Differenz, die sowohl in zeitlicher, identifikatorischer, institutioneller oder sozialer Hinsicht bestehen kann. *Bildungsresultate* sind spezifische soziale bzw. individuelle habituelle Prägungen, die über Erfahrungen und mimetische Prozesse erworben worden sind. Die Frage nach den *Bildungsstoffen* (Bildungsinhalte und Bildungsgehalte) ist durch Curricula- und Kanondebatten geläufig. Als *Bildungsvoraussetzungen* werden kulturelle, ökonomische oder soziale Voraussetzungen bezeichnet, die wiederum die Bedingung der Möglichkeit für gelingende Bildungsprozesse und Bildungsresultate darstellen. Folgende Differenzierung ist wichtig: Die *theoretische* Bildung bezeichnet die wissenschaftliche Betrachtung, definitorische Gliederung bzw. Klassifizierung und gesetzmäßige Erfassung der Dinge und ihrer Zusammenhänge; die *praktische* Bildung richtet sich auf die Zwecke und Mittel menschlichen Handelns, auf die moralische Betrachtung und Umsetzung von Regeln, Institutionen und Ritualen. Die *ästhetische* Bildung schließlich hebt auf Fragen der Wahrnehmung, des reflektierten Geschmacksurteils, der performativen Darstellung oder den Umgang mit kunstförmigen Gegenständen ab.

Empirische Erziehungswissenschaft: Dieser erziehungswissenschaftlichen Forschungsrichtung geht es um die Sammlung (= Erhebung) und Analyse von Informationen (=Daten) aufgrund gezielter Beobachtungen der Welt. Diese Daten werden entweder im sog. „Feld" (etwa der Schule) oder im Labor mittels Experiment, Beobachtung oder Befragung methodisch kontrolliert erhoben und beschreibend (qualitativ) oder statistisch (quantitativ) ausgewertet. Das Ziel ist objektive, wertfreie Erkenntnis der Erziehungswirklichkeit. Nicht das Verstehen, sondern das Beschreiben und die Analyse kausaler und funktionaler Abhängigkeiten ist Ansatzpunkt und Ziel dieser Konzeption. Angestrebt werden Objektivität (intersubjektive Überprüfbarkeit der Ergebnisse), Validität (Gültigkeit und Genauigkeit der Untersuchungen) und Reliabilität (Wiederholbarkeit der Forschung). Die mittlerweile durch die PISA-Entwicklung zum beinahe beherrschenden Modell in der Pädagogik avancierte empirische Forschung setzt sich zum Ziel, mittels Testverfahren pädagogische Gesetzmäßigkeiten zu erforschen sowie prognostische Aussagen über Methoden zu treffen, die die angestrebten Ziele erreichbar machen. Dabei verknüpft sie häufig auch verschiedene empirische Methoden (etwa Beobachtung und Interview), um durch die gegenseitige Ergänzung eine „dichtere Erfassung" der pädagogischen Wirklichkeit zu ermöglichen; und sie verwendet auch Kombinationen von qualitativen und quantitativen Zugängen.

Erziehung: Ist ein Konstrukt, das nicht nur genuine Handlungen des Erziehers erfasst, sondern auch die beabsichtigte oder auch nicht erwünschte Wirkung, ein bestimmtes Menschenbild sowie normative Projektionen und Legitimationsstrategien. Die Wirklichkeit der Erziehung ergibt sich aus der Zuschreibung von Begriffen auf bestimmte soziale und kulturelle Konstellationen (etwa auf das Zureden, das Zeigen, das das Loben etc.). So kann man in der Geschichte der Erziehung vier prominente Zuschreibungen festhalten: Erziehung als Einwirkung, als Entwicklung, als Kommunikation oder als Arrangement; diese inhaltlichen Konzepte sind situiert zwischen der Erziehung als Absicht und der als Wirkung. Erziehung wird i.d.R. als dreistellige Relation gedacht, die aus dem Vermittler (Erzieher), dem Vermittelten (Gegenstand) und dem Adressaten (Zögling) besteht; in ihrer Praxis geht es um Vermittlung und Aneignung. Es gibt einen intentionalen, einen funktionalen und einen effektiven Erziehungsbegriff: Erzieher versuchen ihren Zöglingen ganz bewusst (intentional) ein bestimmtes Wissen und Können zu vermitteln; oder sie vermitteln ihren Zöglingen bestimmte Einstellungen, Haltungen oder Werte, auch wenn sie diese nicht intentional verfolgen, sozusagen funktional – direkt durch ihr eigenes Verhalten, aber auch indirekt beispielsweise durch die zeitliche und räumliche Gestaltung des Umfelds. Und schließlich lässt sich Erziehung auch vom Resultat her verstehen, d.h. als gelungene Aneignung von spezifischen Erziehungsinhalten. Zöglinge eignen sich bestimmte Verhaltensweisen, Intentionalitäten und Einstellungen in der Regel nicht bewusst, sondern unbewusst mimetisch an, indem sie die Bewegungen und Intentionalitäten der ErzieherInnen kreativ nachvollziehen. Das entscheidende Erziehungsziel in der Moderne ist Mündigkeit bzw. Selbstständigkeit.

Geisteswissenschaftliche Pädagogik: Im Anschluss an Schleiermacher (1768-1834) und Dilthey (1833-1911) entwickelt, bildete dieses pädagogische Paradigma bis in die 60er Jahre des 20. Jahrhunderts die dominierende Form der Erziehungswissenschaft. Ihr ging es vor allem um das Verstehen der Erziehungswirklichkeit, d.h. um eine Erfahrungs- und Praxiswissenschaft, die eine pädagogische Theorie von der Praxis für die Praxis entwickeln wollte. Dafür verwendete die Geisteswissenschaftliche Pädagogik nicht nur philosophische, sondern auch hermeneutische, phänomenologische und dialektische Methoden. Pädagogisch forderte die Geisteswissenschaftliche Pädagogik die Autonomie des pädagogischen Theorie- und Handlungsfeldes, das sie als Spannungsfeld zwischen der Individualität und dem Ansprüchen der Gesellschaft verortete; damit macht sie sich zugleich für den pädagogischen Bezug in diesem Feld stark und diskutiert die Dialektik von „Unterstützung und Gegenwirkung" (Schleiermacher) bzw. die von „Führen und Wachsenlassen" (Litt); sie verweist epistemologisch auf die Gewordenheit der Erziehungswirklichkeit und damit auf die Unmöglichkeit, die Pädagogik aus „allgemeingültigen" Werten oder Normen abzuleiten. In der Auseinandersetzung mit den „Objektivationen" der menschlichen Kultur muss daher der jeweils leitende (pädagogische) Gesichtspunkt, der „Geist" einer Sache herausgearbeitet werden; in diesem Sinne verstand sie sich selbst als eine „Kulturpädagogik", die vor dem Hintergrund dieser Rekonstruktion die Einführung des Kindes in den objektiven Geist der Kultur intendierte.

Globalisierung: Der Begriff bezeichnet vielerlei: die Internationalisierung der Wirtschaft und der kapitalistischen Machtverhältnisse, den Prozess der Vermittlung zwischenstaatlicher Kontakte und der Entwicklung einer globalen Politik, die zunehmende Intensität weltweiter sozialer Kontakte durch Migration und Fremdenverkehr, die kulturelle Vereinheitlichung und globale technische Kommunikation oder den Versuch einer globalen Geschichte versteht. „Die" Globalisierung ist charakterisiert durch Spannungen zwischen Globalem und Lokalem, Universellem und Singulärem, Tradition und Modernität, Geistigem und Materiellem, langfristigen und kurzfristigen Überlegungen, notwendigem Wettbewerb und Chancengleichheit, einer starken Ausweitung des Wissens und einer begrenzten Fähigkeit des Menschen, damit umzugehen.

Institution: vom lat. *instituere*, „einrichten", „anordnen", „bilden", „unterrichten": Einrichtungen, die allgemeine Deutungs- und Handlungsmuster auf Dauer stellen, d.h. Einrichtungen zur Regelung des sozialen Handelns und Verhaltens. In pädagogischen Institutionen stehen Aspekte der Bildung und Erziehung, des Lernens und der Hilfe, und damit der Personenänderung oder des pädagogischen Bezuges im Mittelpunkt; für diese ist pädagogisch ausgebildetes Personal erforderlich.

Kompetenz: Häufig verwendeter Begriff, der die Wertschätzung spezifischer (professionell bedeutsamer) Fähigkeiten, Fertigkeiten, Wissens- und Könnensbereiche betrifft. Im schulischen Kontext verfolgt der Begriff das Ziel, die Gewissheit über schulische Lernwirkungen (Output-Orientierung) zu steigern. Der in den PISA-Studien (2000) verwendete (psychologische) Kompetenzbegriff (Weinert) zielt auf den Sachverhalt, eine spezifische Handlungsanforderung in einer speziellen Situation bewältigen zu können sowie auf die damit verbundenen motivationalen, volitionalen und sozialen Fähigkeiten. Kompetenzen sind nicht direkt sichtbar, sondern lassen sich daran ablesen, dass Menschen kontextuell situierte Aufgaben und Herausforderungen aufgrund von implizitem Wissen, Sachangemessenheit, Motivation, entsprechenden Fertigkeiten und Selbstwirksamkeitsüberzeugungen zu meistern in der Lage sind. Schon in den 1960er werden (etwa bei Roth) formal Sach-, Sozial- und Selbstkompetenz unterschieden; häufig wird heute auch noch die methodische Kompetenz hinzugezählt. Oder man spezifiziert inhaltlich in berufliche, fremdsprachliche, kognitive, moralische, pädagogische etc. Kompetenz.

Kritische Erziehungswissenschaft: Entwickelte sich vor dem Hintergrund der Kritischen Theorie (Horkheimer, Adorno) die die „traditionelle Theorie" als gesellschaftlich und wissenschaftlich unreflektiert bezeichnete. Während die traditionelle Theorie daher affirmativ zur Bestätigung des Bestehenden führt, wollen Kritische Theorie und Erziehungswissenschaft die vorgefundenen gesellschaftlichen und pädagogischen Bedingungen kritisch überprüfen und hinterfragen, um diese in Richtung einer herrschaftsfreieren, demokratischeren Perspektive zu verändern. Um diese Veränderung anzuleiten, bedienen sie sich sowohl hermeneutischer als auch empirischer Verfahren, um ein objektives Sinnverstehen sozialer Tatsachen von ihren Entstehungs- und Bedingungszusammenhängen her zu generieren. Ihr pädagogisches Erkenntnisinteresse und ihre Bildungspraxis sind auf Emanzipation und Aufklärung ausgerichtet; ihre zentralen wissenschaftlichen Forschungsmethoden sind Ideologiekritik und Handlungsforschung. Insofern wird etwa Bildung als Prinzip der sozialen Reproduktion hinterfragt, und in der Kritik am dreigliedrigen Schulsystem werden Schulentwicklungen (Gesamtschule) voran getrieben; es werden Geschlechterstrukturen problematisiert, oder auch ganz allgemein: die hehren pädagogischen Ideale mit der faktischen Realität im pädagogischen Alltag konfrontiert.

Kultur: von lat. *cultura,* „Ackerbau, Pflege, Bildung“, bezeichnet „Kultur“ – im Sinne eines erweiterten Kulturbegriffs, der nicht mehr auf die Differenz von sog. niederer und höherer Kultur abhebt – die Gesamtheit von Lebensformen und mentalen Grundlagen einer Gruppe. In den Blick kommen dabei technische und materielle Grundlagen, die hohe (ästhetische) Kultur, aber auch (institutionalisierte) Denk-, Sprach- und Interaktionsmuster. Der neuere Kulturbegriff, der die Kombination, Vermischung und Assimilation von regionalen, nationalen und globalen Kulturmustern mitbedenkt, reagiert auf Prozesse der Internationalisierung und Globalisierung. Erziehung, Bildung etc. sind auch Prozesse der Enkulturation, d.h. bewusster oder unbewusster Lernprozesse, in deren Folge sich eine Person im Laufe ihres Lebens die Wahrnehmungs-, Denk- und Handlungsmuster sowie die Maßstäbe der ihn umgebenen Kultur in ihren symbolischen Formen und performativen Praxen aneignet. Hierbei spielen vor allem aufmerksame Beobachtung, Lernen am Modell, mimetisches Lernen und unbewusste Internalisierungsvorgänge eine wichtige Rolle.

Lernen: Ein Begriff, der den Erwerb verschiedener Formen des Wissens beschreibt. Aus pädagogischer Sicht ist Lernen der erfahrungsreflexive, auf den Lernenden – auf seine Lebensfähigkeit und Lebensweise sowie auf seine Lernfähigkeit und Lernweise – sich auswirkende Prozess der Gewinnung von spezifischem Wissen und Können. Orientiert man sich an den inhaltlichen Dimensionen des Lernens, so können vier Formen unterschieden werden: Wissen-Lernen, Können-Lernen, Lernen-Lernen und Leben-Lernen. Als Prozess betrachtet verläuft Lernen erfahrungsbezogen, dialogisch, sinnvoll und ganzheitlich. Häufig findet man auch die Unterscheidung „formales Lernen“ als Lernen in pädagogischen Einrichtungen (z.B. Schulen) mit didaktischen Strukturen, das zur Zertifizierung führt; „nonformales Lernen“, das nicht in Bildungseinrichtungen stattfindet (z.B. Skischule), durchaus didaktisiert ist und nicht zur Zertifizierung führt; „informelles Lernen" als Erfahrungslernen in allen biographischen Phasen und in sehr verschiedenen Lebensbereichen. Obwohl schon seit der Antike bekannt, wird seit den 1960er Jahren das „lebenslange Lernen" (vor allem als formales und non-formales Lernen) gerade auch seitens der Wirtschaft propagiert.

Medium: Zeichenträger, der zu Zwecken der Kodierung, Verarbeitung, Information, Kommunikation und Speicherung in sowohl analoger als auch digitaler Form dienen kann. Als pädagogische Medien können Medien verstanden werden, die die Ermöglichung, Vermittlung und Veranschaulichung pädagogischer Anspruchserwartungen bewirken, wozu somit die allbekannten Medien wie Zahl, Schrift, Bild, Bit etc., aber auch diejenigen der Macht, Liebe, des Humors, Takts, Optimismus etc. gerechnet werden können. Unterschieden werden Mediendidaktik: Medien in Lehr- und Lernprozessen, Medienerziehung: Aufbau von (kritischer) Medienkompetenz, Mediensozialisation: Aufwachsen in der Mediengesellschaft und Medienbildung: (individuelle) Auseinandersetzung mit Medien.

Menschenbild: Vorstellung davon, was der Mensch ist, sein kann und sein soll. Pädagogische Menschenbilder haben mehrere Funktionen, nämlich Deutungs-, Orientierungs-, Praxis und Legitimierungsfunktionen. Sie ermöglichen ein Verstehen des Menschen, sie strukturieren Erwartungen an ihn, sie legen bestimmte pädagogische Handlungen nahe und sie legitimieren pädagogische Maßnahmen. Jede Pädagogik enthält zumindest implizite Menschenbilder, die auf die Erziehungs- bzw. Bildungsbedürftigkeit und auf die Erziehungs- bzw. Bildungsnotwendigkeit des Menschen abheben.

Mimesis: aus dem Griechischen für „Darstellung", Nachahmung". Ein anthropologischer Begriff, der eine Grundfähigkeit des Menschen betrifft, die für Lern- und Bildungsprozesse zentral ist. Mimetische Prozesse sind sinnlich-körperliche Prozesse der kreativen Anverwandlung, die als Bewegung auf andere Bewegungen Bezug nehmen, dabei einen darstellenden und zeigenden Aufführungscharakter haben und sowohl eigenständige als auch als Bezugnahmen auf andere Akte oder Intentionen ermöglichen. In ihnen geht es darum, etwas darzustellen, etwas auszudrücken oder sich einer Sache oder einem Menschen ähnlich zu machen. Insofern geht es ihnen um eine innovative Nachahmung des „anderen".

Mündigkeit bzw. Selbstständigkeit: Der Begriff für das Resultat, das die Anstrengung des intellektuellen Selberdenkens und der ökonomischen Unabhängigkeit kennzeichnet. Mündigkeit hat insofern zwei Seiten, eine aufklärerische und eine utilitaristische: Mündigkeit ist das Vermögen, „sich seines Verstandes ohne Leitung eines andern zu bedienen" (Kant); und sie ist das Vermögen einer wirtschaftlichen Unabhängigkeit. Wie man die Verpflichtung hat, sein Denken der Prüfung einer allgemeinen Vernunft zu unterwerfen, so hat man auch die Verpflichtung, an der konkreten Verbesserung des Gemeinwesens mitzuwirken. Es geht hier um den wirtschaftlich selbstständigen und sozial engagierten Bürger.

Praxis: aus dem gr. „Handlung“, „Tat“. Ein Vollzugsgeschehen, das häufig in Differenz zur Theorie als (wissenschaftliches) Wissen (und auch zur *Poiesis*, gr. für „Herstellung“) definiert wird. Pädagogische Praxis (der Erziehung, des Unterrichts, der Hilfe etc.) ist nicht die Anwendung einer pädagogischen Theorie, sondern wesentlich komplexer: Pädagogische Praxis ist vielschichtig, dynamisch und flüchtig, arbeitet mit vielen Ad-hoc-Annahmen, unterliegt spezifischen institutionellen Rahmenbedingungen, rekurriert auf (biographische) Erfahrungen mit ähnlichen Situationen, bezieht sich auf Routinen und Ritualisierungen sowie auf ethische Maßstäbe, und basiert auf dem professionellen Wissen, das in der Ausbildung erworben wird. Die Praxis führt zum praktischen Wissen, das sich als ein intuitiv-improvisierendes Handeln verstehen lässt; es wird weniger durch explizite Wissensvermittlung erworben, sondern eher durch Versuch und Irrtum, durch mimetisches Lernen oder durch Lernen am Modell. Es gibt keine „theoriefreie“ Praxis, jede Praxis reflektiert sich selbst, ist immer die Praxis einer Erkenntnis.

Ritual: Eine wiederkehrende, räumlich und zeitlich gerahmte sowie relativ homogene, symbolische Inszenierung, deren Praktiken vor allem mit der Etablierung, der Aufrechterhaltung und der Veränderung von Ordnungen zu tun haben. Der Pädagogik dienen Rituale einerseits dazu, das Verhalten und Begehren ihrer Klientel an die institutionellen Regeln, Normen und Werte anzupassen und ihre Erwartungen kognitiv und körperlich in ihnen zu verankern; und andererseits im Sinne einer Bildung zur Selbstständigkeit dazu, kreativ, kritisch und widerständig mit pädagogischen Disziplinierungsmaßnahmen und Funktionalisierungen umgehen zu können.

Scholastik: vom lat. *schola*, „Schule“ zielt der Begriff auf das Wissenschaftssystem des Mittelalters. Methodisch kennzeichnet sich die Scholastik durch klares Herausarbeiten von Fragestellungen, logische Beweisführungen und dialektische Erörterungen sowie präzise Begriffsunterscheidungen. Im Mittelpunkt steht der Einklang von Vernunft und Glaube, die durch die argumentative Verteidigung des christlichen Glaubens unter Zuhilfenahme antiker griechischer und römischer Traditionen und Wissensformen erreicht werden soll.

Septem artes liberales: Die „sieben freien Künste“ der Bildung eines freien adligen Mannes, die gegen die praktische Bildung, die *artes mechanicae* abgegrenzt wurden; ein mit den Sophisten in der Antike entstehender Wissenskanon, der bis in die frühe Neuzeit hinein Bestand hat. Eine erste systematische Zusammenfassung dieses Lehrkanons lässt sich seit der Spätantike nachweisen. Er umfasst das sog. (sprachliche) *Trivium* von *Grammatik* als Kenntnis der Sprache und der Literatur, *Rhetorik* als Kunst der überzeugenden Darstellung, *Dialektik* als Argumentations- und Dialogkompetenz und das sog. (mathematische) *Quadrivium* von *Arithmetik, Geometrie, Astronomie* und *Musiktheorie* (die als mathematisch-theoretische Wissenschaft betrachtet wurde).

Sokratik: Lehre des Sokrates (469-399 v. Chr.), die in ihrer pädagogischen Form als „sokratische Methode“ „bzw. sokratischer Dialog“ bis in die Gegenwart hinein im Bildungs- und Unterrichtsgeschehen bedeutsam ist. Sokrates verfolgt seine pädagogischen Ziele vor allem durch Mäeutik (Hebammentechnik) und Ironie. Die Ironie kommt insofern zum Ausdruck, als er auf Notwendigkeit des richtigen Wissens und seiner Begründung genauso verweist wie auf die Grenzen des Wissens (ich weiß, dass ich nichts weiß). Sokrates fordert eine Orientierung am sittlichen Verhalten ohne die Tugenden definieren zu können und er will niemandes Lehrer sein, obwohl er permanent mit Schülern im Gespräch ist. Mit seiner Fragemethodik versucht er zu verdeutlichen, dass alle Menschen prinzipiell in der Lage sind, die Wahrheit zu erkennen, und ethischen Anforderungen gerecht zu werden, wenn sie sich denn zunächst *via* Selbstreflexion oder im Dialog mit anderen um ein deutliches und klares Wissen von Theorie und Praxis bemühen.

Sophistik: Lehre der altgriechischen *sophistes*, „Meister", Künstler", die sowohl als Weise, als (Wander-)Lehrer und als Bildungstheoretiker verstanden werden können. Die Sophisten sehen ihre Ausbildungsschwerpunkte in der Rhetorik, in der Erweiterung des Wissens und der Entwicklung von *Arete*, einer umfassenden Tauglichkeit, die mit der Steigerung von Macht, Ansehen und Reichtum einhergeht. Die Sophisten bieten einen alltagsnahen, lebensorientierten und utilitaristischen Unterricht an, der auf die Argumentationsfähigkeit in Politik und Justiz und auf eine umfassende Wissensbildung zielt (*enkyklios paideia*, später *septem artes liberales* genannt). Sie geraten schon durch Sokrates in die Kritik, der ihnen eine Kommerzialisierung des Unterrichts, überzogene pädagogische Wirkungserwartungen und den Verrat der vernünftigen Überzeugung zugunsten der manipulativen Überredung vorwirft.

Sozialisation: Unter dem Begriff wird die Entstehung und Bildung der Persönlichkeit in Prozessen der wechselseitigen Einwirkungen von Individuum und Umwelt verstanden. Im Mittelpunkt steht die (Aus-)Bildung zu einem sozial handlungsfähigen Subjekt, was auch die Ausbildung einer stabilen (nicht statischen) Ich-Identität und eines reflektierten Selbstbildes meint. Vier Aspekte sind hier von besonderer Bedeutung: Sozialisation ist als Prozess bestimmt, der Vergesellschaftung und Individualisierung gleichermaßen umfasst; pädagogisches Handeln ist Teil des Sozialisationsprozesses; dieser lässt sich als Prozess der lebenslangen Persönlichkeitsentwicklung mit lebensphasenbezogenen Aufgaben und Herausforderungen verstehen. Und schließlich sind die Sozialisationsinstanzen zu nennen, die als Vermittler bzw. Repräsentanten der Umwelt wirken und somit den Sozialisationsprozess entscheidend beeinflussen; je nach Nähe des jeweiligen Individuums werden primäre (Familie), sekundäre (Schule, Gleichaltrigengruppe) und tertiäre (z.B. Beruf) Instanzen unterschieden. Lebensbegleitend sind mittlerweile die (neuen) Medien zu berücksichtigen, die in vielfältiger Weise in die Sozialisationsprozesse involviert sind.

Spiel: Kindliche und menschliche Tätigkeit, die sehr schwer von der „Realität" oder dem „Ernst" unterschieden werden kann. Es lassen sich eine Fülle von Spielfunktionen benennen, die von Bewegungs- und Sportspielen über Glücks- und Strategiespiele oder Bau- und Konstruktionsspiele bis hin zu Symbol- und Rollenspielen reichen. Wichtige strukturelle Formen und Verhaltensweisen des Spieles sind 1. Freiraum, d.h. Spielen verfolgt keinen außerhalb des Spielens liegenden Zweck; 2. Unendlichkeit, insofern Spielen auf ständige Wiederholung und Ausdehnung in der Zeit angelegt ist; 3. Quasi-Realität, da Spielen eine Distanz zur Welt kreiert; 4. Ambivalenz, insofern Spielen sich zwischen Loslösen und Bewältigen der Umwelt bewegt; 5. Geschlossenheit, da Spielen eine Welt für sich darstellt und 6. Gegenwärtigkeit, womit die Zeitenthobenheit des Spielens (*flow*) gemeint ist. Pädagogisches Kennzeichen eines gelungenen Spiels ist die Erfahrung der Entwicklung, die die Möglichkeiten der Selbsterfahrung und des Selbstbewusstseins, und die Möglichkeiten der Erfahrung des Andersseins und der Entgrenzung kombiniert. Aktuelle Fragen betreffen Probleme der Ökologie (Ausgestaltung der Spielräume), der Ökonomie (der Kommerzialisierung), der Mediatisierung (Internet) und der Didaktisierung (vs. freies Spiel).

Theorie: vom gr. „Anschauung“, „Erkenntnis“; steht für eine allgemeine, modellhafte Vorstellung von Realität, die sich durch Daten, Begriffe, Aussagen und Verfahren auszeichnet. Weniger (1894-1961) unterscheidet drei Theoriestufen für die Pädagogik: eine Theorie ersten Grades der anschauungsgesättigten, unbewussten verinnerlichten Erziehungsvorstellungen des nicht-professionellen Pädagogen; eine Theorie zweiten Grades, die das in vorbewussten und expliziten Regeln gefasste Handlungswissen des professionellen Praktikers enthält. Die Theorie dritten Grades ist die des wissenschaftlichen Wissens; dieses ist auf interne Konsistenz, umfassende Systematik und Widerspruchsfreiheit im Bereich einer Wissenschaftsdisziplin angewiesen und es ist geordnet gemäß den Theoriekontexten, die es erzeugt. Wissenschaftliche Theorien sind den Gütekriterien der Objektivität (Intersubjektivität), der Reliabilität (Genauigkeit, Verlässlichkeit) und der Validität (Gültigkeit) verpflichtet. Sie sollen eindeutig und klar formuliert, bestmöglich begründet und möglichst hoch systematisiert sein und nach bestimmten wissenschaftlichen Regeln, Techniken und Ritualen erworben, diskutiert und explizit weitergegeben werden. Pädagogische Theorien haben die Funktionen der Aufklärung, Deutung, Erklärung, Orientierung, Kritik und Legitimation der Erziehungs- und Bildungswirklichkeit. Sie bieten keine unmittelbar-konkreten Praxishilfen, Musterlösungen oder Best-Practice-Methoden.